READING WOMEN

How the great books of feminism changed my life

読書する女たち

フェミニズムの名著は私の人生をどう変えたか

ステファニー・スタール

訳＊伊達尚美

イースト・プレス

読書する女たち

フェミニズムの名著は
私の人生をどう変えたか

READING WOMEN

by Stephanie Staal

Japanese translation rights arranged with Stephanie Staal c/o Massie & McQuilkin Literary Agents, New York, through Tuttle-Mori Agency, Inc., Tokyo

シルヴィアに捧ぐ

「いずれにしても、熱い議論になりそうなテーマを扱うときは
――性別についての問いはどれもそんなものばかりですが――、
真実をお話しできるなんて期待するだけ無茶というものです。
どうやって自分がその意見を持つにいたったか、お見せするくらいしかできません。
そうやって聴衆のみなさんに、話し手の限界、偏見、傾向を勘案しながら、
ご自分の結論を引き出していただくしかないのです。」

〈ヴァージニア・ウルフ著『自分ひとりの部屋』片山亜紀訳、平凡社〉

CONTENTS

まえがき

私は一九九〇年代の初めにニューヨーク市にある女子大バーナード・カレッジを卒業した。七〇年代に生まれ、八〇年代に成人年齢の十八歳を迎えた女性として、私はある種の期待を胸に大人の仲間入りをした。フェミニズムの理想は次第に膨らみながら私の人生を突き進んでいったというよりは、つねに一定のリズムを刻んでいて、私はそのリズムにのって成長した。男子にできることは女子にもできた——しかも女子は男子より優秀だった。私にとってフェミニズムは革命ではなく、つねに進化しつづける過程だった。ほんの一世代前の女性たちが革新的とみなしたかもしれない功績の多くは、私にとって特別なものではなくなっていた。女性も当然、医師や弁護士になれるし、政治家にも会社の経営者にもなれるはずだ。大学では、私が幼いうちからすでに受け入れていたこうした想定の重要性が強調され、力説され、声を大にして語られた。実のところ、女性というジェンダーが名誉として扱われる女子大で学んでいると、女性の機会を広げることは選択肢のひとつというより至上命令のように思われた。二〇年近く前の卒業式の日、私たちはみな世界を征服しようと意気込んでいた。

しかし、人生は命令されるままに生きるものではなく、とりわけ結婚して母親になった女性にとってのフェミニズムの偽りの約束、幻滅と失望、非難と揺り戻しについて語られることが近年増えている――あるいはこれまでもずっと語られてきたのかもしれない。どの世代も昔と同じ地形のうえに新しい道を切り開いてきたのだろう。フェミニストの役割が妻や母親の役割とすんなりなじんだことはない。ことに世間の目にはそう映る。とはいえ、フェミニストは家に閉じこもっておとなしくしていたわけでもない。親としての愛情と職業人としての野心は不安定な同盟を結んでいる。そして私の世代――進むべき正当な道としてフェミニズムによって力を与えられてきた女性――にとって、こうした矛盾は、私たちは何者かという問題の核心、あるいは少なくとも、私たちが自分を見る見方を揺るがしかねない。妻になり、母になることの代償について、そこで生じるあいまいさや妥協について、自分自身に対してもほかの人に対しても守れなかった誓いについて、そして、かつては自分が物語の主人公だと思っていたのにどうやら勘違いだったらしいという紛れもない認識について、なんでも自分のものになると信じて育った女性たちも、今では理解している。

私は結婚し、母親になってはじめて、年をとればとるほど知っていることが減っていくという、よく耳にする言葉の意味を十分に理解した。母親になり、狂おしいほどの愛情から自分を見失うほどの欲求不満まで、それまで知らなかったさまざまな感情が湧いた。そうした感情は以前は想像すらできなかったもので、私という存在の質を変えてしまった。無数の形で子供とつながっている母親として、私はフェミニストの理想像を現実の生活に当てはめることの難しさを無視することはできなかったが、かといってフェミニズムに背を向けることもできなかった。私は、個人的な私と政治的な私が合体した自分の化身をつくりたかった。子供が生まれたばかりの頃、部屋の壁にかけた卒業写真に写る、将来への希望に満ちあふれた女性にしばしば思いを馳せ、そのたびに現在の私と彼女とがフレームのガラスで隔てられていることに気づかされた。しかし、若い頃の自分を探してこの本を書き始め、最後に今の自分のことがわかったと説明しても、それは私の物語のほんの一部にすぎない。

CHAPTER ＊1

発見

不思議なことに人は本を読むことができない。人は本を再読することしかできない。よい読者、一流の読者、活発で創造性豊かな読者とは、再読する人である。

ウラジミール・ナボコフ
『ナボコフの文学講義』

Vladimir Nabokov
"Lectures on Literature"

過去を振り返って理解する

午前二時四十七分。

娘の弱々しい泣き声が静寂を破って耳に届き、私はすでに途切れがちだった眠りから覚めた。寝返りを打ち、薄目をあけてベッド脇の時計を見た。それから目を閉じてじっとしたまま娘が泣きやむのを待った。しかしすでに手遅れだ。胸の鼓動が激しくなって体中に響き、私は意識を持つエンジンとなる。赤ん坊の泣き声はさっきより大きく、しつこくなった。そしてとうとうママーと私を呼んだ。私は堅く冷たい木の床に足をおろし、廊下の先にある娘の寝室へと向かった。娘の部屋の窓からはふくろうの目のように丸い月が見えた。

娘はベビーベッドに寝ていて、小さな体はお気に入りの毛布にくるまれ、ひもで結ばれている。汗で髪の毛が頭に貼りつき、金色の帽子を被っているようだ。頬はほてり、鮮やかなピンク色に輝いている。たちまち私の胸に愛情と不安が広がる。娘は瞼(まぶた)を閉じ、小さな眉に皺(しわ)を寄せ、その下で眼球がせわしなく動いている。怖い夢を見ていたのだ。両腕で娘を抱きあげて私の寝室に運び、ベッドの真ん中に娘をそっと横たえてから隣ににじりよる。夫のジョンは顔をあげると眠そうな目で私たちをちらっと見てうめき声を漏らし、寝返りを打って毛布を引きあげ、耳を覆った。娘の額が私の胸に触れて汗ばみ、手足はびっくりするような力でしがみついてくる。ふたりの肌が密着し、体温で汗がにじむ。私は娘を揺すり、小声で優しく歌を口ずさむ。娘はミルクとローションの混じった甘く汗くさい匂いがする。私が触れると娘は安心する。私にはわかるのだ。娘の唇がわずかに開き、目の動きが止まった。私の胸の上で娘が拳（こぶし）を緩め、軽く丸めた指が花びらのように上を向いている。

こんなふうに母親が子供に及ぼす影響には不思議な力が作用している。私はいまだにこの力に慣れていない。やがて娘は寝入り、呼吸は浅く規則的になる。娘が目を覚まさないように私は筋肉の震えを静め、腕と脚の感覚がなくなってもそのままじっとしている。しかし、頭の中ではいろんな考えが渦を巻く。私は母であり、妻であり、それに——しばらく頭が働らかなくなる。夜が明けて日の光が寝室の壁を這いあがっていき、私はまだ目が冴えたまま、自分がどういう経緯でここに至ったかを考える。

＊　＊　＊

じつにありふれた筋書きだ。「そのあと結婚して赤ん坊ができ、そしてすべてが変わったのです」。まるで自分の体の一部のように子供をまとわりつかせ、一方、私自身は途方に暮れたまま、あのベッドまでの道のりをどうやって歩んできたのかを、私は心のどこかでちゃんと理解していた。私は妻となり、母になる前に、ほかでもないこの物語がどう展開するのかを聞いたことがあった。第二波フェミニズムから第三波フェミニズムにかけての時代に大人になった多くの女性と同じく、私もこう教わってきた。昔から変わらず、結婚して母になる過渡期の女性は傷つきやすく、その時期に私たちは声を失い、人生を語ることをやめてしまうかもしれないと。

しかし、私たちにとって幸運なことに、フェミニズムは——平等とエンパワメントを重視して——それとは違う筋書きと結末を女性に示した。私は喜んでそれを支持した。大学で猛勉強し、優等の成績や賞やインターンシップに参加する権利を勝ち取り、卒業と同時にまずまずやりがいのある職について、外国の出版社やハリウッドの映画製作会社に作家を紹介する仕事をした。数年後に修士課程でジャーナリズムを学び、そのあとで新聞記者として働いた。私の記事は特集号の第一面に定期的に掲載された。夜になると本の企画を練り、ニューヨークの大手出版社に企画が採用されると、記者の仕事を離れて本を書きあげた。そのあいだに進歩的で協力的な男性と結婚した。結婚式のあとで私が名字を変えるつもりはないと告げると、彼は心底驚いた様子で「まさか、きみが名字を変えるとは思ってないよ」と答えた。そういうタイプの人だ。それなのに私たちが結婚し、シルヴィアが生まれてまもなく、私は先輩のフェミニストたちが書いてきたのにそっくりなアイデンティティの危機に陥っていることに気づいた。どうやら私は単純すぎて、自分の身にそれと同じことが起こるとは思っていなかったものだから、なおさら不安になった。

私は結婚して母になる入り口でつまづいたようだ。ジョンと私が同居を始めて五年が過ぎ、婚約も済ませた頃に、私は思いがけず妊娠した。私たちはそのことを喜び、結婚式の日取りを早めた。それで、一年という短い期間に私は最初の本を出し、結婚し、娘を生み、マンハッタンの賑やかなウエストヴィレッジにある寝室がひと部屋しかないアパートから、メリーランド州アナポリスにあるヴィクトリア様式の三階建ての家に引っ越した。状況が急変したため、すべてを受け止める余裕がなかった。そのあとで私は三十歳を迎え、それに伴うあらゆる文化的な問題に見舞われた。

三十という年齢は、十九世紀フランスの小説家オノレ・ド・バルザックが指摘したように、女性にとってことのほか危うい時期だ。実際、私の人生における二十代と三十代の境目のまさにこの転機に、私は――ある程度予想どおりだったが、いささか恥ずかしいことに――壊れ始めた。この頃に私はもはや自分のことがわからなくなったかのように感じ始めた。大学卒業後の何年かは毎日仕事と付き合いで忙しく、オフィスで夜遅くまで残業していないときは友人と夕食に出かけていた。こうして休む暇もなく活動しつづけた結果、出世して成果を出すというありふれた明確な目標に向けて前に進め、上を目指せとつねに煽られているような気がしていた。妊娠すると、考えなければならない新たな問題が出てきたので、私はキャリアのコースを外れ、出産後は新聞記者として職場には戻らず、フリーランスのライターとして家で仕事をすることにした。これは私の感情の問題と経済的事情を考え合わせて下したややこしい結論だった。育児サービスにかかる費用と稼げそうな給料とジャーナリストの多忙な生活の三つを天秤にかけて選んだ結果というよりも、実のところ唯一現実味のある道だった。それでも三十歳の誕生日の夜、ジョンとふたりで近くのイタリアンレストランに出かけ、大急ぎでリングイネをかきこみながら――疲れていてろくに会話もなく、娘の夜の授乳時間に間に合うように食事を済ませたかった――私は果たして自分にとって最善の選択をしているのだろうかと考えずにいられなかった。

その後、娘の満一歳の誕生日が近づき、四六時中母親と密着していた赤ちゃん期からよちよち歩きの時期に移り始めると、この疑念が生活に忍びこんでくるようになった。ふさいだ気分が収まるのを待ちながら、私はそれを結婚後うつと産後うつが、千年紀（ミレニアム）の大きな節目に生じがちな不安によって悪化したせいだと考えた。きっと、こういう疎外感が湧くのはいたって正常なのだと自分に言い聞かせた。私はわがままだと自分を叱った。私にはかわいらしくて健やかな赤ん坊がいて、雨露をしのげる家があり、在宅ワークの自由がある。自分がどれほど恵まれているかはわかっていた。私は頭の中にいる鬼軍曹の声で、弱音を吐くなと自分に命じた。しかし何週間か、さらに何カ月かがだらだらと過ぎるうちに状況は悪くなった。自分が昔ながらの古臭い筋書きをたどっているような気がしたが、なぜか自分で自分を止められなかった。私は書く時間をもっと増やすと誓い、娘が昼寝しているあいだにあちこちから一時間ずつひねり出した。だが私の心はいつもよそにあり、娘が目を覚ました音を聞きつけた。まっさらなコンピュータ画面にカーソルだけが点滅するのを見詰めていることがよくあった。

　なぎのような単調さの中で日々は過ぎ、やがて将来を思い描くことも、私の人生を縛っている、果てしなく続く家事の繰り返しの先を見通すこともできなくなっていた。シルヴィアが二歳になり幼稚園に通い始める頃には、近づかないようにさんざん言われてきた人生を自分が生きていることに気づいた。仕事に関しては所定のコースを外れることで驚くほど多くの足場を失った。プライベートでは、日々の要求に応え家庭生活の重圧にさらされるうち、ジョンも私も消耗して不機嫌になり、気持ちが離れていった。ふたりの緊張は高まり「結婚カウンセリング」や「別居」という言葉が夫婦げんかにのぼるようになった。

　この騒動の最中のクリスマス前に、私の母が訪ねてきた。私たちは台所で話をしていた。母はスツールに腰かけてカウンターに肘をつき、私は母のまわりをひっきりなしに行き来して、補助椅子に座ったシルヴィアがいちごヨーグルトを食べるのを手伝ったり、クリスマスディナー用にオーブンで焼いている牛ヒレ肉に肉汁をかけたりした。母はそれを見て、少し驚いたようだ。

「すごいわね。私の娘がこんなに家庭的になるなんて意外だわ」と母は笑った。

母は研究所に勤める科学者で、引退した元大学教授でもあり、その分野では名を知られている。仕事での成功と家事の腕前は必ずしも両立しないわけではないが、母の場合は両立していない。母がつくれる料理はたった一品、赤パプリカのローストだけで、妹も私も母にはできるだけ台所から離れていてもらいたい。だから、私がかいがいしく働くのを見て母がわざわざ感想を述べたときは、私も笑った。少なくとも母の冗談は自分をだしにしていた。それでも、その言葉は心に突き刺さった。なぜならそれは母の本心だとわかったし、私自身、自分がこれほど家庭的な女になると思っていなかったからだ。

そのことがあって、私のアイデンティティの危機はいっそう深刻になった。いったい私の身に何が起きていたのだろう？　私にはフェミニズムが染みついていたし、「筋金入りのキャリアウーマン」の理想的な手本である母もいた。しかし、私は自分がどういう女性になりたいかをはっきりと言葉で表現できないように感じた。皮膚の下でたえず不安がくすぶっていた。その不安についてジョンと話し合おうとしても、彼はうろたえて肩をすくめ、少なからず迷惑そうで、ちょっと休んで近所のショッピングモールで映画でも見てくれば、と言った。親しい友人は私の話を聞くと、ため息をついて理解してくれた。友人たちの声は仲間が増えたことへの共感に満ちていたが、彼女たちにできることは限られていた。私はバスルームでひとりになり、苛立たしさに両手で顔を覆うこともあった。この中途半端な状態から抜け出す方法はきっとあるはずで、その方法さえわかればと思った。誰もが助言をくれた。しかしどの助言も聞かなかった。

その代わりに、私は本を読んだ。

フェミニズム再訪

ある雨の日の午後、午前中を幼稚園で過ごしたシルヴィアを迎えに行ったあとで、私は近所の書店〈バーンズ・アンド・ノーブル〉の店内の通路で娘を自由にさせて、奥まった一角に陣取って床に脚を組んで座り、女性をテーマとする本を片っ端から周囲に並べた。どの本も可能性を秘めた水晶玉で、私が何をすればよいか、どのように行動するべきか、何を期待すればよいかについての見通しを示してくれていた。自己啓発書のコーナーで見つけた本があり、家族と育児のコーナーで見つけた本があり、フィクションの棚で見つけた本も数冊あった。どの本も女らしさの神話や仮面や狂気の問題に取り組んでいると唱っていた。

絵本でシルヴィアをなだめすかしてそばに呼び、娘がその場に落ち着くと、私は本を読み始めた――はしゃぐ三歳児のそばでできる範囲でのことだ。私は、女性が見るからに不幸なのはフェミニズムのせいだと非難する政治的なマニフェストや、女性が多くを求めすぎる、あるいはあまりに少しか求めないのがいけないと、女性を責める本のページをぱらぱらとめくった。読めば読むほど意見の食い違いは大きくなっていった。結婚に関しては、夫に従いなさい、逆らいなさい、あるいは夫を受け入れなさい、見限りなさいといった正反対の忠告があった。母としての役割については、赤ん坊が生まれると、人並み以上に平等主義の夫婦でさえ従来のジェンダーの方向性に沿って関係が壊れる傾向があると知った。また、私は二割の確率で産後うつを発症する可能性があり、この先ずっと笑うたびにわずかな尿漏れを経験するかもしれないことも教わった。こうした不満の声——無関心な夫、完璧主義の母親、理解のない上司についての詳細な記述——が一度に頭の中でざわついて、ほんの束の間、私は打ちのめされて膝を抱えた。

シルヴィアは『三匹の子ぶた』を面白くひとひねりした再話が大好きで、その本を読んでクスクス笑っている。私は娘を見てほほ笑み、もう一度立ちあがった。そして女性学のコーナー——棚がたったふたつだけ——に向かい、多彩な背表紙を指でなぞっていき、その指がベティ・フリーダンの『新しい女性の創造』のところで止まった。

私は子供の頃から何よりも本を読むのが好きだった。あの頃、父と私は毎週土曜の午前中、ベテスダの公共図書館でわくわくしながら書架を眺めて過ごした。私は夢中になって棚のあいだを歩いては、どこまでも並ぶ色とりどりの背表紙に指を這わせ、何時間かして本の山を両腕で抱えて図書館を出た。家に帰ると借りてきた本を床に並べ、カバーと折り返しをじっくり眺めて、どれを先に読むかを決めた。

私は無名の人物の伝記からつまらないベストセラーまで、手当たり次第にむさぼり読んだ。

『ジェーン・エア』を読み終わると、続けてジャッキー・コリンズのロマンス小説に移った。食事中は読むなと叱られた。でも、テーブルの下に本を隠し、食べ物を噛んでいるあいだにちらちらと下を見て、いつもうまく親の目を盗んでいるつもりでいた。しかし、やがて両親も諦めたようだ。非行に走るより読書のほうがましと気づいたのだろう。以来、私の活字中毒は公認となった。

私は暇さえあれば——車の中で、犬と散歩しながら、ベッドに仰向けに寝そべり、両脚をヨガのポーズに組んで壁にもたせかけて——本を読んだ。どんなときでも何冊か並行して読んでいて、届いたばかりのクレジットカードの請求書だろうとクレヨンで描いた娘の絵だろうと、たまたま近くにある紙をしおりに使う。私の本棚は奥まで三重に本が並んでいて、家中に今にも崩れそうな本の山が積みあがっている。読書はこれまでずっと想像の旅であり逃避の手段だったが、少なくともそれに劣らず人生や経験の複雑さを理解する手段でもあった。私にとって本は魔法のようだ。本は心に知識を与え、魂を変容する。ある本を読み終えたあとで、登場人物たちと別れるのがあまりに寂しくて、すぐまた最初から読み始めたことがある。本棚の特別な場所にはページがよれよれになった昔大好きだった本があり、何度でも私を誘い、たまにほんの一瞬のインスピレーションを求めて一、二節、読み返すこともある。

長年のうちに学んだことだが、本の再読はとりわけ隠れているものを露わにする行為だ。再読にはかつての自分を呼び覚ます力があり、いくらか魔術の要素があるようだ。私はエミリー・ブロンテの『嵐が丘』を読むたびに、十五歳の頃の自分を思い出す。その頃、私はツインベッドの片側に大の字に寝そべり、初恋の苦しさに深く沈んでいて、ヒースクリフとキャシーの情熱の痛ましさにひそかに心を奪われていた。しかし二十五歳の私も思い出される。すでに何度か失恋を経験していて、主人公たちの情熱の激しさは魅力を失い、それよりも人を傷つけるその情熱の余波が目についた。このように時をおいてまた同じ本に戻ることで、愛についての自分の考えがどう変わったかだけでなく、どうして変わったのかがわかる。こうして私は自分自身を知る手がかりを見つけてきた。ページの中の言葉たちは静止しているように見えるかもしれないが、実際は言葉はつねに変化している。本はたえず変化していて、そこには読者の人生の物語がひっきりなしに現れてくる。

おそらくこれが、あの日書店で起きたことの説明になるだろう。『新しい女性の創造』を棚から取り出してざっと読みとおしたとき、私は何か超越した啓示のようなものを体験した。

私が最初にフリーダンを読んだのはバーナード・カレッジで学んでいた学生時代だ。一九九〇年代初期の大学生にとって、『新しい女性の創造』は別の時代――若い女性がプードルスカート〔犬のアップリケがついたフレアスカート〕をはき、卒業前に婚約指輪を手に入れようと策を練り、成功とは子供をふたり生んで郊外の一軒家に住むことと定義された時代――に書かれた、多少興味をそそる程度の過去の遺物だった。そういう風潮は私が思い浮かべる現実からはほど遠かった。その頃、私はまもなく独り立ちすることが決まっていて、フリーダンが描く女性たちと違い、チャンスは一対の翼のように目の前に広がっているように思えた。その翼は優美だが十分な強度と大きさがあり、私を未来に運んでくれるだろうと期待した。長いあいだ教室という繭にくるまれて刺激的な考えを教えこまれ、急進的な考えを吹きこまれ、政治への興味をかき立てられて、私は自分が現実の世界だとみなしていた場所に早く舞いおりたくてうずうずしていた。どんな夢も大きすぎることはなかった。

あの雨の日の午後、自分でも一体何を期待していたのかわからないが、目の端で娘の様子を窺いながらページを追い、『新しい女性の創造』に再度目を通してみて、私は驚いた。夢や希望を押さえつけて「職業は主婦」という枠に自分をはめようとする女性たちのことを書いたフリーダンの文章を読み、女を四年生大学に入学させるべきではないと大まじめに提案する教育者がいたことを知って、大学生だった私が声と姿を与えられた怒れる幻影となって記憶の中に現れ始めた。女性に対してこんなふうに文化的に共謀するのは断じて間違っている。突然、私は昔の情熱、若い頃の信念に気づかされ、過去と現在がぶつかり合った。私は少し背筋を伸ばして座り直した。

同時に、その女性たちの物語にはやけになじみがあった。なじみがありすぎて居心地が悪かった。十九歳で大学を中退して結婚し、四人の子を持つ母の絶望の物語と私は出会った。私が十九歳ではじめてこの本を読んだときには、その女性とはこれっぽっちも縁がないと思ったはずだ。今は彼女の言葉の意味がよくわかった。

「私は自分に人格がないように感じ始めました。私は食事を給仕する人であり、パンツをはかせる人であり、ベッドを整える人であり、何か欲しいものがあるときに呼べる人なのです」と彼女はフリーダンに語る。「でも、私はいったい誰なんでしょう?」

その日の夜、夕食に使った食器を食洗機に並べ、シルヴィアを風呂に入れて寝かせたあとで、疲れを振り払い、階段を二階分のぼって屋根裏部屋に向かった。そこにはシーダー材の立派な収納箱があり、私の若い頃の思い出の品をしまってある。昔のラブレターや中学の頃のたわいもない伝言や年月をへて黄ばんだ学校の集合写真の下から探していたものを見つけた。学生時代に使っていたマーブルノートの表紙に「フェミニストのテキスト講座」ときれいにペン書きしてある。

そう、「フェミニストのテキスト講座」。私は床に正座して両手でノートを持つと、適当にページを開き、筆記体の文字と余白の落書きを見詰めた。バーナードの三年生のときにこの講座をとり、そのときに読んだ本は女性という存在についての私の初期の考えに大きく影響した。本に書いてあったことの詳細はほとんど忘れてしまったが、本が残した感動、本にどのように刺激され、煽られ、挑発されたかを今でも思い出すことができる。真夜中を過ぎて散らかった紙やノートや写真をようやく箱に戻し、その場で立ちあがると、私はこれから荷造りして旅に出るのだという感覚が一瞬湧いた。

＊　＊　＊

ある意味、私は旅立とうとしていたのだ。そのあと数カ月かけて、ひとつの計画が少しずつまとまっていった。母校に戻って「フェミニストのテキスト講座」を受けてみようか？　ばかげてる？　そもそも受講できるの？　わかりやすく丁寧に地図に書かれた道をもう一度歩き、女性の経験をたどり直すことで、自分が前に進む道をもっと簡単に見つけられるのではないかと私は考えた。ある朝、朝食を食べながら、その考えをジョンの前で繰り返した。

「ほー」。夫は新聞からほとんど顔をあげず、コーヒーカップを手探りしながらつぶやいた。

私は新聞をつついてジョンの注意を引き、もう一度話そうとしたが、少しむっとした顔で見られただけだった。明らかになんの話か見当がつかないか、その計画の何が面白いのかわかっていなかった。しかしたぶん彼が悪いわけではない。ジョンはマサチューセッツ工科大学を出たコンピュータ技術者で、おそらくベティ・フリーダンと女優のベティ・ホワイトの区別もつかないだろう。それはわかるけど。私は落胆したあまり、座っていたスツールを少し乱暴に後ろにさげて、友達のニーナに電話をしに行った。

　ニーナは私より二年早くバーナードを卒業していて、私が卒業して最初に雇ってくれた人だ。彼女は作家をスカウトする会社を自分で立ちあげ――二十三歳のときだ――、妊娠六カ月の頃にチェルシーのカフェで私を面接してくれた。美人で自信にあふれていて、バーナードの学生は卒業後にこういう人生を歩むだろうという私のイメージどおりだった。だから彼女とはたちまち意気投合した。それからの何年か、私たちは一緒に働いた。最初はソーホーにある彼女の自宅のロフトを使い、その後仕事が増えるとブロードウェイ沿いの賃貸オフィスに移った。私たちは成功したいという熱に浮かされたような野心に駆られて、たびたび夜遅くまで働き――原稿を読み、出版関係の催しに出かけ、顧客と取引し――、やがてふたりで捌(さば)き切れないほどの顧客を抱えるようになり、何人かの社員が加わった。この時期、ニーナは私の師でありお手本だった。厳しく現実的な上司だったが、つねに寛大で公平でもあった。私が出版業界を離れてジャーナリズムの学校に進んでからも付き合いは続いた。私たちは最初の頃のあの興奮や課題に鍛えられた友情で固く結ばれていたのだ。

「いいじゃない！　ぜひそうしなさいよ！」。私が計画を話すと、ニーナは言った。彼女の声には紛れもない熱意がこもっていた。仕事と家庭と自分の時間のやりくりをいつも上手にこなしているほかの友人たちも、ニーナに負けないくらい応援してくれた。相談してみて気づいたのだが、私はメアリ・ウルストンクラフト、シモーヌ・ド・ボーヴォワール、ベティ・フリーダンといった作家が再読に耐えられるかどうかや、彼女たちがどんなインスピレーションを新たに与えてくれるかを見つけたいだけでなく、フェミニズムが若い世代の女性たちの厳しい目にさらされてどのように進化してきたかを、ぜひとも知りたかった。友人たちの励ましに勇気づけられて具体的な計画を練り始めた。

フェミニズムの主要な著作を入門者向けに概説する「フェミニストのテキスト講座」は一年のコースで、IとIIに分かれている。Iは第二波以前のフェミニストのテキストを取りあげ、IIはより新しい著者に注目する。どちらの講座もバーナード・カレッジか、提携しているコロンビア大学で授業がおこなわれる――しかし、いずれの場合も教室はほとんどバーナードの学生で埋まる。その秋、講座は週に一度、午後二時間の予定で開かれることがわかった。通学に関しては、アナポリスで早朝の列車にのれば授業に間に合う時間にニューヨークに着き、午後遅い時間の列車でその日のうちに帰宅できる。少し慎重に計画すれば、講座の受講は家族の予定にたいした混乱を招かないだろう。やれそうだ。必要なのは教授からの許可だけ。授業は討論主体のゼミ形式なので定員は二〇人程度だった。教授を説き伏せて少人数の教室にもぐりこめるかどうか自信はなかった。卒業生として聴講するだけで、正式な学生としてではないからなおさらだ。

学期の始まりが刻々と近づいてきて、私はついに意を決して行動した。ノートパソコンを持ってキッチンカウンターの椅子に座り、教授にメールして講座を聴講させてもらえるかどうか尋ねた。そのあと固唾をのんで、一分おきにしつこく新着メールのアイコンをクリックして返事を待った。さいわいそれほど長く待つ必要はなかった。その日のうちに教授から返信があり、私を歓迎してくれた。私は画面を二度見して、その知らせを体に染みわたらせた。そして有頂天で椅子から立ちあがり、ハンドバッグを掴むと、メインストリートのドラッグストアに急いで向かった。これは夢ではなく、私はまた学校に通うのだという実感が湧いてきて気分は高揚した。帰ってきたとき、私は真新しいマーブルノートを手にしていた。まっさらな白いページをこれから文字で埋めるのだ。

第一日目

数週間後、私はニューヨークにいて、バーナード・カレッジでの第一回目の授業に向かっていた。母校を訪れるときはいつもそうだが、今回もうれしくもありせつなくもあった。歩いているうちに時間が歪み、私はしばし人生の別のステージへと運ばれ、寮の部屋、学期末試験、夜中のベーグルといった遠い昔の記憶がよみがえった。外の空気にはまだ夏の湿気が残っていて、タンクトップとサンダルでブロードウェイをぶらぶらと歩く肌を露出した人々の群れを縫って進みながら、私は一九九〇年代初期に連れ戻されたのだと信じかけた——だがそのとき、ポケットの中で携帯電話が震えた。

「あのさ」。ジョンの声だ。「バンドエイドはどこだっけ？　見つからなくて」

そう。舞台は見慣れた場所でも、私はもう目を輝かせた大学生ではなかった。この同じ道を大学の門に向かって歩いたときから長い年月が過ぎていた。あれは私が妻になり、母になる前。時の流れが私の顔や体や記憶に刻みこまれる前のことだ。歩道を歩きながら、屈託のない足取りで明るい笑顔を振りまく学生たちに囲まれて、急に自分が浮いているように感じた。私は今の自分と若い頃の自分の隙間を埋めること、あるいはせめて、今このふたりを隔てているように見える裂け目を理解することこそ重要なのだと、自分に言い聞かせた。

はじめてバーナード・カレッジのキャンパスを目にしたのは十九歳のときで、私はカリフォルニア州北部のレッドウッドの森にひっそりとたたずむ大学で二年過ごしたあとで、無性にニューヨークで暮らしたくなった。父がメリーランド州の家からニューヨークまで車で送ってくれて、ニュージャージーターンパイクのカーブを曲がったところで、マンハッタン全体の摩天楼の輪郭が川沿いに連なっているのが見えたのを覚えている。まだ十代だった私の目には約束と可能性の光景に見えた。通行料金を払うと、私たちがのった白いアキュラはホランドトンネルの暗がりにもぐり、ほんの数分後には青空、賑わう通り、クラクションの音、この街特有の排気と香水の生温かい匂い、忙しそうな人の群れに迎えられた。私は車の窓をおろして何ひとつ見逃すまいとした。それから二時間、車は渋滞した道路をゆっくり進み、一一六丁目とブロードウェイの角にあるバーナード・カレッジの門に近づいた頃には期待が膨らんでじっとしていられず、車が止まり切らないうちにドアをあけ、道路に足をおろした。私はうっとりとして歩道にたたずみ、視界に入るかぎりのブロードウェイの喧噪を吸いこんでいた。すると元気のいい赤毛の若い女性がやって来て、登録のためのテーブルに案内してくれた。私は彼女のあとについて、キャリーケースを引きずり鉄の正門をくぐった。あれから何年も経った今、私はまったく同じことをしていた。

私はバーナード・ホールの前に立ちどまり、自分の位置を確かめた。ホールはギリシャ風の柱が並んだ煉瓦と石灰岩の建物で、正門の真正面にある。キャンパスは見たところ昔とほとんど同じだった。敷地は今も以前と同じ四つの街区にまたがり、道を挟んだ向かいにあるコロンビア大学の立派なキャンパスのせいで、いくらか小さく見えた。私は見覚えのある案内板に気を配りながら曲がりくねる赤煉瓦の通路を進んだ。ギリシャの知恵の女神であるアテーナーの像は飛び立つ寸前の姿で今も静止していた。この像は一九〇五年の同窓生が寄贈したものだ。さまざまなクラブの集まりを告知する貼り紙が掲示板や照明柱で風にはためいていた。もっと最近になって建てられた図書館や青々とした芝生は何も変わっていなかった。

バーナード・カレッジは一八八九年に第一期生として一四人の女性を受け入れた。校名はコロンビア・カレッジ〔コロンビア大学の前身〕の第一〇代学長フレデリック・A・P・バーナードにちなんでいる。大学教育を女性にも開放するよう熱心に訴えた人物だ。最初はマジソン街にある賃貸の建物にあったが、やがてブロードウェイ沿いの現在の場所に移り、学生数を二〇〇〇人以上に増やすことができた。この静かな安らぎの場でつねに不気味に迫ってくるコロンビア大学の影をものともせず、バーナード・カレッジは独立した女子大という立場を守りとおしてきた。バーナード・カレッジに女子大の地位を放棄するよう求める圧力はかなり強かった。一九七〇年代から八〇年代にかけて、コロンビアとバーナードは、ラドクリフ・カレッジがハーヴァード大学に統合された例にならって、二校を統合するための交渉を一〇年近く続けた。一連の話し合いは結局まとまらず、一九八三年にコロンビア大学が共学になり、バーナード・カレッジは女子大のまま残った。二校の関係はかなり独特で、なかには機能不全の関係だと言う人もいるが、高度に統合された状態を保ちつづけ、教育環境や施設は共有しながらも学生の選考や運営は別々におこなわれている。

どんな理由であれ——コロンビア大学とのライバル関係であれ、あるいは単にバーナードが引き寄せる学生のタイプによるものであれ——誇り高き挑戦心が醸す、手でさわれそうなほどの空気が、芝生を敷き詰めたこじんまりとしたキャンパス中に漂っている。一〇〇年以上前、バーナードの学生は率先して、女性が教育を受ける権利を求めて社会規範と闘った。今日、バーナードに通う女性たちも、それと種類は違っても、たいてい何かの分野の先駆者であり、平等を求める女性の仕事は終わったと思われているこの時代に、あえて女子大を選んで来ている。あの日の午後、彼女たちの表情や自信にあふれた姿勢にはかすかな抵抗の気配が現れていた。授業や終わったばかりの夏休みやその日の夕食の予定について周囲で交わされる会話の断片が耳に入り、彼女たちの上ずった声や快活な話し方にもかすかな抵抗の気配が聞き取れた。たくさんの人が通ってきたこの道をふたたび歩きながら学生たちの隣で歩調を合わせるうちに、私の歩みは速くなり、歩きぶりも堂々としてきた。

＊＊＊

「私のことはTと呼んでください」

教授はこう言いながら教室に入ってきて討論用の大きいテーブルにつき、「フェミニストのテキスト講座」の初日は正式に始まった。それまで、学生たちは横目で視線を交わしてこっそり互いの品定めをしていたが、今や注意はもっぱらT教授に向けられていた。私がまず気づいたのは教授の背の高さだ。ヒールの高い黒いブーツをはいていたが、ヒールがなくても一八〇センチはあった。そのあとで彼女の若さにあっけにとられた。私とそれほど変わらなかった。しかし、クラスのほとんどの学生は教授をそれほど若いとは思わなかっただろう。さっと計算したところ、彼女たちは私が大学生だった頃にかろうじて小学校にあがったかどうかだ。年齢に関する不安にまたしても襲われて、頭がぐるぐる回り始めた。

「私はこの子たちの何人かが生まれる前にバックパックをかついでヨーロッパ中を旅行してたのね！　最初にこの講座を受けたとき、彼女たちは今のシルヴィアよりも幼かったんだ！　彼女たちの多くがやっと歩けるようになった頃、私はバーナード・カレッジの卒業式でひな壇に向かって歩いてたわよ！」。私は無理矢理、注意を授業に向けた。

T教授は歯を見せて笑い、逆立てた鳶色の髪を指ですいた。黒いレースのスカートをはき銀色のイヤリングをぶらさげた装いは、狭苦しい大学の教室ではなく、これからイーストヴィレッジのバーに向かうところに見えた。青い瞳は鼈甲柄の眼鏡の奥から私たちをじっと見詰め、彼女を見詰め返す二〇の顔を順に見ていった。

「私は肩書きや組織内の序列の話が好きではありません」とT教授は言い、何人かの学生が賛意を示してうなずいた。

私はたちまちT教授が好きになり、心の中に安堵の波が広がった。私はクラスの化学反応にとって教師がいかに重要かを忘れていた。見ていると、心配性の学生たちの緊張は消えて落ち着いてきた。T教授の活気のあるおおらかな態度に応えて私たちは肩の力を抜き始めた。それが学生たちの身振りにも現れ、彼女たちはテーブルに肘をついて教授のほうに顔を傾けた。

「私は、たとえそういうものがあったとしても、私独自のフェミニズムの考えにみなさんを触れさせるつもりはありません」とT教授は言った。「この授業はテキストを探求する場です。何かに同意できないなら、それは素晴らしいことです。私たちはフェミニストの本をばらばらに解体するためにここにいるのです。そこに書いてあることに同意するなら、それもまた結構」。教授はそこで一旦言葉を切り、いたずらっぽくにやっと笑った。「でも、それじゃああまり面白くない」

神学博士のT教授は、最初の課題にエレーヌ・ペイゲルスの『アダムとエバと蛇――「楽園神話」解釈の変遷』を選んだ。この本は創世記の最初の二章を巡る文化史で、キリスト教誕生から四世紀のあいだに形成された考えにさかのぼり、ジェンダーや性の伝統的な型をたどる。最初の課題にこの本が指定されているのを見て、私は少し意外だった。学生時代の「フェミニストのテキスト講座」では宗教について討論しなかったからだ。しかし女性学部はその後、この講座のシラバスを作成する際にある程度、教授の裁量に任せることにしたのだと、あとで知った。テキストに「お墨つきを与えるのはやめて」、より多様な意見、経験、視点を会話に組みこめるようにしたのだ。T教授の専門は神学なので、イヴのこと、また歴史上、イヴの物語が西洋における女性の概念の基礎となった経緯を語りたいと考えたのは当然だった。

「せっかくだから」と、T教授は言った。「歴史の最初から始めませんか？」

アダムとイヴと蛇

イヴは私にとって興味をそそる出発点だった。私は信仰を持たない、というより、さまざまな宗教的背景が寄り集まった家に生まれ、家族のすべての宗教が互いにうまく打ち消し合っていた。父方には信仰を実践しなかったユダヤ教徒の祖父とカトリックの洗礼を受けたものの基本的に新異教主義の祖母がおり、母方には仏教徒と道教徒の祖父母がいて――言うまでもなく両親は敬虔な科学者で――私はいつの間にか独自のあいまいな不可知論の立場をとっていた。

最初の聖書の教えはセシル・B・デミル監督のハリウッド大作『十戒』から得た。不自然に日焼けした若いチャールトン・ヘストンがモーゼを演じている。実際に聖書に触れたのはたぶんホテルの客室に備えてあるものだけだったと思うが、八年生になると西洋文明の授業のシラバスに聖書が登場した。窓のない中学校の教室で、蛍光灯のノイズを背景に創世記の一節を順番に音読し、私ははじめてイヴと出会い、女性がただ単に性別のせいで背負わされたあまりに大きな重荷に突如として気づかされた。目の前のページに、ただひとりの女性が犯した罪のせいで全人類が天国から追い出されたという物語が包み隠さず展開していた。それというのも、イヴが蛇にだまされて禁断の木から林檎の実をもいでひと口かじり、そのあと抜け目なくその実を夫のアダムにも食べさせて彼女の罪に夫を引きずりこんだからだ。彼らが言いつけに従わなかった罰として、神はそれまで幸せに暮らしていた夫婦をエデンの園から追放して苦しみの世界に追いやる。アダムは神の命令に背いた妻の言うことを聞いたために、生涯にわたる苦難と労役の刑に処せられる。イヴに関しては神はこう宣言する。

「あなたの生みの苦しみを大いに増やそう。あなたは苦しんで子供を生むことになる。それでもあなたは夫を慕い、夫はあなたを従えるのだ」

ホルモンをおもな動力源としている若者がひしめく教室で音読された聖書の物語は、男はけっして女の言うことなど聞くべきではなく、女はつねに男に従わなければならず、女は当然の報いとして苦しみに耐えなければならないという主張を支持しているらしかった。何人かの男子はこれを聞いてにやにや笑い、授業のあとで女子をからかう新しいネタを見つけて喜んでいた。私のすぐ前の席にいた友達のバーバラは後ろを振りむいて顔をしかめ、私はうなずいて目玉をぐるりと回した。

コービン先生はモンゴメリー郡の公立学校制度の中でもまれてきたベテラン教師で、面倒が起きそうな気配をたちどころに察知した。

「静かに！」と、先生は叫んで教室を見回し、居残りの罰を与えるか、それとも生徒に不人気な聖書の系図に関する抜き打ちテストを配る口実を探していた。

私たちはすぐにまじめな顔に戻り、口を閉じた。

しかしすでに手遅れだった。イヴは創造主である神の支配に大胆にも背いた反抗者だった。イヴは妖婦であり、わざと夫を説き伏せて共犯者にした。神の怒りよりもイヴの女らしいたぶらかしのほうが説得力があったようだ。イヴは最初のふしだらな妻であり、究極の悪女だった。彼女の原罪によってすべての女性に汚名が着せられたのは不愉快だったが、私はひそかに魅力を感じてもいた。十四歳の頃、私はいたって品行方正で、規則をきちんと守る眼鏡の優等生だった。イヴと彼女の影響力には人を惹きつける魅力があった。

十代の頃、私は人として変貌を遂げている真っ最中だった。体が縦に伸び、丸くなっただけでなく、人にどう見られるかにますます影響され、それによって自分が形づくられるようになった。私はそれまでずっと授業中によく発言するタイプだったが、次第に口をつぐみ、間違ったことを言いはしないかと気にするようになった。現実に起きたことであれ、ただの妄想であれ、少しでも気まずいことがあると恥ずかしくて顔が真っ赤になった。人間が堕落してから目を開かされたイヴのように、私は自分の弱さを隠すためのイチジクの葉を身にまとおうとしていたのだと思う。夜になると翌朝学校にどの服を着ていくか、どうすればくしゃくしゃの髪を思いどおりに整えられるか、あるいは最近、断りもなく顔に現れるようになったにきびをごまかすべきかどうかで悩んだ。髪の毛、肌、爪、顔、脚、胸（すなわち胸が膨らんでいないこと）、お尻、おなか——体のあらゆる部分について、あれほど意識したことはなかった。鏡に映る自分の姿に注意が行きすぎて、あるとき父は家にある鏡を全部片づけるぞと脅した。私の関心事はうぬぼれとはまったく無縁で、自分の体は自分のものだと主張したいだけなのだということを、父はわかってくれなかった。私は女性の生物としての特徴が女性の運命を決めるという性差別の第一原理のひとつに知らぬ間にさらされていて、自分の体と自我との分裂を乗り越えようとあがいていたのだ。

私は十代のその後の時間を、羞恥心と欲望、勇気と恐れ、服従と反抗のあいだで揺れながら過ごした。しかし、イヴは現れたときと同じくらい急速に私の意識から消え、代わって、マドンナや十代の頃に憧れていたほかのアイドルがやって来た。それ以来、イヴのことはほとんど考えなくなり、彼女について知るべきことはすべて知っていると思いこんでいた。

ところがペイゲルスの本を読んで、じつは私はイヴのことをたいして知らないと気づいた。たとえば、イヴの起源は一般に認められているよりはるかに複雑で、異論もあることを私は知らなかった。中学での創世記の書き取りの授業では、私はつぎの微妙な点を見落としていた。創世記が伝える物語は二種類あり、この事実は何世紀ものあいだ古典学者や神学者を混乱させてきた。

創世記1と2はもともと別の話で、おそらく異なる学派の複数の著者が執筆し、のちに現在の聖書の形につなぎ合わせたのだろう。したがって明らかな矛盾点がいくつかある。創世記1は2より新しく、時間と空間の外側にある超越した神を描いている。この神は天上から創造し、天と地、光と闇、陸と海、植物と動物を存在させた。しかし、女性にとって何より重要なのは神が人をつくる場面である。「神は自分の姿に似せて人をつくられた。すなわち、男と女とをつくられた」と聖書にあるとおりだ。一方、創世記2ではまったく別の神が姿を現す。T教授は「ここで、神は自分の手を少し汚します」と言った。神は歩き、話し、個人的なことに立ち入る。この神は細部に宿っている。

創世記2では、男女の創造は創世記1でのように同時にではなく、順番に起こる。神がアダムと名づけた男は地の塵(ちり)からつくられて、エデンの園の支配権を与えられる。しかしアダムが寂しがるので、神は「彼にふさわしい助け手」をつくることにした。アダムが眠っているあいだに神は彼のあばら骨を一本盗み、それでイヴをつくる。神はその新しい生き物をアダムに贈ると、アダムは「これこそ、ついに私の骨の骨、私の肉の肉。男からとったものだから、これを女と名づけよう」と言う。こう宣言して、アダムは男が女より上位にあることを正当化しているのだと、T教授は指摘した。アダムは神の姿につくられたが、イヴは男の姿につくられたのだから、イヴは二次的な姿、アダムの名残にすぎない。

何世紀にもわたり、ふたつの創世物語の解釈を巡る論争がキリスト教社会で盛んに起きたが、それはひとつにキリスト教そのものが流動的だったからだと、ペイゲルスは書く。キリスト教の最初の四〇〇年間、この宗教がまだ「危ない迷信」とみなされていた頃、キリスト教徒の大半は原罪を道徳的自由と責任のたとえ話とみなしていた。キリスト教徒は信仰のゆえにたびたび迫害を受けて殺されており、創世記に示された不従順のテーマを受け入れて、この物語を国の政治勢力と闘おうという呼びかけとみなした。その後、西暦三一三年に異教徒のコンスタンティヌス大帝が帝国内でキリスト教を公認することを決定して、キリスト教徒が信仰を堂々と実践し、性に関する態度やおこないにおいて静かな革命を起こすことを許した。それから二世紀のうちに、キリスト教は正式に国教となった。迫害されたキリスト教の殉教者のことは人々の記憶からゆっくりと消えていった。キリスト教が認められて状況が一変するなか、この宗教が尊敬と影響力を手にするにつれて、創世記1と2は自由意志の実例であるという解釈を離れ、それとは正反対の、人間の自由の束縛と堕落の手本となったのだ。

ここにアウグスティヌスが登場する。彼の創世記の解釈が『アダムとエバと蛇』の土台となっている。自身のくどくどとした説明によれば、彼は最初から模範的なキリスト教徒だったわけではない。ただし模範的なキリスト教徒が酒をのまない独身主義者のことを指すとすればである。自著『告白』で鮮やかに描いているように、アウグスティヌスは最終的にキリスト教を受け入れる以前、放蕩な青春時代を送っていた。「私の肉体が十六歳のとき……荒れ狂う欲望の狂気が私に対して最高の支配力を持っていた」と彼は回想する。この欲望に導かれて彼は性の冒険を重ね、婚外子が生まれた。ペイゲルスが説明するように、アウグスティヌスの人生におけるこうしたきわどい逸話は意味のない無駄話などではなく、創世記に対する彼の見解がどのように深まっていったかを明らかにしている。やり手の女という役割をイヴに与えることで、アウグスティヌスは自分のことを女性の誘惑に弱い男の代表とみなすようになった。彼はその後、性衝動と闘うようになり――罪から救済に至る私的な旅である――その経験の枠を広げて、全人類のための範例としたのだ。

『告白』は核心部分がキリスト教への改宗物語である。アウグスティヌスは個人的な体験を利用して、個人の自由意志など錯覚にすぎず、自分の身体機能――運命は言わずもがな――を抑えこもうと試みるのは無駄だと説いた。彼はこう考えた。人間の本性は人生の指針とするには頼りないという考えをわれわれが受け入れるとしたら、自分は本当は何を望み、何を必要としているか知っていると、どうして確信することができるだろうか。典型的な例として、性的魅力について考えてみよう。アウグスティヌスは性は恥ずかしく危険で、男を不健康な欲望に縛りつけ、精神を分裂させると考え、したがって男の性衝動は不道徳な出来心にすぎないと信じていた。男が欲望を露わにする原因となる女が非難の矢面に立たされる。女は故意に男の欲望に火をつけ、指で差し招き、尻に鞭をひとふりするだけで、より多感な獣である男を究極の破滅へと導くのだと、彼は主張した。救われたければ、たとえ圧政に屈することになっても、政府の支配に従うことで「自由な奴隷」の身分を手に入れるようにと、男たちに教えた。アウグスティヌスが示すものごとの「自然」の秩序によれば、国が男を支配し、男が女を支配し、神が万物を支配する。それゆえ、彼はペンをひとふりして、自由を讃える宗教としてキリスト教を奨励してきた三世紀にまたがる思想を書き換えたのだ。

アウグスティヌスが示した創世記の解釈によって記号化されたメッセージは次のとおりである。われわれはアダムとイヴの原罪の報いとして囚われの身となり、それによって性的に堕落し、道徳的自由を失った。われわれは天国から煉獄に落ちたのだ。欲望、苦痛、死——これらはその証拠である。というのは、すべての人間が実際に暗黒の状態に生きているのでなければ、このような不幸は存在しないはずだからだ。人間は誰ひとり神の罰を免れることはない。なぜなら、アウグスティヌスの考えでは、生まれてくる子供はみな、男の精液によって受胎の瞬間から堕落させられており、そのため「死の束縛により足かせをはめられている」からだ。

人類についてのこのどちらかというと残酷な見方に誰もが納得したわけではない。アウグスティヌスの最も熱心な論敵であるエクラヌムの司教ユリアヌスは、神が創造した自然界はもともと善なる場所であり、アウグスティヌスが想像したような惨めな地獄の辺土などではないと主張した。ふたりは一二年にわたって、創世記についての解釈の食い違いを巡り率直に意見を闘わせた。ユリアヌスの考えでは、創世記は選択の力についてのわかりやすい教訓話を提供しており、神に罰せられるのはアダムとイヴだけで、全人類に罰が及ぶわけではなかった。この光に照らして見ると、ユリアヌスが創世記から導き出したのは、個人の認識がまわりの世界を創造したり破壊したりするという教訓である。一貫して罪を犯すことを選ぶ者は世界を気の滅入る灰色がかった色合いで見るだろうし、道徳的な選択をする者は希望と愛に彩られた世界を築くだろう。要するに、世界には病気や死や苦しみがあるとしても、選択次第でその世界での経験を変えられるということだ。

一方、アウグスティヌスは、最終的に天国で救済されるための唯一の道は服従と悔い改めであると主張した。これは権力者にとって都合のよすぎるメッセージである。アウグスティヌスの死後、教会は彼の見解を正式に受け入れた。ユリアヌスは異端の烙印を押された。一方、アウグスティヌスは聖人に列せられた。

＊　＊　＊

「何か意見はありますか？」とT教授が聞いた。

私たちはそれまでわりと静かにT教授がペイゲルスの本を紹介するのを聞いていた。教授の質問に続いて、私たちは落ち着きなく顔を見合わせて、誰が最初に発言するだろうと考えていた。ディアンという背の高い、運動で鍛えていそうな女性がついに手をあげた。

「アウグスティヌスの考えを支持する人がいるのが理解できません」と彼女は言った。「あまりに……暗すぎると思います」

「それについては、ペイゲルスが面白い説を唱えていて」と教授は答えた。「彼女はわかりやすい答えを示しています。アウグスティヌスの見解が最後に勝ったのは、それが教会と国の権力および階層を支持しているからだと言うのです。政治的に都合がよかったのね。でも、それとは別にもっと心理的な理由があったはずです――人は自分が無力だと感じるよりは罪悪感にさいなまれるほうがましなのでしょう。罪悪感は、私たちの苦しみは道徳に根差していて、原因も意味もあるのだということを再確認させてくれるのです」

T教授が教室を見回すと、何人かがうなずき、何人かはぽかんとしていた。教授はひと息ついてから、もう一度説明を試みた。

「何か悲惨なことが起こると、人はたいてい『どうして私が』と言うでしょう。これは悲劇に遭遇したときによく浮かぶ疑問です。アウグスティヌスならこう答えるでしょう。それはあなたのせいではなく、アダムとイヴが犯した罪のせいで私たちが払わなければならない不当な代償なのだと。アウグスティヌスの見解によれば、私たちは、少なくとも建前上は苦痛の亡霊を追い払うことができます。一方、ユリアヌスは、苦痛とは避けようのない正常な日常生活の一部であり、あなたが力を発揮できるのはその苦痛とどう向き合うかという一点に対してのみだと答えるでしょう」。T教授は一旦言葉を切った。「人は、悪いことが起こるからには何か理由があるはずだと思いたいのです。つぎの考え方のうちどちらがより気が楽ですか？　『私たちは堕落した世界に生きている』、それとも『世界とはそういうものだ』？　私たちはみな天国を目指してがんばっているのだと信じるほうが、よくないですか？」

みんなはどう反応してよいかわからず、黙っていた。

「『悪魔にそそのかされたのだ』と弁解できるほうが楽ではありませんか？」と教授は反応を促した。

「私は無力感より罪悪感のほうがましだとは思いません」とディアンが言い、くすんだブロンドのポニーテールをたぐり寄せた。「だって結局、人は無力じゃないですか？」

T教授は肩をすくめてほほ笑んだ。

「アウグスティヌスの女性に対する見方はどう？」と教授は尋ねた。「彼は女性を、夫に従わせ、子供を生ませることでのみ制御できる、誘惑する女として類型化することに成功しました。残念ながら、これは今学期を通じて私たちが繰り返し目にすることになるテーマです」

黒い巻き毛の小柄なマリアがおずおずと手をあげた。

「私、ずっと不思議に思っていて――女性はどうしてこうも体によって定義されるのでしょう？女性がいかに素朴で、自然とより密接につながっているかという話をよく耳にしますが、そういう見方はいったいどこから来るんでしょう？」

T教授はしばらくとまどっているように見えた。

「難しい質問ね。まず最初に、人は出産と月経のことを昔から理解していたわけではありません」と、教授は慎重に説明した。「昔はどちらも神秘的で、ことによると恐ろしい出来事でさえありました。問題は、こうした生物学的プロセスが社会になじんで、最終的に男性による女性の支配を要求するようになったことです。生物学と運命がうまい具合に合体したのです」

私は椅子の背にもたれた。授業は私が学生時代に習ったことがあり、よく覚えている領域に入っていった。フェミニストの怒りは、この生物学と運命の交差点でつねに真っ赤に燃えさかってきた。それにはもっともな理由がある。何世紀ものあいだ女性の体は、女性を無視し、監視し、侮辱し、操作し、ときには怖がらせるための道具として、女性にとって不利な使い方をされてきたのだ。女性は昔から夫と神の意志に従うようにと言い聞かされてきた。そうするには心を鈍感にし、魂を抑圧しなければならないとしても。というのは、自分のことは二の次にして夫と子供と家に従い、献身するという聖なる務めに女性が従わなければ、恐ろしいことが起こるからだ。勝ち気で反抗的なイヴを見るといい。堕落してからは――相応に罰せられて――つらい出産を伴う生活に追いやられ、それ以降、イヴの話はほとんど聞かなくなる。

イヴがもう一度神の恩恵を受けるのは、救世主を生む永遠の処女マリアを通じてでしかない。ウルガタ訳聖書では、きわめて効果的な言葉遊びによって、天使ガブリエルが聖母マリアに来訪を告げるとき、「Ave（ごきげんよう）」と呼びかける。逆に読めばEve（イヴ）のラテン語のEvaとなる。まるで、それまでの間違いをようやく正したかのように読める。

しかし「女性が母になれない、あるいは母になることを望まない場合はどうでしょう？　それでも彼女たちを女性とみなすべきでしょうか？」とT教授は問いかけた。

「ええ！　もちろんです」と、ふたりの学生が面白半分にむきになって叫び、まわりの学生もだいたいうなずいていた。
私も賛成だった——当然だ。だが一瞬、私は別のことを考えていた。教授の言葉が頭の中で並べ替えられて「女性がどうしても母親になりたい場合はどう？　それでも彼女をフェミニストとみなせるの？」という疑問が浮かんだ。

自然な女性、不自然な世界

この問いは、アナポリスに帰る列車の座席に座ってからもまだうるさくつきまとっていた。私の意識はイヴについて、女性の体にかけられた呪いについて、そしてより高尚な男性の仕事を女性の企みと闘わせたアウグスティヌスの改宗物語についての思考のあいだで分裂した。女性も救済は得られる。しかし、アウグスティヌスの改宗は聖人の位と栄光に至る道の出発点となるが、それに相当するイヴからマリアへの変容、少女から妻と母への変容は、それ自体、たいていの女性の物語が終わる場所である。

授業での討論で気づかされて、私はいつの間にかあちこちでイヴの顔をいくつも見つけていた。フィラデルフィアの郊外を列車が走っているあいだに雑誌のページをめくりながら、現代の女性像の多くがいかに創世記の物語を利用しているかに気づいた。ある宝飾品の広告は、しっとりと濡れた赤い唇のモデルが林檎を前に差し出し、手首には氷のようなダイヤのブレスレットをぶらさげ、首のまわりにニシキヘビを巻きつけていた。見開きページはテレビドラマ『デスパレートな妻たち』の新シーズンを宣伝していて、女優たちが林檎を敷きつめた床にイヴのように横たわり、「誘惑されてしまいそう?」というコピーが添えてあった。どの記事も奔放なパーティガール——あるいはその双子の姉の冷たいキャリアウーマン——のことを取りあげていた。彼女らは子供を生んでからは家庭に落ち着いていた。以前の生き方が間違っていたと理解したからだ。彼女は——イヴを林檎の木へと導き、実をかじるように促した——身勝手さ、野心、好奇心といった性質を抑え、従順さと自己満足を身につけていた。少なくとも、それが一般的な認識だ。

一九七〇年代にはやった『フリー・トゥー・ビー…ユー・アンド・ミー』〔ジェンダーフリーをテーマとする子供向けの絵本つきレコード〕の時代に郊外で育った少女として、私はジェンダーの役割がはっきりと分かれているおとぎ話に対して健全な疑いを抱くようになった。それでも自分が母親になってみて、そんな私でさえ改宗物語にだまされていたことに気づいたと認めざるを得ない。クラスのマリアやそのほかの学生のように、私は女性の人生は自分の体によっても性別によっても限定されるべきではないと、ずっと信じていた。学生の頃は妊娠や母親業の現実をよく知らなかった。それらの経験は黒い布で覆われていて、見えなかったのだ。

だから、私は同世代——概して成功や仕事のやりがいに大いに期待して育った最初の世代——の多くの女性たちと同じく、二十代前半は仕事に専念し、母になるという問題を避けていた。問い詰められれば、子供は欲しいけど準備ができたらねと答えた。「準備ができる」とは厳密にどういう意味だったのか自分でもよくわからないが、「運命の人」と出会えばピンと来る、という状況に似た説明のつかない感覚を想定していたに違いない。さしあたり、母になるという考えは遠くの壁にかかった抽象画のようで、ときどき目を凝らして見るのだが、じつはよくわからなかった。

私は母親業について考えようとするたび、赤ん坊を生んだあとで公的な生活からプライベートな家庭生活に引きこもる女性たちの通俗的な物語を、やや不安を覚えながらも頼りにしていた。つまり、医師や銀行の行員や弁護士が突然、時事問題ではなく、公園でのささいな駆け引きにしか興味を示さなくなったという話だ。外野からは、結婚して母になることは女性に対して不可解な錬金術の魔法が働いているように見え、あなたは運命から逃げることはできてもそこから隠れることはできないのだという、疑いのない証拠を突きつけられているようだった。

私が妊娠したことに気づいたのは二十八歳のときで、最初は動揺した。多くの人の基準では私はもはや若い母親でなかったが、私の狭い世界——ジェネレーションXに属し、都会で専門職についていて、いつも不安にさいなまれ、うんざりするほど自己分析的——では、友人のほとんどが、子犬を飼ってちゃんと責任を負えるかどうかについて話し合っていたくらいだから、赤ん坊の責任など負えるはずがなかった。年上ばかりの仕事仲間に囲まれていると、私は未成年の母親に等しかった。たぶん私があと数年、年をとっていて、赤ん坊を生むことをすでに検討していたのなら、あの小さなプラスチックの妊娠検査薬を見て衝撃を受けることはなかったはずだ。私はそれを見て洗面台に寄りかかり、鏡に映る自分の顔をじっと見た。鏡に映る自分はさっきと違うはずじゃないの？　何かもっと別の感情が湧くはずじゃないの？　わかってるはずじゃなかった？　私はおなかにそっと手を押し当てた。目を閉じて、私の中にある違いや変化を感知しようとしたが、軽い動揺のほか何も感じなかった。

ドアを優しくノックする音がした。結果に気をとられて、ジョンがドアの向こうで待っていることをすっかり忘れていた。

「大丈夫かい？」と、ジョンは少し心配そうに聞いた。

ひと息ついてからドアをあけた。私は無言で、細い青い線を上にして妊娠検査薬を渡した。ジョンはそれを見てから私の顔を見て、二度瞬いた。

「これってつまり？……」。ジョンの声は少ししわがれていた。

私はうなずいた。

ジョンは両手でスティックを持ったままベッドの端に腰かけた。私も隣に座った。そして一緒に人生の方向を変えることになるスティックを見詰めた。ジョンは私の腕に手を置いた。私は脚を彼の脚に押しつけた。何分かが静かに過ぎた。

とうとうジョンがこっちを向いた。

「何を考えてるの？　わかってるだろうけど、君がどう決めるにせよ、僕は君を支えるよ」

私はうなずいた。そして見詰め合った。そのあとで私が笑顔を浮かべると、ジョンの顔がぱっと明るくなった。私はもう一度うなずいた。私たちは子供を持つことにした。

＊　＊　＊

妊娠が明らかになった翌週、私は友人のターシャとジェニーとともに、ウェストヴィレッジにあるお気に入りの店〈グレンジ・ホール〉に食事をしに行った。三人は大学を卒業してすぐに出版業界の仕事につき、じきに仲良くなった。三人とも出版業界を離れて別の道に進んだ――ジェニーはマーケティングの仕事で会社の役員になり、ターシャは大学院の修士課程で文芸創作を学び、私はジャーナリズムの学校に通っていた――が、その後もグレンジでよく会っていた。

私たちが店の横手にあるドアから入っていくと、バーテンダーがうなずいて手を振った。店はいつものように混んでいたが、隅にあるちょうどいいボックス席を見つけて、すぐに重たい冬のコートとスカーフを脱いだ。居心地のよいダイニングルームの壁をろうそくの光が照らし、店内のざわめきが大きくなったり、急に引いたりした。三人でメニューを見ているあいだ、私はふたりの大親友にあのことを打ち明けずに、どうやって今夜を乗りきろうかと考えていた。まだ妊娠のごく初期だったので、ジョンと私はあと二、三週間待ってから家族や友人に話そうと決めた。しかし、隠しとおせる自信はなかった。私の顔は早くも緊張でこわばっていた。

ウェイターが飲み物の注文をとりに来た。ターシャは赤ワインをグラスで頼み、ジェニーはストロベリーマルガリータを注文した。私は何気ないふりを装って、お水で結構ですと言った。

「どうしたの？」とターシャが聞いて、水の入った私のグラスを指さした。

「どういうこと?」と私は聞き返して、熱心にメニューを読むふりをした。

「今夜はいつものカクテルを頼まないの?」

「ああ……先週からの風邪でまだ抗生物質をのんでるから」と私は嘘をついた。「お酒はやめておくわ」

ターシャは眉をあげたが、何も言わなかった。彼女のいぶかしげなまなざしに、決意が揺れ始めた。もうだめだとわかって、ため息をついた。残念。私はいつだって嘘が上手だったのに。

「妊娠したの」と、つい打ち明けた。

ターシャもジェニーも黙ったまま見詰め返した。私はそれから数分かけて、最近夫婦で産婦人科を訪ねたこと、ジョンと一緒に超音波診断装置で赤ん坊の心臓を見たこと、画面に映るかすかな鼓動を見てどれほど感動したかを、洗いざらい白状した。

「おかしいと思った!」と、ターシャがうれしそうに言った。「抗生物質だなんて」

しかし、ひととおり祝福の言葉を聞いたあとで、私はことの重大さをよくよく理解し始めた。やがて飲み物が運ばれてきた。

「赤ん坊が生まれても、激変したりしないわよね?」とターシャが聞いた。

「ええ、もちろん」。思ったより声が強がっていた。「私はこれからも変わるつもりはない。ただ赤ん坊が増えるだけ」

「ひとつの時代が終わったような気がする」。ジェニーはマルガリータのグラスを高く掲げて言った。

私たちはグラスを触れ合わせた。

食事を終えてふたりと別れたあと、私はアパートまで歩いて戻り、ソファにドサリと腰をおろした。部屋は散らかっていた。何日か前から今回のうれしい騒ぎの影で私を悩ませてきた心配事が、今、頭の中ではっきりと鳴り響いていた。私はどうやって母親になればいいのか？　お尻の下に敷いていたジョンのソックスを引っ張り出して、部屋の隅に放り投げ、天井の細いひびを見あげた。母親はもっと年をとっていて、賢いはずではなかったか？　母親はトランプの束を両手で広げて見せるみたいに、人生の答えをすべて見せられるはずではなかったか？　母親は、寝室がひとつしかない散らかったアパートで暮らしていたり、食事をするテーブルがないからといって床にあぐらをかいてテイクアウトした料理を食べたりしなかった。赤ん坊はこれほど不安定ではない世界に属していて、そばにおじいちゃんとおばあちゃんがいて、毎日同じ時刻に夕食を食べられるはずだし、親は成熟した成年期の真っ盛りにいるはずだ。親は、しかるべき場所に自分のアイデンティティを確保している人がなるべきで、青春の消えゆく光を今も浴びながらいまだに最高の自分を探している、私のような人間がなるべきではない。私は母親の仕事に堪えられないのではないかと思うとぞっとした。それでも赤ん坊を生みたかった。自分の体にこうして屈することに安らかささえ覚えた。そこには心地よい安心感があった。

何カ月かが過ぎ、私は自分の体に降参した。私は自分の妊娠した体の、錨をおろしたようなおかしな感覚を覚えている。おなかが大きくなり、赤ん坊が蹴るたびに皮膚が突っ張り、胸は重く、物珍しかった。実際、妊娠中の何カ月かは何もかも物珍しかった。マンハッタンの通りを嫌な匂いにしょっちゅう顔をしかめて重い足取りでゆっくり歩いていると、世界は歪み、閉ざされた。妊娠したことで嗅覚は超人的に鋭くなった。ニューヨークの夏を過ごすにはあまりありがたくない変化だった。一度など三〇ブロック先の火事の匂いがわかった。嘘じゃない。私は体のあらゆる変化に自分を慣らしたが、私の体は自分ひとりのものではなかった。ときどき店のショーウィンドウに映る体を揺らして歩く姿を見つけ、混乱して立ちどまり、あの女の人はいったい誰、と自問していた。

妊娠最後の三カ月に入って体が巨人のように膨らみ、街の歩道に積まれたゴミの山が夏の熱さに悪臭を放っていた頃、ジョンと私はやや衝動的にニューヨークを離れるべきだと決意した。そのときは、当時のほかのいくつもの選択と同じく、引っ越しはもっともな選択だった。私はフリーランスのライターとして比較的融通の利くスケジュールで働いていたし、ジョンは会社勤めをやめてコンサルタント業を始めたばかりで、毎日ニューヨークに用があるわけではなかった。小さいアパートの部屋を見回したとき、そこに住みつづけることの正しさを自分に納得させるのは難しいと気づいた。いくらか貯金していたので家を買うための頭金はあったし、ローンの返済はワンベッドルームのアパートに払っていた賃料より安く、私たちはアナポリスに家を持つことができた。そこは父が住んでいる街からも近い。一軒家だ。引っ越せば赤ん坊にひと部屋あてがえるだけでなく、私はついに自分の部屋を持ち、そこで書くことができる。それに、アナポリスはここより子育てに向いていると私たちは判断した。居心地がよくて古風な趣があり、通りは石畳で、水辺にはヨットの白い帆がはためき、きれいなフラワーバスケットが夏のあいだ色とりどりの花を咲かせていた。

「ちょっと待ってよ、わからないな。どうしてこの街を出ていけるの？」とターシャが聞いた。

私は、赤ん坊が生まれたらすぐに引っ越すと打ち明けたのだ。

「あなたはこの街が好きなんでしょ――それに、友達はみんなここにいるし。あなたの生活はここにあるのよ」

「それはわかってる。でも、そうすることが正しいように思うの」

なんといっても、私たちは親になるのだから。

＊＊＊

でも、まずは子供が生まれた。妊娠によって私の体にありとあらゆる変化が起きたにもかかわらず、女であることの生物学的な意味合いに全面的に襲われたのは、病室で横になっているときだった。私の体は絶え間ない子宮の収縮に苦しめられ、その様子は便利なことに、そばのモニターに描かれるギザギザの赤い線のピークで示された。私の体が主導権を握り、そこに論理的な意味づけなどなかった。もっとも私は論理的に考えられる状態ではなかった。あとから気づいたのだが、ジョンが動揺して、お産が始まったときにビデオカメラの電源を切るのを忘れたせいで、ちょっとした思い出の品が残った。お産の最中の苦しそうなうめき声である。泣き叫ぶ娘がようやく私の腕に渡されると、このうえなくうれしかったが、痛みと疲れとで参ってもいた。看護師がまわりに集まって私の体を引っ張ったり、縫ったり、拭いたりした。数分後には看護師につきそわれてトイレに行き、彼女が見張っている目の前で排尿するように言われた。私は顔を歪め、言われたとおりにした。

私は、お産は最もつらい部分だとなぜだか信じていて、それさえ終われば、赤ん坊は露のような光に包まれて腕の中で眠り、同時に母性本能が芽生えるものだと思っていた。私の準備が整わないうちに、産後の二十四時間、娘は泣きつづけ、むせて顔を真っ赤にし、私は不器用に母乳をのませようとした。授乳は私にとって当たり前の仕事ではなかった。ジョンは精いっぱい役に立とうとベッドのそばを行ったり来たりして、『授乳の技術』という本の中からためになりそうな一節を読んでくれたが、ジョンの胸が膨らんで乳が出ることでもなければ、彼にできることはたいしてなかった。やがて平等主義の私たちの関係は壊れた。見るからに不機嫌な赤ん坊に乳をのませてあやすことを、誰もが私に期待していた。一方、私は間違った場所でお漏らしするようになった。堅くて丸かったおなかは崩れて、心配なほど柔らかい皮の袋になり、腰から下がどこもかしこもひどく痛んだ。最初の夜、ジョンが椅子に座ったままようやくうつらうつらし始めると、赤ん坊の泣き声より低い音で、規則正しい大きないびきが聞こえてきた。私は四十時間近く眠れないまま真夜中になり、ついにこらえきれなくなって、夜勤の看護師をベルで呼ぶと、私が休めるように娘を新生児室に連れていってと頼んだ。

「そんなことを頼む人はいませんよ」と、看護師はとがめるように言った。「新生児室は空っぽよ」

授乳がうまくいかないのだと説明すると、看護師はそれから一時間かけて私の胸を引っ張り、娘はずっと泣き叫んでいた。私は背を丸めてベッドに座り、知らない女性に柔らかい胸を手荒に扱われて「こんなふうにされたらむかついて当然なのに、その気力さえない。この子が泣きやんでくれるなら、ブロードウェイを裸で練り歩いてもいい」と考えていた。

その夜ほとんど眠れず、翌日も状況はあまり変わらなかった。赤ん坊は叫びつづけ、やがて興奮してしばらく眠りにつき、ふたたび目を覚まして叫び始めた。娘は想像を超える怒りを込めて泣き叫んだ。私は授乳しようとしたが、無駄だった。私の体は無防備だった。ベッドで上半身を起こすことすらできなかった。

看護師を呼ぶと、まだ会ったことのない人が入ってきた。

「ドーナツ枕か何か、ありませんか？」と私は尋ねた。

「ごめんなさい、ないのよ」と彼女は答えた。「最後にモトリンをのんだのはいつ？」

私は首を横に振った。「モトリンはのんでないと思います」

看護師は一旦部屋を出て、小さい紙コップと錠剤をふたつ持って戻ってきた。私はそれをあっという間にのみ下すと、横になって目を閉じた。

「少し眠るといいよ」とジョンが言った。赤ん坊は彼の肩に頭をのせてぐっすり眠っている。ジョンはまるでこれまでもずっとそうしてきたみたいに、彼女の体を揺らしている。

私はとうとう泣きだした。そして「私には無理だわ」と言っていた。

その日の午後、小児科医が病室に立ち寄った。医師は赤ん坊を診てから授乳は順調かと聞いた。私たちは、赤ん坊がまだ乳をのまないのだと答えた。すると医師は「赤ちゃんが排便するまでは解放してあげられませんよ」と言った。

解放？　と私は思った。この愛くるしくて頼りない赤ん坊を私たちと一緒に家に帰すつもり？　私たちは自分が何をしているのか見当もつかないのに、それがわからないの？

小児科医はなんの感情も見せずに立ちあがると「少し黄疸があるようですね」と言った。「心配はいりません。紫外線に当てましょう。それでよくなるはずです」

医師は娘を布でくるんで部屋の外に連れていった。ジョンと私はその後ろ姿を見詰めた。病室でふたりきりになると、急に静かになって気味が悪いほどだった。

私はヒステリーを起こしかけていた。「私、退院したくない」とジョンに言って、彼の手をしっかり握った。

しかし翌日の九月八日の朝、私たちはセント・ヴィンセント病院から予定どおり放り出された。私はよろよろとガラスの引き戸の外に出ると、強風を受けて瞬きした。七番街までベビーカーを押していき、ジョンが先に走って車をとりに行った。ハッチバックのホンダ・アコードで、ベビーシートがかろうじて収まった。歩道でジョンを待ちながら、私はいらついて仕方がなかった。病院の前では小型削岩機の音が鳴り響き、埃がもうもうと立ちのぼっていたが、赤ん坊は音には気づかずに眠っていた。私は赤ん坊をできるだけしっかり毛布でくるみ、何もかもうまくいくわと自分に言い聞かせた。

＊＊＊

退院してからの二日間、私たちはパニック状態だった。赤ん坊は予定日を二週間近く過ぎて生まれたので、私の両親は一度ニューヨークに来たあとすでに仕事に戻っていて、ジョンと私はふたりきりで、わめきつづける新生児とアパートで過ごした。産後四日が過ぎてもうまく授乳できなかった。誰かの助けがどうしても必要だと気づいて、私は助産婦を雇った。その人はアパートの部屋にノックもなしに入ってくると、うちにいた短い時間に私が無痛分娩を選んだことを叱り、粉ミルクは一切与えるなと命じ、みんなでタクシーにのって、ブルックリンのグリーンポイントに行こうと言い張った。そこにはユダヤ教のラビがいて、娘の舌小帯（舌の下にある肉厚の組織）をすぐに切りとってくれる。そうすれば授乳に関する問題はすべて解決すると言うのだ。娘の体から何か切りとる前にほかの人の意見を聞きたいと私たちが思いきって言うと、エリート意識が強すぎると責められた。ジョンはただちに彼女を首にした。私は取り乱し、病院の看護師と助産婦の助言に背いて、ほ乳瓶に粉ミルクを入れて赤ん坊にのませようとした。娘はなおさら大きな声でわめくだけだった。ジョンも私もそろそろ限界だった。ジョンは犬を散歩させながら嗚咽を漏らした。私は友達に電話しながら泣いたが、彼女たちには子供がいないので、心配そうに同情してくれるだけだった。

困り果てていたとき、出産準備クラスでお世話になった授乳に詳しいキャシーが、私の窮状に応えてくれた。キャシーは数時間後にはうちに来て、涙で汚れた私の顔をちらっと見てから、居間に置いたベビーシートでもがきながら金切り声をあげている赤ん坊を私の肩越しに覗いた。キャシーは私を抱きしめてから、ブロンドの巻き毛をポニーテールにまとめた。

「心配しないで。よくあることよ。何も問題ないわ」

キャシーがそんなふうに請け合ってくれて、だいぶ元気が出た。二時間後、シルヴィアは粉ミルクをスプーンに何杯かのまされて落ち着いたあと、腫れあがって痛々しい私の胸に吸いついてのみ始めた。私は安堵のあまり倒れるのではないかと思った。数日続いた不安と疲れのあとで、私は新米の母親といううっとりと魅入られた存在を、ようやく目にした。赤ん坊が乳をのむあいだ、彼女の手と足をもてあそび、その小ささを不思議に思った。おなかが膨れて満足し、ぼんやりとした表情になると、私の顔はほころんだ。口を少しあけ、閉じた瞼の上に黒いまつげがカールしていた。その夜、私は何日かぶりにようやく数時間、目を閉じていられた。私は赤ん坊を胸に寄り添わせて、ぐっすりと穏やかに眠った。

翌朝、窓から差しこむ柔らかな日差しに目を覚ました。爽やかな秋の日で、こういう日に人はニューヨークの街に恋をする。私はベッドに横になったまま、シルヴィアを連れて近所を散歩するのにうってつけの一日だと考えていた。シルヴィアはまだ眠っていて、小さい握りこぶしを片方、私の胸に置いていた。私はおそるおそる体を横にして楽な姿勢をとった——たぶんあと一、二時間は眠れるかもしれないと思った。しかし私が動くと、シルヴィアはかたわらでもぞもぞし始め、小さい腕と脚を一緒に動かして、懸命にゆっくり振り回そうとしていた。そのあと顔をくしゃくしゃに歪め、おなかがすいたと、とどろくような泣き声をあげる体勢に入った。すぐあとで犬も目を覚まし、しっぽを床に打ちつけていた。それを合図にジョンはベッドを出て犬を散歩に連れていった。私は赤ん坊を抱きあげ、息を殺して右胸に引き寄せると、不思議なことに今朝も昨夜と同じようにうまくいった。

今度はかなり自信を持ち、赤ん坊を自分にもたれさせて片手で支え、肩の凝らないトーク番組でも見ようと思って、あいている手でベッドのそばにある一二インチのテレビをつけた。画面いっぱいに燃えあがるビルが映った。ニュースキャスターの半狂乱の報道から、ほんの一分前にワールド・トレード・センターの高層ビルに飛行機が衝突したのだと察した。現場はここから二〇ブロックも離れていない。最初はそれほど心配していなかった。きっと事故に違いなく、アマチュアパイロットが操縦するセスナがコースを大きくそれたのだろうと思っていた。私はシルヴィアにゲップをさせてから体の反対側に移し、テレビをもっとよく見ようと体を起こした。高層ビルの燃えている場所にカメラが寄ると、大きな鉛色の傷が開いているように見え、単発エンジンの飛行機にこれほどの破壊力はないだろうと、ようやく気づいた。

そのあと何の前触れもなく、別の飛行機がもう一棟のタワーにぶつかった。私はたった今、目にしたことを頭の中で整理することすらできなかった。実況中継しているニュースキャスターらは混乱した様子でやりとりしていた。しばらくして、アパートの玄関のドアがバタンと閉じる音がして、犬のエマの爪が木の床にカチカチと当たる音がした。ジョンが寝室に入ってきて、エマがしっぽを振りながら駆け寄ってきた。

「聞いた?」とジョンが尋ねた。

私はうなずきながら、テレビ画面を指さした。

「僕はこの目で見たよ」と、ジョンは言ってそばに来た。「二機目の飛行機がぶつかるのを見た」。声が震えていた。

まもなく私たちの最悪の懸念を裏づけるように、飛行機の衝突はテロの疑いがあるとニュースが伝えた。私はテロという言葉に引っかかり、そこから離れられなくなった。私は腕の中で穏やかに眠っているシルヴィアを見おろして、テレビの映像からかばうようにしっかりと抱きしめた。

そのあとの何時間か、ジョンと私はベッドの上で身を寄せ合い、あいだに赤ん坊を横たえて、目の前で大惨事の余波が広がるのを見ていた。私は両腕で自分の体を抱きかかえ、じっとしていた。だが心臓だけはせわしなく鼓動を打ち、自分の心臓がもはや自分のものでないような感覚にとらわれた。私は信じられないほど小さな娘の足の指を一から一〇まで何度も数えて、早鐘のような鼓動を静めようとした。しかし惨劇はそれだけでは終わらなかった。私たちが見ている前で二棟のタワーが突然、持ちあがり、震え、続いてあっという間に崩れた。

何が起きたのかわからないうちに終わっていた。ビルが大破して燃えあがる映像は現実とは思えず、私たちは外に出て自分の目で確かめることにした。私はシルヴィアをブランケットで丁寧にくるみ、ベビーカーにのせて、外で出くわすかもしれない何かの危険から彼女の身を守るためにシェードを広げた。

外はいつもとほとんど変わらないようでいて、何かが違った。近所のデリの店員はグリルで炒り卵をつくっていたが、いつになく表情が暗かった。女装が好きな隣人は、ぶるぶる震えるチワワをいつものようにアパートのまわりで散歩させていたが、いつもと違って頬紅も口紅もマスカラもなしのすっぴんだった。若いカップルが道の真ん中で抱き合っていた。女性の茶色い髪が男性の肩にかかり、その人は泣いていた。最も目を引いたのは、この街のいつものきびきびとしたペースがスローモーションになっていたことだ。警官は近所への車の進入を規制していて、普段なら渋滞する道路に車が走っていなかった。人々はすいた通りをとくに当てもなく、ぼんやりと当惑した様子でさまよっていた。街角や、カフェの店先や、アパートの建物の玄関には、見知らぬ人たちがまるで昔なじみと集まるようにたむろしていた。警察がたえず発する警報と、ウェストサイドハイウェイを南下する消防車のサイレンを除けば、街はしんと静まり、立ちのぼる煙のほかは抜けるような青空だった。

七番街から北を見ると、遠くにセント・ヴィンセント病院が見えた。ほんの数日前に娘を生んだ場所だ。その病院の救急治療室へと人を運ぶ救急車が車道に押し寄せていた。南を見ると、空にそびえていたツイン・タワーの代わりにがれきと埃の厚い壁ができていた。悲しさと煙とで私の胸は痛み、息苦しかった。ジョンと私は顔を見合わせてアパートに戻った。

残骸は翌朝まで燃えつづけた。やがて風向きが変わり、粉塵が運ばれてきて、私たちが呼吸する空気に混じった。涙がにじみ、喉がひりひりした。窓の周囲に濡れタオルを押しつけ、ベビーベッドの横の換気扇を回したが、無駄だった。刺激臭を遮断することはできなかった。

ロングアイランドにあるジョンの両親の家に泊めてもらおうとすぐに決めた。戦闘地帯から逃れる市民のような切迫した気持ちで、急いで荷造りした。私たちは近所を取り囲む警察のバリケードを避けて進むように指示された。街を出る途中、ろうそくを灯して無言で祈る大勢の人々を、閉じた車の窓越しに眺めた。ろうそくに照らされた人々の顔が歩道沿いに幽霊のように浮かんでいた。ジョンも私も車の中で押し黙っていた。

ロングアイランドには二週間滞在し、ジョンの両親の家の小さい部屋にあるソファベッドで寝た。周囲のあらゆるものごとが両極端になった。愛と喪失、生と死、おむつとテロについての会話といった具合に。私がシルヴィアの世話をして、授乳し、そっと揺らし、おむつを替えているときに、テレビでは破壊の映像が繰り返し流れ、薄暗いリビングで別世界のような点滅する光を放っていた。その映像を見ずにはいられなかった。

ウェストヴィレッジのアパートに戻るとただちにすべての荷物をまとめ、トラックにのせて、私たちが故郷と呼んだ大好きな街をあとにして、アナポリスに引っ越した。

逃げることはできても、隠れることはできない

シルヴィアが生まれる前からアナポリスに移ることは決まっていたが、九・一一の悲劇は言うまでもなく私たちの旅立ちに予期せぬ厳粛さを添えた。今、振り返ってみてわかるのだが、親になった驚きとワールド・トレード・センターへの攻撃のショックが重なり、ジョンと私は究極の夢の家庭生活として思い描いていた環境にそのまま身を隠した。大都市での生活と小都市での生活を交換し、戦後に建てられた小さいアパートからヴィクトリア様式の広々とした家に移った。新居はひと言で言えば豪華で、マホガニーの窓枠やポケットドアがあった。波状の鉛枠ガラスの窓からはサウス川がちらっと見えて、午後の思いがけない時刻に日差しがちょうどいい具合に屈折し、光が金色の霧のように散った。私は大学に進んでから一〇年以上、一軒家に住む機会がなかったので、広すぎて慣れるのに少し時間がかかった。最初の何週間か、ジョンと私は二階にある小さめの寝室に閉

じこもっていた。前のアパートの居間にあった家具を全部その部屋に運びこんでいたのだ。

アナポリスに移ってからの数カ月間、私たちは幻のような霞に包まれて過ごした。この頃の私の記憶は合成写真のようなイメージでしか出てこない。私はまるで、家族を描いた感傷的な映画から寄せ集めた役を演じているかのようだった。抱っこひもの中で眠るシルヴィアと夕暮れの入り江を歩いたこと。真新しい食卓に並べる凝った家庭料理を考えたこと。家族で出す最初のクリスマスカードのために、犬も含めて家族全員がサンタの帽子を被って玄関の前でポーズをとったこと。私はその役に打ちこんだが、一旦新鮮味が薄れると不安に襲われた。私は孤立していて孤独だと感じた。週に一度の食品の買い出しから帰ってきて家の前に車を寄せると、首筋が凝っていることがよくあった。たまに車をずっと運転していたい衝動と闘わなければならなかった。でも、どこに向かって――それに、いったい何から逃れようとしていたのだろう?

私は仕事に専念しようと決意して、新しい企画が私をもう一度外の世界につなげてくれるのを期待した。ジョンは台所に近い一階の部屋を仕事場に確保したので、私は屋根裏部屋を私の聖域として要求した。ちょっと変わった部屋で、小さくて派手な色の丸々とした鳥と熱帯の花をあしらったけばけばしいヴィクトリア様式の壁紙でどの壁も覆われていた。三角形の天井は一番高いところでも指先が届くほど低く、洞窟のようで、居心地はいいけれど狭苦しかった。小さな丸い窓からはかろうじて水際が見え、私はその窓のある壁に向かって机と電話とノートパソコンを置いた。

毎日、朝食後にシルヴィアを寝かしたあと、私は律儀に階段を二階分あがり、椅子に座って書いた。ずっと座りづめだった。ときどき立って部屋の中を歩きまわった。シルヴィアがベビーベッドで動いた気配が聞こえるや、急いで階段をおりて娘を抱きあげ、少しだけ休憩したあと、また最初から同じことを繰り返した。書く仕事に集中できなくなればなるほど焦った。私は雑誌記事のためのまとまりのない企画書をエージェントに送った。

「仕事のことはあまり気にしないほうがいいわ」と、エージェントに電話でたしなめられた。私が立て続けにメールを送ったせいで、明らかに疲れているようだった。「しばらく肩の力を抜いて、子育てを楽しみなさい」

私は肩の力を抜くことができなかった。

母親としての仕事自体が問題なのではなかった。静まりかえった明け方のわずかな時間に、私は窓辺の揺り椅子に座り、腕の中でシルヴィアをあやして眠らせ、娘の肌が朝日を浴びて金色に変わるのを見ていることがあった。シルヴィアが私を見て笑うと心に翼が生えた。それにもかかわらず自分のうちに母になる前の昔と同じ私が見えた。私以外の人々には、私が九カ月の妊娠期間を終えて新しい人として姿を現したように見えたかもしれないが。私が生計の手段としてきた仕事はにわかに、私が母親という最優先の仕事をしていない時間を過ごすための「面白くてクリエイティブな」暇つぶしのごとく言われるようになった。私が赤ん坊を腰にのせて抱いているせいで、私が話したがっているのはその日の午後、赤ん坊がどれだけ昼寝したか、あるいは食材をすりおろしてベビーフードを手作りすることのよさといった話題だけだと思われた。だがはっきり言わせてもらえば、そういう会話は私をどうしようもなく退屈させた。詩人のアドリエンヌ・リッチが、「母親という事実ではなく母親という制度」による疎外感を感じたと書くとき、私には彼女の言いたいことが正確にわかった。私が自分の赤ん坊を熱烈に愛していることは言うまでもない。でも、母親という制度は愛ではなく、改宗（変容）の物語にもとづいている。つまり母親はもはや野心や好奇心や欲望を持つ必要はないという信念である。

私は改宗する努力を怠ってはいない。アナポリスに来て最初の一年間は少し無理をして音楽教室に申しこんだり、シルヴィアを連れて公園に行ったり、そうやってときどき外に出かけるのが楽しみだった。公務員と学生と退職者を除けばほとんどの人が街からいなくなる昼間、専業主婦が近所の主役だった。ニューヨークの感動的なほどの多様性や冷めた匿名性はどこにも見当たらなかった。私たちが移り住んだ、十八世紀の生活様式に合わせて設計されたアナポリスの中心部はたいてい色鮮やかなペンキ塗りの連棟式住宅が立ち並ぶ狭い通りで成り立っていた。こうして家が密集しているため、私は街に住む母親の多くとすぐに知り合った。朝は近所のコーヒーショップで同じ顔ぶれの女性たちを見かけた。プラスチック容器に入れた飲み物や赤ちゃん用ヨーグルトを詰めこんだ同じブランドのトートバッグを持ち歩き、少人数のグループで集まり、隣にあるベビーカーをぼんやりと揺すりながら雑談していた。私は、たとえただ生き延びるためだったとしても、なんとか打ち解けようと努めたが、彼女たちは私が同類でないことをたちまち嗅ぎつけた。

マリオンは、私がアナポリスに引っ越して最初に出会ったママ友のひとりだ。彼女の息子はシルヴィアとほぼ同い年で、近所の母親が何人か集まる朝のコーヒー会に、親切にも私を誘ってくれた。私たちには共通点がたくさんあるかもしれないと思っていた。マリオンはニューヨークに二年住んだあとでワシントンに移って弁護士として働いていたが、私と出会った頃には仕事をやめて母親業に専念していて、感心するほどまめに子供の世話を焼いていた。かなり早い時期に、ふたりとも私たちは仲良くなれないと気づいた。

「ところで、シルヴィアの部屋のテーマは何？」と、私も参加したある日の集まりでマリオンに聞かれた。カフェの入り口に近いふたり用の四角いテーブルに、五人のママが詰めて座っていた。全員が私を見た。

「テーマ？」と私は言い、着ていたシャツの裾からぶらさがっていたほつれた糸を思い切り引っ張った。

「そう、テーマ」とマリオンは続けた。「つまりどういうテーマで子供部屋を統一するかということ。クリストファーのテーマは野球でね。先週、最高にかわいいベースボールランプを手に入れたわ――特注品なのよ」

ほかのママたちは優しい声で賛意を示したが、マリオンは視線を私に戻した。私はまだ窮地を脱していなかった。

「ああ、シルヴィアのテーマは『収納部屋』よ」と、私はへたな冗談を言ったが、事実からそれほど遠くなかった。

八カ月前に引っ越してからまだ荷解きが終わっておらず、子供部屋の一方の壁に床から天井まで箱が積んであったのだ。誰も笑わなかった。私はコーヒーをひと口のんだ。

「でも、娘の部屋は伝説の生き物のテーマにするつもり」と、私は急いで思いつきを口にした。「ユニコーンとレプラコーン、それから木の精もひとりかふたり」

マリオンは満足そうにうなずいたが、それからまもなく、このときのママたちが店に集まっているのを見かけると、私は遠くから手を振って挨拶し、ベビーカーを押しつづけてカフェの窓の外を通りすぎ、角を曲がって姿を消すようになった。

＊　＊　＊

ジョンはと言うと、親になったことに伴う社会政治的な微妙な変化を感じていないようだった。ジョンがシルヴィアを子供の音楽教室に連れていくと、母親たちはみなジョンをちやほやし、彼を昼食に誘い出した。ジョンがシルヴィアに日よけ帽を被せ、ベビーカーにのせてアナポリスの繁華街を歩いている途中で、娘が通行人に笑いかけられると、彼はうれしそうな笑顔を浮かべた。父親になる前は世間話が苦手だったのに、ジョンは娘のかわいさを口にした誰とでも気軽に話すようになった。近所の人は私を脇に呼び寄せ、あんなにも子育てにかかわってくれる素晴らしい旦那さんを持って、あなたは運がいいと言った。確かにそのとおりだった。

私たちがアナポリスに引っ越したおもな理由は、ふたりとも家で仕事をする経済的な余裕ができ、育児の責任を分担できるからだった。私たちはスケジュールを決めて、午前中は私、午後はジョンが娘の世話をすることにした。育児の時間をふたりで分けるやり方は、よその人には驚くほど平等に見えたようだ――たぶん平等すぎると思ったのだろう。ほどなく、彼らは私の受け持ち時間を義務とみなす一方、ジョンの受け持ち時間を私への贈り物とみなしていることに気づいた。ジョンは聖人、私は罪人というわけだ。

しかし私に言わせれば、このやり方は思ったほど公平ではなかった。もちろん、私たちは実際に子供の世話をする時間を分けたのだが、私は山のようなほかの家事の責任分担も想定していた。たとえば食料の買い出し、小児科医を探して予約する仕事、子供が参加できる催しを探すこと、ベビー服の購入、幼稚園の下調べといったことだ。それに私は出産後の丸一年ずっと母乳を与えてきた。つまり、かなり長いあいだあまり遠くに出歩けなかった。絞っておいた母乳をほ乳瓶でのませようとすると、シルヴィアは顔を背けて泣き叫んだ。ジョンは午前中いっぱいと、午後の受け持ち時間に娘が昼寝をしているあいだ、そして夕食後は仕事に専念できたが、私は彼ほど仕事に集中していられなかった。夜になると、私はシルヴィアに母乳をのませてベッドに寝かせたあと、上の部屋で明かりもつけずにひとりでテレビを見ていることがよくあった。

私たち夫婦はふたりで育児にかかわっていたかもしれないが、ジョンと私は心理的に同じレベルで親の役割を経験しているわけではないことに、すぐに気づいた。私はほかでもない「母親」であり、その責任をうれしく思う気持ちと恨みがましい気持ちが同居していた。私の感情がいかに不当でも、ジョンが自分の生活を仕事と家庭にうまく振り分けているようなのに、私は仕事と家庭のピースをぴったりはめ合わせるのに苦労していて、無性に腹が立った。何が起きているのかがよくわからないまま、シルヴィアが歩き、話すようになる頃には、ジョンと私は上の部屋と下の部屋で別々の生活を送っていた。一度、家の用事についての説明を含まないまともな会話を夫と最後に交わしたのはいつだったかと数えてみた。数カ月前だった。おそらく、私たちがずっとニューヨークに住みつづけ、九・一一のトラウマに苦しむこともなければ状況は違ったかもしれない。わかるのは、バーナード・カレッジの教室に入っていったとき、私はごちそうが並ぶ宴会場に転がりこんだ飢えた女のような気分だったということだ。

CHAPTER *2

運命

始まりはいつも今日。

メアリ・ウルストンクラフト

Mary Wollstonecraft

ペルペトゥア

私は貪欲な生徒だった、と言うのは控えめすぎるだろう。レポートや試験や成績の重圧もなく、読んでいる本のことを考え、課題に指定されたページの先まで読み進める楽しさを味わった。最初の授業での創世記の物語とイヴについての議論で、T教授は古代より女性に従順さを強いてきた文化的期待の大変な重圧を暴いて見せた。だが私にしてみれば、T教授は意図せず、母親への変容の神話に私がいかに影響されやすいかを理解する力を与えてくれた。今期の残りの授業は、意に沿わぬ人生を送り、女性の運命という通説に挑戦したフェミニストたちを研究することに費やされるが、私はすでにもっと学びたいと思っていた。私はアウグスティヌスが示した男の視点に対する女性の反応を知りたかった。というのは、その頃に課せられた厳しい制限のもとで女性がどう生きたかを理解すれば、今を生きる私自身の運命の限界を検証できるはずだからだ。

そのような女性の物語を探し当てるには、掘り起こしの作業が必要だった。歴史は大昔の女性の声をほとんど伝えてくれない。女性は教育の場から締め出され、普通は読み書きができず、したがって女性自身の言葉で語られた女性の人生の記録は、過去のページからほとんど抜け落ちている。私たちは女性の内面の不安と希望、思考と内省を推し量るしかない。

しかしながら『アダムとエバと蛇』で、ペイゲルスはヴィビア・ペルペトゥアの物語を手短に記している。二世紀末に北アフリカに生きた貴族の女性である。ペルペトゥアは若くしてキリスト教に身を捧げた。当時、キリスト教はまだ主流からはほど遠く、彼女は最初の子である息子を生んでまもなく異端者として拘束された。皇帝セプティミウス・セウェルスを崇めるという異教的な行為を拒んだからだ。やはりキリスト教徒で子供を身ごもっていたペルペトゥアの奴隷フェリキタスも、女主人とともに牢獄に捉えられた。ギリシャ語もラテン語も堪能だったペルペトゥアは、処刑の当日まで監禁中の日記をなんとか書きつづけ、当時の女性の生活を覗き見る貴重な機会を提供してくれた。

このような誘いにどうして抗えるだろうか？　私はインターネットの助けを借りて『ペルペトゥアの殉教　ローマ帝国に生きた若き女性の死とその記憶』という本を探し出した。ここにはペルペトゥアの日記の膨大な抜粋が収録されている。その本をボストンの古書店に注文し、図書館が売却処分した傷んだ本が二日後にアナポリスの自宅に届いた。翌朝、シルヴィアを幼稚園に送ったあとで、私はその本をハンドバッグに入れてメインストリートにあるお気に入りの小さいカフェに向かった。

繁華街に向かって歩いていると、マリオンがふたりの子供をステーションワゴンにのせているところに出くわした。別の通りにそっと移動したかったが、先にマリオンに見つかった。彼女は私に手を振り、こっちへ来てと合図した。私が朝の集まりに顔を出すのをやめてからも、どこかでばったり会うと、マリオンはいつもやけに礼儀正しかった。それでも私は気詰まりな思いが裏に隠れていることに気づいた。おそらくその気詰まりな気配は彼女ではなく私が発していたのだろう。マリオンが下の子を車の座席にベルトで留めているあいだ、私はおどけた顔をして見せてその子を笑わせた。マリオンは私を見て片目をつむり、いつ「もうひとり」生むのかと聞いた。

「さあ、どうかしら」とはぐらかした。「ひとりだけで手一杯のような気がするわ」

「シルヴィアは弟か妹ができたらきっと喜ぶわよ」とマリオンは言った。「それに、ものごとにはタイミングがあるわ。どういうことかわかるでしょう」。彼女が意味ありげに見たので、私は一瞬、黙りこんだ。

私は話題を変えて、「これからどちらへ?」と聞いた。

「体操のクラスよ。そのあと〈ホール・フード〉で買い物。あなたは?」

「ちょっと本を読もうと思って」。言ってすぐに後悔した。

「それはいいわね」とマリオンは抑揚をつけずに言った。「何を読むの?」

私には別に失うものはない。『ペルペトゥアの殉教』をバッグから取り出して見せた。

マリオンは裏の折り返しを読み、目を丸くして大げさに身震いした。

「ずいぶん恐ろしそうな話ね」と言って、本を私に返した。

マリオンの娘が後ろのシートで身をよじり、マリオンは頭にのせていたサングラスをおろした。

「ステファニー、あなたってちょっと……変わってる。遅れるといけないからそろそろ行くわ。でも会えてよかった」

マリオンは頬を寄せてエアーキスをすると、私はほっとしてため息をつき、先を急いだ。

＊＊＊

そのあとはあまり人に出会うこともなくカフェに着いて、古い座布団を敷いた窓辺の席に座った。私はそこで本を読みながら、外にいる人をこっそり観察するのが好きだった。しかしまもなくペルペトゥアの日記の抄録にすっかり心を奪われた。彼女の世界に深くのみこまれ、こっちの世界で起きていることは目に入らなくなった。牢獄の描写は生々しく、幼い息子の幸福を危ぶむ苛立たしいほどの不安がページにあふれていた。

「私は怖かった」と彼女は書く。「これまでこんなに暗い穴の中で過ごしたことはなかった。なんとつらかったことか！　中は混み合っていて、息苦しいほど暑かった。それから兵士たちによる強要もあった。それに何より、牢獄では赤ん坊のことが心配で胸が張り裂けそうだった」

父親が何度も牢獄を訪ねてきて、彼女自身のためだけでなく子供のためにも、キリスト教の信仰を捨てるよう懇願したことにも触れている――だが、ペルペトゥアは頑なだった。

ペルペトゥアは投獄されているあいだに明晰夢を四回見た。彼女はその夢を日記に記録している。処刑の前夜に見た最後の夢で、ペルペトゥアは死に場所となる円形闘技場に入り、自分が男になったことに気づく。彼女は「残忍な顔立ちの」エジプト人と闘わされ、勝利する。

「群衆が叫び出し、私の付き添いが賛美歌を歌い始めた。それから私は指南役のそばに歩いていき、枝を手にとった。指南役は私に接吻して言った。『おまえの無事を祈る、わが娘よ！』。私は勝ち誇って生命の門へと歩き始めた。そこで目が覚めた」

ペルペトゥアがかつての奴隷フェリキタスとともに実際に処刑された日、彼女は約三万の見物人の前で、裸で闘技場に放り出された。ペルペトゥアの震える細い体と、出産したばかりでまだ乳がしたたるフェリキタスの胸を見て、血に飢えた群衆でさえ静まりかえった。ふたりの女はすぐに救い出され、トゥニカを着せられた。女たちの体はしかるべく布で覆われ、闘技場に戻されて、運命の時を待った。猛り狂った若い雌牛と取り組まされ、ペルペトゥアとフェリキタスは角で放りあげられ、地面に叩きつけられ、息もつけなくなった——傷を負ったものの、ふたりはまだ生きていた。群衆は囚人たちのしぶとさを不思議がるが、それでも彼女たちが命拾いしては彼らは救われない。獣の蹄の下で死なないなら、剣によって死ななければならない。その日、死刑に処せられる最後の殉教者となったペルペトゥアは、勇敢にも進んで首筋をさらしたが、処刑は速やかに終わらず、情けもなかった。刑を執行する剣闘士は剣を振りおろしたが、目標をそれ、代わりに刃は鎖骨に当たり、若い女性は痛みに悲鳴をあげた。それでも、彼女は剣闘士の震える手をとって自分の喉元へと導いた。このときペルペトゥアは二十二歳だった。

本を閉じたあとでさえ、青白い手、鋭い刃、柔らかな喉のイメージを頭の中から消せなかった。カルタゴの街はペルペトゥアの殉教の記念日を祝し、彼女に敬意を表して毎年祭りを催しているが、カトリック教会は何年もかけて彼女の役割を——文字どおり——書き換え始めた。四世紀には、ペルペトゥアの裁判と処刑の記述がかなり編集された。たとえば、実在しない夫が書き足された。子供をあとに残していくことについての内面の苦悩の記述は削除された。ペルペトゥアの言葉はまったく逆の事実を伝えているのに、彼女の殉教についての誤解を招く新しい話が登場して、その中で彼女は幼い息子と家族を容赦なくはねつけ、実際に彼らを追い払い、邪悪な者たちと呼んだことになっている。

実際に何が起きたかはペルペトゥアの日記に記録が残っているが、彼女の死を巡る状況を書き換える必要が生じたことは、歴史がいかに母親の勇敢さを覆い隠そうとするかを示している。より広い社会的状況で女性が発揮した勇敢さは、イヴのように誰にも気づかれない忘却のかなたへと静かに向かうのではなく、自分の信念のために命をかけて公然と立ちあがる方向に向かった。千年にわたり語り継がれてきた物語を通じて、ペルペトゥアは、私が母になって以来、私の思考に絡みついてきた疑念の細い糸を強く引っ張った。すなわち、母になったことで私はもはや自分の運命の舵とりができなくなったという疑念、また、そんなことはないと学んだにもかかわらず、実際は生物学が運命を決定するのではないかという疑念である。

「もう一度考えてみて」と、ペルペトゥアが耳元でささやく声が今にも聞こえてきそうだった。このフェミニストの物語はカウンターナラティヴ（対抗する物語）であり、抵抗の物語であり、闘いの記録であって、降伏の物語ではない。型にはまらない女性はしばしば巧みに誘導され、操作され、切り刻まれて、文化的に安全な原型にはめこまれる。歴史家はペルペトゥアを冷淡で無情な母親——ある種の悪者——に変容させた。しかし、母になったことが殉教者となることをペルペトゥアに強いたのではなく、息子に与えられる最高の贈り物、すなわちひとつの理想を示したかったがゆえに信仰の理想を熱心に掲げるようになったのではないと、誰が言えるだろう。おそらく、結局はペルペトゥアの母性本能こそが、たくましいローマの剣闘士に立ち向かい、死の前におごそかに身を横たえる力を彼女に与えたのだ。

母親の役割を書き換える

その学期が始まって二週間後のある朝、ジョンが寝ぼけて目覚まし時計のスヌーズボタンを押し、すぐにまた眠った。私はそれから三十分ほどして目を覚まし、時計を見てぎょっとして、廊下を走っていってシルヴィアを叩き起こした。シルヴィアはぐずったが、私は娘の手足を私の体にしがみつかせて、よろよろと階段をおりた。台所に入ると、私は娘の手足を引き離してスツールにおろした。

「チーズ入りの炒り卵がいい」と、娘は眠そうに言った。

「シリアルはどう？」

「いやだ！　チーズ入りの炒り卵」

「人に頼むときはなんて言うの？」

「おーねーがーいー」と、娘は節をつけて答えた。

私は片方の目で時計を見ながら、いくつもの作業を同時にこなす、周到に準備されたいつもの手順に入った。卵と牛乳とバターを冷蔵庫から出す。フライパンをコンロにのせてバターをひく。牛乳をコップに注ぐ。卵を割ってフォークでかき混ぜる。いつもの時間に起きてきた犬を裏庭に出す。

台所に戻るとバターがジュージュー音を立てているので、卵を流し入れる。ペーパータオルを掴んでカウンターにこぼれた牛乳を拭く。卵をかき混ぜる。犬（今度は裏口のドアを爪で引っ掻いている）を室内に入れる。牛乳、卵、バターを冷蔵庫に戻してチーズを出す。卵にチーズを散らしてもう一度かき混ぜ、スプーンで皿に盛り、シルヴィアの前に皿を置く。

朝食のできあがり。

私はひと息ついて、娘が学校に持っていく弁当をつくり始めた。

シルヴィアは炒り卵をふた口食べて、もうおなかいっぱいだと告げた。

「なんなの？」と、私は普段より二オクターブ高い声で叫んだ。「まだほとんど食べてないじゃないの！」

でも、まともに相手をしている時間はない。私はターキーとチーズのサンドイッチの材料を並べた。

「あと一〇口は食べなさい」と命じた。

「五口だけ」と娘は言った。「サンドイッチは三角に切ってね」

「わかったわ。じゃあ七口」

さらに二、三回押し問答しているあいだにサンドイッチができた。ようやく、娘は苦しそうに少しずつ三口食べて、そのあとで大げさにおなかを抱えた。

「ママ、おなかいたい」

もう少し粘って娘を説得するか、それとも上の部屋で娘を着替えさせるときに繰り広げられるはずの毎朝のすったもんだに備えて体力を温存するか、一瞬迷った。私は後者を選び、負けを認めて、残した炒り卵を犬の食器に移した。犬もシルヴィアも満足そうだった。

上の部屋で十分かけて三着の服を娘に着せたり脱がせたりしたのち、私はがみがみ文句を言った。「ママ、私、かわいい服が着たいの！」とシルヴィアは叫んだ。「ピンク色の服がいい！」

「さっき言ったでしょ。ピンク色の服はどれも洗濯しないといけないんだって！」と、大声で答えた。

意地悪な言葉のままの意地悪な母親になったような気がしつつ、爪を立ててもがく四歳児と取っ組み合ってTシャツとジーンズを着せた。娘の顔がくしゃくしゃになり、泣きわめいた。

さらに十五分かけてシルヴィアをどうにか落ち着かせると、車のシートに座らせ、ようやく出発した。時計を見た。ぎりぎり間に合うかどうかきわどいところだ。私はアクセルを踏んだが、その日はツキに見放され、家から幼稚園に着くまでに何度も赤信号に止められた。決められた時刻の五分後に到着した。つまり、私たちは恥を忍んで事務室に寄らなければならなかった。娘の暗い顔は涙で汚れ、髪もろくにとかしていない。私の格好も娘よりましとは言えず、二日前にシルヴィアを遅刻させたときと同じ服を着ていることに気づいて、ぞっとした。私はきまり悪そうに事務室に入った。

「また遅刻ね」と、事務員のマージが舌打ちしているそばで、私はピンク色の用紙に記入して、サインした。「ご存じでしょうけど」とマージは言った。「時間を守ることの大切さを子供に教えるのは親の務めです」

私はうなずいてほほ笑み、歯を食いしばった。そのあと、急いでそこから逃げ出した。

家に帰ると、私はキッチンカウンターの椅子に座り、もう一杯コーヒーを注いで、青いビニールの袋から『ニューヨーク・タイムズ』を出した。すぐに第一面の見出しに目が留まった。「名門大学で学ぶ女性の多くが母になる道を選択」とあった。私はいつもの習慣にしているクロスワードパズルで緊張をほぐす代わりに、その記事を読み始めた。ほんの一、二年前、アイヴィ・リーグ〔アメリカ北東部の名門私立大学八校〕で学んだ母親たちは社会の労働力として生きることを「やめる選択」をする傾向が高まっているという話題が、熱い議論のテーマとなった。しかしこの記事によれば、アイヴィ・リーグで学ぶ女子学生は就職する道を最初から選ばなくなっている、つまり、独身で子供もおらず、「分子生物学」や「ルネッサンス文学」を学んでいる学生のうちからはやばやと、キャリアを求めるのをやめて専業主婦になるつもりでいると言うのだ。

ひと握りのイェール大学の学生に対する非公式の調査とインタビューにもとづいて書かれたこの記事は、この最新の傾向をいくらか不安そうに公表していた。わが国の未来の指導者になるはずの女子大生が就職を見合わせて、あるいは完全に仕事を諦めて、母親業だけを優先させようと早々に計画しているとはいったいどういうことなのか?

たとえば、イェール大学二年生のシンシア・リューは、SAT一五一〇点、GPA四・〇を誇り、ピアノを演奏でき、長距離走が得意で、ボランティアで病院の仕事を手伝っている。大学を卒業したあとはロースクールに入って法学博士を目指すが、弁護士事務所を開業してせいぜい二、三年働いたら仕事をやめて、弁護士としての収入と名声を捨て、「夫人」と「母親」の肩書きを手に入れるつもりだと言う。

「私は母から、一流のキャリアウーマンと一流の母親に同時にはなれないと、繰り返し言われてきました」というリューの言葉が紹介されていた。「どちらかを選ぶしかないのです」

ここで専門家たちが持論を披露していた。女性はついに「現実的になろうとしている」のだと、イェール大学でアメリカ史を教えるシンシア・E・ラサート教授は言う。イェール大学でアメリカ研究と女性学・ジェンダー学を教えるローラ・ウェクスラー教授は、女性が時代に逆行していることについて、働く母親を支える社会基盤を構築できなかったからだと指摘する。「二五年前は、今頃、この問題は解決しているだろうと本気で信じていた」と、ウェクスラー教授は言い添える。この記事のためにインタビューを受けた学生の男女格差は明らかだ。女子学生は仕事と家庭のバランスをとろうとすることで生じる問題に十分に気づいている。一方、男子学生は、専業主婦になるという女性の決心をたいてい好意的に見ていた。ある女性は、クラスの男子学生が「その判断は魅力的だと思う」とまで言ったと話した。

コーヒーカップがまだ空にならないうちに電話が鳴った。

「フェミニズムは死んだと、本気で考えるようになったわ」とジェニーが言い切った。

別の電話が入った。

「悪いけど、あの女子学生たちは母親の毎日の暮らしがどうだか、全然わかってないわね」とターシャが言った。彼女は最初の子供を生んで半年経つのに、今も三時間以上続けて眠る暇がないと言う。

この記事は気が滅入るということで私たちの意見は一致した。若い女性が専業主婦になりたがっているからというよりは、実際に覗いてみもしないで、十九歳の若さで昔ながらの性役割に進んで助けを求めようとしているように見えたからだ。イェール大学の学生アンジー・クーは、記事の終わりのほうで「私は現状を受け入れます。現状がどうだって構いません。どうして逆らわないといけないのかわかりません」と、話をまとめていた。

私は最後に引用されたこの言葉についてじっくり考えた。私がクーの年齢だったときのことを思い出し、大学で夜ふかししたこと、寮の共同ラウンジでソファにもたれ、野心とカフェインで興奮した頭で友達とおしゃべりしたことを思い出した。結婚して母親になることなど誰も話題にしなかった。現状を受け入れる? 冗談じゃない。私たちは「美の神話」をこきおろし、夜を取り戻すのに忙しかった。私たちは医師や弁護士、芸術家や作家になる計画を温め、大それた夢を持ち、細かいことはあとで心配しようと誓った。私たちに関するかぎり、道はまっすぐで一方通行、上を目指すだけだった。

もちろん、仲間の多くはあとで計画を見直した。人生に夫と子供が登場すると、何人かは専業主婦やパートタイムの仕事を選んだ。何年もかけてプロとして出世した人もいれば、仕事でつまづいて苦労し、過剰に期待するのをやめた人もいる。それでも、私は若く夢中だった日々と手を切ったりしない。

それともこの先、手を切ることはあるだろうか? あの記事に対する私の反発は、「正しい」女性像という保守的な考えに負けず劣らず、予想どおりの反応だったのだろうか? 私は新聞をたたんでカウンターに置いた。

その前の週に、私はバーナード・カレッジで催された「母親の役割を書き換える」と題したパネルディスカッションを聞きに行った。この催しは私たちが母親の役割について語るときに出会う、一般的な言葉の比喩的用法（転義）の先に進むことを目指していた。子供を生んだあとで仕事に戻る女性は、女性の社会的、生物学的運命から逃げているのだろうか？ 子供を持つ専業主婦はフェミニズムの進歩に背いているのだろうか？ 『ニューヨーク・タイムズ』紙のコラムニスト、リサ・ベルキンが司会を務め、『完璧な狂気 不安の時代における母性』がベストセラーになったばかりの作家ジュディス・ワーナーが登壇した討論会には、大勢の聴衆が集まった。折りたたみ椅子は全部埋まり、席につけなかった人――大方は女性だが、男性もいた――は壁にもたれ、あるいはリノリウムの床に脚を組んで座った。

パネリストらはこぞって、あるいはそれぞれに、彼女たちの生活の中や文化全体の中で母親という役割によって生じた緊張状態を雄弁に明かした。しかし討論の終盤、ベルキンが現代の母親業のジレンマにどう対処するのがよいかに話題を移した際に意見の食い違いが生じた。ワーナーは、慈善夕食会でひとりの女性が椅子から立ち、自分たちの娘には野心を抑えて母親の役割に備えるように教えるべきだと主張した、というエピソードを披露して、こう語った。

「このことを振り返るたびに、目に涙が浮かびそうになります。なぜなら、それは私たちにできる最悪のことだと思うからです。私たちはいきなり娘をやりこめるわけにはいきません。みんなで状況を変えなければならないのです」

選集『歌いながら立ち上がれ　黒人女性作家が母親という役割について語る』の編集を担当したセシリー・ベリーが話を遮った。ベリーはハーヴァード・ロー・スクール卒業後についた企業訴訟の仕事を離れて家でふたりの息子を育てており、討論会のあいだ一貫して、現実主義の——ときには過酷な現実主義の——意見を差し挟んだ。ベリーは意見を述べる前に、母親の役割について彼女が書いた「誰も教えてはくれない」と題する論文を読みあげた。熱心に耳を傾ける聴衆を前に、ベリーは母親になったあとの気分の落ち込みに伴う「自我の浸食」を、「私と家庭生活とのあいだに生まれた不義の子」と表現したが、「自我の浸食」はベリーが子供たちに注ぐ途方もない愛情によっても生じるし、もっと不思議なことに、子供たちが彼女に示す愛情によっても生じると語った。黒人女性のベリーは、専門職の世界に留まって何者かになるために、あとから付加される社会的義務があると感じていて、専業主婦になるか仕事を続けるかで悩んだそうだ。すべてのパネリストの中で、ベリーは愛と怒り、罪悪感と苛立ちという相反する感情に最も深く取り囲まれているようだった。

「若い女性に無限の可能性があると告げるべきかどうか、私にはわかりません」とベリーは言った。「彼女たちが母になることに伴う有意義な経験を人生に含めたいとしても、果たしてそんなことができるのかどうかもわかりません」

ベリーの発言を聞いてワーナーは口をあんぐりとあけたが、すぐに落ち着きを取り戻した。「そういう問題の多くは、どういう仕事につくつもりか、またどんな人生を送りたいかに応じて細かく分類できるはずです」と言って、ベリーを見た。「しかし、若い女性たちに自分に正直でありつづける力を与えることができれば、それで問題の一部には対処できるでしょう」

「確かに、この問題はどんな仕事につきたいかに応じて分類できます」とベリーは同意した。「でも、だからこそ若い女性に『あなたたちには無限の選択肢がある』とは言いたくないのです。本当の意味で母親らしさを経験する母親になり、同時に世間の注目を集める活動的な仕事をすることが可能かどうか、私にはわからないのです」

聴衆はざわめき、何人かの手があがった。残念ながら司会のベルキンが口を挟み、すでに終了予定時刻を三十分過ぎていた会を締め括り、聴衆はパネリストへの質問を諦めた。私たちががっかりしてまばらに拍手していると、たちまち学生ボランティアがおりてきて、聴衆をガラスのドアの外へと誘導した。私も列をつくって講堂を出ると、外は暗く、風が吹いていた。私は、かつてもっと大きな世界を目指すつもりだった自分を育んだ、まさにそのキャンパスを歩きながら、そのときの状況が信じられずに押しつぶされそうになった。かつての私はサンドイッチをつくることも、体をよじって嫌がる娘に服を着せることも、鼻水や食べこぼしを拭うこともできなかった。秋の冷気の中で、母親であることを経験し尽くしたいという思いに対抗して、まだ成し遂げていない野心がふつふつと煮え、沸き起こるのを感じた。そのふたつの折り合いをどうやってつければよいのか、私にはわからなかった

そのとき、私はベリーは正しいのではないかと考えていた。たぶん若い女性は、自分にできることには限界があるのだと家族の誰かからきちんと教わるべきなのだろう。しかし、あの朝『ニューヨーク・タイムズ』の記事を読んで、やはり違うと私は確信した。私は娘が仕事をするか母になる

かを選ばなければならないと信じて成長する姿を思い浮かべ、いいえ、娘がそんな仕打ちを受けるいわれはない、と直感的に確信した。むしろ「フェミニストのテキスト講座」で読んできた本は、私たちが勇気を持って行動すれば、つねに不可能の限界を押し広げることができると、私に思い出させてくれた。

＊＊＊

『ニューヨーク・タイムズ』のその記事をクラスメートがどう思ったかを聞きたくて、私は早めに教室に着いて、いつものように部屋の後ろの窓に近い、コーヒーのしみで汚れたソファを確保した。人の邪魔にならずに発言に耳を傾け、学生たちの様子を観察するためだ。講座の初日のようにテーブルのまわりの席に座ると、自分がやけに目立つように感じた。ほかの学生がみなノートパソコンに入力しているそばで、ひとりだけうつむいてノートをとっていたからだ。私は電子メールが登場する前に大学に通っていました、とお知らせする看板をぶらさげているようなものだった。学生たちがちらほらと教室に入ってくると、会話のはしばしから、その記事の話はすでに広まっていて、ほかのクラスでも話題になったことがわかった。

T教授が颯爽と教室に入ってきた。書類を大量に挟んだフォルダーを両腕で重そうに抱えていた。

「あなたたちはどう思った？」と教授は聞いた。

みんな、なんのことかわかっていた。

「ひどく腹が立ちました」とジャニーンが言った。「あの記者は、わずかばかりのイェール大学の女子大生を捕まえて、彼女たちの意見を時代の流れのように扱っていました。つまり、女子大生はみんなあんなふうに考えているという、誤った印象を与えています」

「あの記者はイェールを卒業したばかりだそうよ」と、マリアが補足した。「たぶん、たくさんいらっしゃるお友達にインタビューしたんでしょうよ」

「専業主婦になりたがるのは悪いことじゃないけど、あの記事の書き方は……」

「そう――まったく役に立たなかった……」

「私は記事で取材されていたような女性をひとりも知らないわ……」

「そんなことはない、いるわよ！　バーナードにはいないかもしれないけど、ジョージタウン大学に通う友人から、学内にミセス・クラブがあると聞いたもの――それに女子学生はみな『ＭＲＳの学位』をとる、つまり将来の伴侶を見つける話ばかりしているそうよ」

「まさか？」

「本当だって！」

「気が滅入るわね……」

「その話は私も聞いたことがある……ぞっとするわ……」

討論がますます熱を帯び、収拾がつかなくなると、Ｔ教授は会話の主導権を握ろうとして口を挟んだ。

「このことは覚えておいて。こういう記事は一、二年おきに出てきます――女性が一斉に家庭に回帰するという『傾向』の話をこれまで何度見てきたことか」。教授はため息をついた。「ジェンダー学の教授としての私の仕事がいつか時代遅れになるのをずっと待っているけど、仕事がなくなることは当分なさそうね」

みんながおかしそうに笑った。T教授は座ったまま身を乗り出した。

「では、女性がほとんど教育を受けられなかった二〇〇年前に戻ってみましょう。フェミニズムの母と呼ばれてきた女性、メアリ・ウルストンクラフトを紹介します」

女性の権利の擁護

フェミニズムについて何かしら知っている人ならたいてい、メアリ・ウルストンクラフトの名前を聞いたことがあるはずだ。彼女の『女性の権利の擁護』は、おそらく女子教育の実現に貢献した最もよく知られた事例だろう。アメリカとフランスで革命が終わったあと、一七九二年に出版されたこの論文は、女性は従順で浅はかな生き物のようにふるまう訓練を受けるよりも、男性と同じように体を鍛え、知的能力を伸ばす機会を与えられるべきだと主張した。彼女の主張は一見単純そうだ。

「女性を教育して男性のよき伴侶に育てなければ、女性は知識と徳の向上を阻むだろう。なぜなら真理は万人に共通でなければならず、そうでなければ一般的なおこないへの影響に関して、真理は効果を発揮しないだろうからだ」

学生時代に『女性の権利の擁護』を読んだとき、女性は理性的に考える能力があるというウルストンクラフトの主張は、無礼とは言わないまでも余計なお世話だと思った。私は女性で、大学で学んでいたのだから、当然の感想だ。しかも彼女は女子教育の最も重要な目標について、より優秀な妻と母親を生産するためだとこじつけていた。

それからの歳月に状況は大きく変わった。改めてこの本を読んで、ウルストンクラフトは私の新しいヒーローとなった。ウルストンクラフトの論文はテキストの竜巻で、彼女はわずか六週間でこの本を書きあげ、どのページにも情熱がほとばしっている。彼女はそういう人だった。衝動的で、頑固で、嫌みなほど頭が切れる。女性の聴衆だけでなく男性にも率直に語りかけ、女性が教育を受ければ男性だけでなく全人類がより幸せになれると証明しようとする。言葉を慎重に選び、きわめて厳密に使うので、まじめに話しているのか、それとも皮肉まじりに、社会で女性が置かれた立場の不合理さをこれでもかというほど明らかにしようとしているのか、よくわからない。思うに、それは彼女流の鋭いウィットに違いない。

「女性を理性的な生き物にし、自由な市民にしよう」と彼女は書く。「そうすれば、女性はたちどころによい妻となり、母親となるだろう。つまり、男性がよい夫で父親ならばということだ」

私は「～にする」という意味での彼女のmakeという単語の使い方に感心し、これは私たち女性を理性的な生き物でも自由な市民でもない者に「した」男性に対するちょっとした当てこすりと解釈した。

ところが、私が新たに見出したウルストンクラフトへの敬意は、ほかの学生たちには共有されなかった。討論が進むにつれ、学生たちがこのテキストを時代遅れの長たらしい論文とみなしており、もはや関連性はなく、妻と母親としての役割の幅を広げるためだけに女性を教育することに論点を絞りすぎている、と考えていることがわかった。昔の私の反応と同じだった。

確かに、ウルストンクラフトは母親業という仕事を重視し、子育てについて進歩的な考えをいくつも持っていた。上流階級の母親の大多数が乳母を雇って赤ん坊の世話をさせていた時代に、母親が母乳を与えるようしきりに勧めた。同様に、乳幼児は——ときには疲れや空腹で子供の具合が悪くなるまで——天井の梁から吊したままにしておいたりせず、しょっちゅう抱いたり触れたりしないといけないと信じていた。これは当時の一般的なやり方ではなかった。そのため、多くの女性は皮肉をこめて彼女を「カラスのお母さん」と呼んだ。

ウルストンクラフトは、母親には子供の徳性を育てる責務があるとも信じていて、女性が受ける教育レベルと子育ての能力は密接に関連すると主張した。

「よい母親になるには女性は良識を身につけなければならず、夫に全面的に頼るよう教わった女性にはめったに備わっていない独立心も必要だ」と彼女は書く。「従順な妻はたいてい愚かな母親である。誰よりも母を愛し、母に味方し、見せかけばかりで中身がないことにされた父親にひそかに反抗することを子供に求める」

こういう心情については別に問題なかった。クラスの学生の多くが非難したのは、彼女が十分に急進的でない点だ。つまり従来の性役割をすっかり覆すことを提案しておらず、むしろ互角の勝負を提案しているにすぎないと言うのだ。ウルストンクラフトはつぎのようなことさえ言っている。

私が物事の秩序を逆さにしたいと願っているのだ、と結論しないで頂きたい。私はすでに、男性は肉体の構造からして、女性よりも多くの美徳を身につけることができるよう神によって設計されたかのごとくだ、と認めてきた。このことは、男性全体についていえる。しかし、男性と女性の美徳は、それぞれその性質を異にすべきだという結論を下す根拠は、そのかけらさえも目にすることはできない。美徳はただ一つの永遠の基準だけを持っていると考えるならば、どうして、実際、男女の美徳の性質が異なりえようか？　それ故に私は、大上段に振りかぶっていえば、男性の美徳も女性の美徳も同一の単純な方向を持っていることを、神の存在を主張するのと同じように熱烈に主張しなければならない。

（白井尭子訳、未來社）

害などなさそうではないか？　たぶん害はない。しかし、私には言葉の奥にあるウルストンクラフトの意味と意図が見えたと思いたい。彼女の意味と意図は、ただ女性を教育して、徳を目指すあいだ男につき従う気高い伴侶、母親、妻を育てるというだけに留まらず、もっと広い範囲に及んでおり、実際、より破壊的だと、少なくとも私には思われた。ちなみに彼女が闘っていたのは、女の人生に知識の居場所はない、なぜなら、女は妻および母としての運命を全うするうえで教育を必要としないし、それを求めてもいないからだという態度である。その頃、知識は女性を混乱させ、動揺させ、危険にさらすと考えられていた。ウルストンクラフトは、それは違うと主張する。高い徳、あるいは美点という共通の目標に向けて努力することで、女性は社会全体の利益に貢献できると提案する。

『女性の権利の擁護』は大方、フランスとアメリカで起きた革命の最中に根づいた啓蒙合理主義の産物であった。仲間の合理主義者と同じく、ウルストンクラフトは理性と徳と知識を育てることで男女がともに完全な社会を築くことを望んだ。思想の自由は真理の道を進むが、無知は家族構造の崩壊、性的な堕落、道徳の喪失につながると考えたのだ。

私が思うに、ウルストンクラフトは男女両方の関心を引くために、結婚と母親業について語る際に、女子教育を求める急進的な主張をある程度、耳障りのよい言葉で取り繕ったのだろう。言葉をよく見れば彼女の真の目標が明らかになると思う。

「どの国の歴史を見ても、女性を家事だけに閉じこめておくことができないのは明らかだ。なぜなら、知性の幅が広がらないかぎり、女性は家族に対する務めを果たさないだろうからだ。おまけに、女性を無知なままにしておけば、男性の奴隷になるのと同じくらい快楽の奴隷になる」

そこで彼女は、強要された従順さと逃げ場のない家庭生活という「足かせ」から女性を自由にしようと決意した。それはいかに優雅であっても足かせに違いないからだ。

「この論文がいつ書かれたかを忘れないで」と、T教授はますます高まる批判に応えて、学生たちに優しく注意を促した。「私たちはこの論文を最初の一歩と捉えないといけません」

脚を投げ出し、テーブルに肘をつき、大半はタンクトップにカーゴパンツという服装で、姿勢を崩して座っている若い女性ばかりの教室をざっと見て、私はウルストンクラフトの時代はどうだったのだろうと考えた。当時の女性は知性だけでなく、身体的にも縛られていた。今、顔のしわをとるボトックス注射や胸を大きく見せるワンダーブラがあるように、十八世紀には体に有害な鉛白を含むおしろいを顔に塗って自然なほてりや表情を隠し、体は手間のかかるコルセットや何層もの布や張り骨に閉じこめられていた。

「胸をあげ、肩から腿まで姿勢をまっすぐ保つために鯨の張り骨で体を包むことなく女性が人前に出るのは、はしたないこととされていた」と、リンダル・ゴードンはメアリ・ウルストンクラフトの伝記『擁護』に書く。「ステー〔プラスチックや金属などの板でつくった芯〕は女性の体の動きを制限し、体を傾けることができず、本は立てて持って読まなければならなかった」

これがメアリの世界だった。女性は着るものに縛られていただけでなく、夫の所有物とみなされ、事実上いかなる法的権利も奪われていた。一七五三年のハードウィック結婚法は、妻、妻の財産、イヤリング、子供はすべて夫に所属すると定めていた。男性は報復される心配もなく、自分の裁量で妻を殴り、レイプし、精神病院に引き渡すことができ、ゴードンによれば、精神病院に送られるという恐怖が十八世紀イングランドのすべての妻につきまとった。要するに法律上、既婚女性は存在しないも同然だったのだ。

ウルストンクラフトは女性の地位の不安定さを身に染みて知っていた。彼女は家族の女たちの苦悩を間近で見ていた。相続した財産を事業に注ぎこんではつぎつぎに失敗した、大酒飲みで気分屋の父を持つメアリは、父の攻撃の的になりがちな母を気遣いながら成長した。父が荒れて妻を殴り始めると、幼いメアリは自分の小さい体を投げ出して盾となり、襲いかかる一撃から母を守った。

のちに、妹のベスが結婚してどうしようもなく不幸になるとメアリが仲裁に入り――もうひとりの妹エヴリナへの手紙に「あまりに惨めな状況からベスを救い出すために」と書いている――、ベスが夫と別れられるように手伝った。こうした状況を見てきて、若いメアリは一生結婚しないと誓った。

しかし、十八世紀の女が結婚しないとしたら、どうすればよいか？　それは成人したメアリが向き合わなければならない問題だった。ろくに教育を受けておらず、長年のうちに財産も地位も落ちぶれた家で育ったメアリは、急いで別の道を見つけなければならなかった。身持ちのいい未婚女性は、家の財産を相続しないかぎりほとんど先の見通しが立たず、教師か、誰かの付き添いとして働くか、家庭教師になるしかなかった。メアリは三つの仕事を全部試してみて、彼女が同時代の大方の女性と違うことを証明した。たいていの女性は、このような限られた道しかないなら、望まない結婚でさえ人並みの生活を送る絶好のチャンスとみなしたはずだ。そのため、夫を勝ち取ることは女性にとって最高の手柄とみなされ、女の子は若いうちから、ウルストンクラフトの言う、男性に対する「非合法な影響力」――すなわち、美しさ、頼りなさそうな演技、色っぽいしぐさによって男を誘惑し、そそのかして、自分の影響下に置くこと――を養うようけしかけられた。ウルストンクラフトはこうした社会的圧力を見事にかわし、鋭い知性と無遠慮なそっけなさによって運命と思われた人生から逃げた。

ウルストンクラフトが選んだ抵抗の道は楽なものではなかったが、そこで必要とされた器用さから、気の合う仲間と出会った。彼女はなんとしても家を出ようとして、高齢の未亡人の付き添いの仕事を見つけた。その時期にブラッズ家の人々と知り合い、娘のファニーと親しくなった。影響力のある女性の共同体を築くという夢を掲げ、ファニーと自分の妹たちとともに進歩的な学校を設立し、まずまずの成功を収める。その後、日頃から病弱だったファニーが結婚したあと妊娠中に重病を患った。そのためメアリは学校の運営を断念して看病に当たった。しかしファニーは回復せず、彼女の死後、失意のメアリはアイルランドに逃れ、家庭教師として働いた。それからほどなく、作家業に専念すると決意した。物書きとして自活する女性はほとんど前例がなかったが、彼女は「新種の第一号」となる覚悟だった。ろくに生活費も稼げないまま何年も過ぎたあとで、メアリは匿名の親切な出資者から支援を受けた。

ウルストンクラフトは『女性の権利の擁護』を書く前に、『女子教育についての論考』、半自伝的小説『メアリ』、一七八九年のフランス革命への支持を表明したパンフレット『男性の権利の擁護』など、いくつかの本をすでに出していた。しかし広く賞賛され、また酷評されることにもなったのは『女性の権利の擁護』の出版後である。彼女はついに、社会が女性をお飾りか何かのように扱うことに対する積年の憤りを解き放つことができた。このような女性の扱いは彼女をひどく不快にした。「私の心はごまかしを軽蔑し、顔は表情を偽ることができません」と、友人に宛てて書いたことがある。彼女は飾り気のないやり方で、対等な仲間としての女と男の関係を奨励する代弁者としてこうして意見を述べ、この改革運動において強硬に反対する人々と論争を闘わせることになった。

その中に『社会契約論』の著者ジャン＝ジャック・ルソーがいた。彼は議論好きで、影響力があった。『社会契約論』以外の主要な著作のひとつに、教育を論じた古典『エミール』がある。ウルストンクラフトはおおむねルソーを評価し、「自然人」の善良さについての彼の理論を賞賛したが、ペンをとって、女性の地位についてのルソーの意見に挑んだ。

ルソーは『エミール』で、女性の基本的な役割は「男を喜ばせ、男の役に立ち、男が女を愛して敬意を払うように仕向け、男が幼いうちは男を教育し、大人になれば世話をし、助言し、慰め、男が楽に、快適に人生を捧げられるようにすることだ」と説明した。「こうしたことはつねに女性の務めであり、子供のうちに教えこむべきことがらである」

ルソーはエミールの将来の妻、ソフィーという形で理想の女性を創造した。エミールはソフィーを完璧な男たらし（コケット）として教育する。エミールはソフィーの主人かもしれないが、彼女はふたりの関係をうまく調整して、彼の心に指図することもある。

ルソーはこう教える。

「もし、あなたの好意をめったにない価値あるものとして表現する術を知っているなら、あなたは長らく愛における権威を保ちつづけるだろう。したがってあなたは高潔な奉仕でこびを売り、理性の奉仕で愛を利用しても差し支えない」

政治や教育についてのルソーの思想は独創的だったとしても、女性のこととなるとずうずうしいほど伝統的だった。

ウルストンクラフトは『女性の権利の擁護』で、おかしそうに自分はソフィーではないことを証明し、女性についての青年らしい空想を『エミール』で描いたルソーをたしなめ、誘惑というさもしいゲームによって持ちこたえる結婚は、およそ哀れを誘い、みじめだと指摘した。彼女はまた、イヴはアダムの肋骨からできていて、それゆえにアダムの足下に屈服させられるのではなく、隣で胸を張って歩くよう運命づけられていると指摘することによって、女性に対する男性の優位は「自然界の理法」だとしたルソーの安易な想定を軽くいなした。ルソーが描くような女性をいったいどういう男性が求めるだろうと、彼女は問う。

「官能的な満足に溺れて、より洗練された楽しみに対する嗜好を見失った」哀れな男だけだ。「そういう男は、自分を理解してくれる女に愛されることで、静かな天露のように乾いた心をよみがえらせてくれる穏やかな満足を、けっして味わったことがないはずだ」

彼女はさらに続けて、欲望よりも友情、情熱よりも敬意を重んじる男女関係を擁護する。

「女性の生活様式に革命を起こすときが来た。女性の失われた尊厳を取り戻すときが来た。そして人類の一部として、女性が自身を改革することで世界を改革する労働力となるときが来た」

ウルストンクラフトの時代から現代に至るまでの批評家は、彼女を上品ぶった女だの、みだらな女だの、あらゆる形容詞で呼んできた。なかには、女性の女らしさを否定し、男性が性愛の快楽を享受することを厳しく非難する、保守的な原ヴィクトリア朝的作家の姿が彼女の文章によって明らかになり、彼女もまた男女間の情熱に水を差す興ざめなフェミニストのひとりにすぎないと見る者もいた。実際、彼女は『女性の権利の擁護』で理性を支持して性欲を軽蔑しており、ざっと読んだかぎり良識的ではあるが、かなりわびしいように思える。それとも触れにくい性欲と愛の要素を脇に押しやり、読者がひそかに思いめぐらすのに任せることで、敬意と親密さという基礎を重んじる結婚の、協力関係という性質を高く押しあげることに成功しているのだろうか？『女性の権利の擁護』はつまるところ焦点を絞った論争であり、経験全体を扱おうとするのではなく、むしろ挑発し、従来の考え方に反論しようとしているのだ。

＊＊＊

T教授に会話の筋道を巧みに導かれて少しずつ、学生たちはウルストンクラフトをペチコートをはいた革命家とみなすようになった。しかし、T教授はそのあとで急に方向転換して、あえて逆の意見を述べた。

「だけど現代の視点で見ると、ウルストンクラフトの考えは急進的というよりは保守的に思えます」

教授はウルストンクラフトの論文が、結婚と母親業という社会の枠組みの中に安全に留まっており、女性の生活様式における革命を求めてはいるが、女性の役割の全面的な革命を求めるまでには至っていないと論じた。

教授の挑発にのってウルストンクラフトを擁護する学生もいた。

「私はシステムを内側から変えようと努力する女性を批判したりはしません」とサンティが教授の話に割って入った。「そういうやり方で変化をもたらすことはできます。緩やかな変化かもしれないけど、変化には違いありません」

「それに、ウルストンクラフトは男性を夫として、また父親として、もっと家庭に引きずりこもうとしたんじゃありませんか?」とマリアが聞いた。

「その問題はもう少し複雑です」とT教授が答えた。「妻と母という家族内での役割を強調することは公共圏での女性の役割を否定する傾向がありますが、男性の場合、父であり夫であることは公共圏では好ましいこととみなされます。つまり、彼女が気づいていない非対称な状況があるのです」

ウルストンクラフトは男女平等を求めていたにもかかわらず、家庭での女性の務めには異議を唱えなかったと、T教授は指摘した。

「結婚が社会を固めるセメントだとしたら、人類はみな同じモデルを手本として教育されなければなりません。そうでなければ男女の交合を仲間意識とは呼べないでしょうし、女は賢明な市民となるまで、また男に頼らず自活して自由を手にするまで、女ならではの務めを果たせないでしょう。……否、女が男とともに育てられ、男の情婦ではなく対等の仲間となるべく教育されるときが来るまでは、結婚が尊重されることはないでしょう」

ウルストンクラフトをフェミニストという範疇のどこかに位置づけようとあがいて、学生たちは見るからに困惑していた――彼女はフェミニストだったのだろうか、そうではなかったのだろうか？

ついにスキンヘッドで藍色の目をした、よく目立つローワンが手をあげた。

「私は『女性の権利の擁護』が気に入りました」と、彼女は首を横に振りながら言った。「メアリ・ウルストンクラフトは私生活に起きた出来事のせいで偽善者呼ばわりされたと知りました。だけど気になるのは、特定の出来事は、その人が世間にどう見られるかをどのように規定するようになるかです。つまり、人々は彼女を指さして『あのいかれたフェミニストを見てみろ。あの女は男のために自殺しようとしたんだ』と、噂しても構わないという事実に飛びつきました。でも、その事件は彼女もひとりの人間だということを示しているにすぎません」

私はうなずいて同意を示し、励ますつもりでローワンにほほ笑みかけ、討論の流れの変化に備えた。だが、私はT教授の反応に驚いた。普段は学生のあらゆる意見に耳を傾けるのに、このときはそっけなくうなずいただけだった。

「そうね」と教授は相づちを打ち、一瞬の苛立ちを抑えて「テキストに戻りましょうか」と言ったのだ。

＊　＊　＊

しかし、運命に挑戦するとはテキストにしがみつかないことではないのか？　と、私は授業のあとで大学の門をあとにしながら自問した。地下鉄におりる階段の上で、私は立ちどまってジョンに電話した。

背景でシルヴィアが甲高い声でしゃべる声が聞こえ、ジョンは娘を電話に出した。

「ママ、今日は幼稚園でゾウさんの絵を描いたよ！」。シルヴィアが小さい声で、うれしそうにその日の出来事を話すのを聞いて、私は笑顔になった。「いつ帰ってくるの、ママ？」

私が家に着く頃には、あなたはとっくに眠ってるわねと答えた。

「だけど、今のうちにおやすみのキスを送るわね」。私は通話口に向かってキスの音を立てた。

「はやく帰ってきてね、ママ」と娘が答えた。「今、電話をだっこしてるの」

そのとき娘の声を聞いて、私はフェミニストの生活と仕事を分けることなどできるだろうか、と思った。私としては、ページの向こうにいるメアリ・ウルストンクラフトのことを知りたくなった。彼女は運命の引力に逆らって人生をどう生きたのか――女性としてだけでなく、娘として、姉として、妻として、母として。

そして恋する女性として。ローワンが授業中に触れたのは、スキャンダルとなったギルバート・イムレイとのよく知られた恋愛のことだ。この関係でウルストンクラフトは婚外子として娘のファニーを生んだ。ウルストンクラフトがその死を嘆き悲しんだ友人と同じ名前だ。彼女は三十四歳のときに『女性の権利の擁護』を出版し、その二年後にイムレイに恋をして処女を失った。彼はフェミニズムの母とされる女性を誘惑し、のちに失恋させた男としてしばしば描かれる。やはり作家だったイムレイは一七九三年に『移民』という小説を出し、そこで女子教育と夫婦間のレイプの問題に取り組んだ。価値観が似ていてハンサムでカリスマ性のあるアメリカの開拓者イムレイに彼女が惹かれたのはことさら驚くことではないし、両思いだったのは間違いない。イムレイは女癖が悪かったが、彼女のことは心から大切に思っていたようだ。ウルストンクラフトは、フランス革命の恐怖政治の時代にフランスで暮らすイギリス市民としていくらか危険にさらされていた。イムレイは彼女の身を案じ、アメリカ大使とのコネを使って自分の妻だと証明してもらい、アメリカ市民として保護されるよう取り計らった。彼女はこの寛大な行為をイムレイの責任感の表れと思いこみ、まもなく妊娠して娘のファニーを生んだ。

一方、イムレイは女好きの評判のままに、別の女性とも交際を始めた。ウルストンクラフトはそのことを知って激怒し、ただちその女と手を切らないなら別れると脅した。イムレイはそれをはねつけた。ウルストンクラフトは言葉どおり彼と離れたり、よりを戻したりを繰り返したのち、彼が自分に誠意を見せることはなさそうだと判断し、関係を終わらせた。イムレイを別の女性と共有することに耐えられなかったのだ。

ひとりになった未婚の母はひどくふさぎこみ、テムズ川に身を投げて自殺を図ったが、川から引きあげられて救助された。イムレイは動揺して後日病院を訪れ、彼女の容態は回復したが、ふたりの関係は修復できないほど壊れていた。ウルストンクラフトは徐々に元気を取り戻し、イムレイに言われるままに北欧への旅に出ることに同意し、つらい状況から逃れようとした。その間に『スウェーデン、デンマーク、ノルウェイに関する手紙』(邦題『ウルストンクラフトの北欧からの手紙』)という本を書いた。

遠回りをしたが、破局後のこの旅で、彼女の人生にふたたび愛が訪れた――今度の相手は、同じ順路で旅をしていたイギリス人の政治評論家で哲学者のウィリアム・ゴドウィンである。ゴドウィンは『手紙』の語り手に魅了され、読み終えたあとで著者のメアリに近づこうとした。ふたりは恋に落ち結婚したが、従来どおりの結婚生活にひと工夫して別々の場所で暮らした。

「夫は家に置く家具としては重宝します。ただし不器用でなければですーと、彼女はゴドウィンへの手紙に書いている。「あなたのことをぜひとも私の心の中にしっかり留めておきたいものですが、いつもそばにいてほしいとは思いません」

社会批評家としての両人の評判を考えるとふたりの結婚は思いがけない出来事だったので、マスコミは放っておかなかった。結婚が公表されると、ふたりは冷やかしやあざけりや陰口に悩まされた。『タイムズ』紙は、結婚制度を否定する小冊子の著者であるゴドウィン氏が「女性の権利を擁護する本を書いた著名なウルストンクラフト氏」とひそかに結婚したと、勝ち誇ったように書き立てた。結婚したときに花嫁が妊娠していたことが知られると、世間の嘲笑はいっそう激しくなった。ふたりの結婚生活は一年も続かず、悲しい事態によって終わった。ウルストンクラフトがお産の最中に重い感染症にかかって命を落としたのだ。ゴドウィンはウルストンクラフトとイムレイの娘のファニーと、生まれたばかりの自分たちの娘のメアリを育てることになった。娘のメアリは一六年後に詩人のシェリーと駆け落ちし、名作『フランケンシュタイン』を手がけることになる。

学者らは、なんとしても解かねばならない謎を提示されたかのように、メアリ・ウルストンクラフトの生涯と人となりに長年、関心を持ちつづけてきた。今日なお、彼女はおそらく歴史上最も有名でありながら、悪く言われている女性のひとりだろう。人としてのウルストンクラフトに対する反感は根強く、そのことが彼女の作品の重要性を長らく損なってきた。だからこそ、T教授は授業で彼女の私生活を討論することをためらったのだろう。

よく知られているように、ゴシック作家のホレス・ウォルポールはウルストンクラフトを「ペチコートをはいたハイエナ」と呼んだ。一九四七年には、心理学者のファーディナンド・ランドバーグとマリニア・ファーナムのふたりが、死去して久しいウルストンクラフトの精神分析をおこない、彼女は男嫌いで、フェミニズムを利用して男性を貶めようとした「極端に神経過敏な強迫神経症」

だったと断定した。さらに、この心理学者らはフェミニズム運動全体を、ウルストンクラフトの病理から直接生まれた副産物だと分析した。一九七四年には、オックスフォード大学教授のリチャード・コブがウルストンクラフトの伝記の書評を書き、彼女のことを「つねに愚かだった。たいてい身勝手で、だいたいにおいて嫉妬や憎しみを抱き、お節介だった」と評している。

二〇〇年以上前にこの世を去った女性に対してなぜこれほどの反感を抱くのか？　ウルストンクラフトのが彼女の中に見ている小さなじゃじゃ馬は、なぜ彼女と同時代の優れた男性思想家の一部から愛され、賞賛されたのか？　確かに彼女は気分屋で、批判的で、高飛車だった。だからどうだと言うのだ？　それだから彼女の考えは見当違いだとでも言うのだろうか？　若いフェミニストにとっては、彼女はロールモデルとして物足りないかもしれない。主張したことを実践できなかった困ったフェミニストの一例とまでは言わないまでも、結婚と子育てを重視しすぎていた。ウルストンクラフトを批評する人々にとって、彼女は見当違いで間違った意識を象徴しているのかもしれない。しかし私がいた場所からは、彼女の選択は、私が成人してから繰り返し学んできた教訓――人生は予測不能で、人間関係は複雑で、頭はつねに心を支配できるわけではない――と共鳴していた。

その日の午後、アナポリスに帰る列車の中で、ものごとの自然の理法についての私たちの考え、制度を変えようと努力することについての私たちの考えを見直すことについて、T教授が言ったことを反芻した。私が思うに、ウルストンクラフトがしたことはまさにこれだ。たとえ言葉だけでそうしていなくても、人生に対する取り組み方によって。

私は『ニューヨーク・タイムズ』紙に引用されたシンシア・リューの言葉を思い出した。リューは、女性は母親業と仕事のどちらかを選ばなければならない、なぜなら、両方とも「最善」を尽くすことはできないからだと冷静に語っていた。ウルストンクラフトの時代から二〇〇年経っても、私たちはいまだに仕事と母親業を対立する領域に置いているが、彼女は人間らしい世界で男女がともに生き、ともに学ぶ姿を想像していた。ウルストンクラフトに関しては、彼女は間違いなく成功している。男性ならば普通に利用できる教育や機会の恩恵を受けずに作家としても思想家としても有名になり、シングルマザーであることが不名誉だった時代にシングルマザーとして生き、愛する人と結婚しながら一緒に暮らさなかった。彼女は思うままに仕事と結婚と子育てに全力を傾けたのだ。

メアリ・ウルストンクラフトは不完全なヒロインだが、強さの中に弱さがあるからこそ、数々の勝利を収めながら派手に失敗したからこそ、なおさら尊敬せずにいられない。みずから命を絶とうとするほど希望をなくし、未婚の母として極度の不安に怯えて生きていることを自覚したとき、彼女はそれでもなんとか生きつづけた——気力を取り戻し、もう一度人を愛した。ウルストンクラフトは自分の運命の責任を全面的に引き受けており、その点で、私が久しぶりに出会った最高に刺激的な人物であり、結婚と子育てを拒むことは、革命を起こすための唯一の方法なのではなく、ただ単に最もわかりやすい方法にすぎないことを思い出させてくれた、私が求めていた女性だった。

結婚の運命

メアリ・ウルストンクラフトの生涯と愛について深く探ったことで、私は一歩下がって、同じように伝記作家の目で私自身の人生を眺める勇気が湧き、妹の助けを借りて、私の家族の歴史がもたらした影響を理解しようとした。神経学を学ぶ大学四年生の妹キャロラインは、感謝祭の休みにカリフォルニアから飛行機にのって訪ねてきた。妹が着いた日の夜、私たちは家の一階のソファに腰を落ち着けて、何時間も話をした。

年が十一離れているにもかかわらず、私たちはいつでも仲がよく、ともに逆境を乗り越えてきて固い絆で結ばれていた。私が十三歳、キャロラインが二歳のときに両親が離婚して家族はばらばらになり、キャロラインは母と暮らすことになり、私はそのまま腫瘍学者の父の家で暮らした。両親はふたりとも過酷な仕事をしていたので、私はキャロラインが十八になるまで姉というより親のように接してきた。私は子供の頃、たいてい自分のことは自分でしてきたので、私が親の役目を担うのは自然だった。

私は七歳頃の写真をフレームに入れて飾っている。中二階のあるランチハウスの玄関のポーチにオレンジ色のコーデュロイのベルボトムを着て座っていて、大きな口をあけて笑っているせいで前歯が二本欠けているのがわかる。銀色の家の鍵が首にかけたより糸からぶらさがっているのが目立っている。これが私、「鍵っ子」世代のイメージそのものだ。十年以上ひとりっ子だったので、妹が生まれたのがうれしくて、私はすぐに彼女の世話をするようになった。おむつを替え、子守をした。私が二十代になると、妹のさまざまな思春期の悩みに立ち入って助言した。キャロラインが高校を卒業したとき、私は妊娠七カ月近かったが、飛行機で大陸を横断し、彼女がステージを歩いていって卒業証書を受け取るのを、競技場の観覧席の端に腰かけ、お節介な母親のように鼻を高くして、母とともに見守った。

私にとって、キャロラインはつねに人生の紆余曲折から守らなくてはならない存在だった。しかし妹が大きくなるにつれて私たちの関係は変わっていった。私はキャロラインを年の離れた妹としてだけでなく、同志として、また友達として見るようになった。妹は旅行が好き――ある年は一年のあいだにタイとエジプトとギリシャを訪れた――だが、サンタクルーズのレッドウッドの森にあるキャンピングトレーラーで一年暮らしたこともある。妹は私が名前を聞いたこともないバンドのコンサートに行く。それも、音楽に集中したいからと言って、たびたびひとりで出かけていく。面白くて、繊細で、賢くて、ばらばらになった家族のうちのたったひとりの妹なので、私は力づくで妹にしがみついてきたし、妹も私にしがみついてきた。

その夜、私はキャロラインをしつこく問い詰め、新しいボーイフレンドのことや、大学を卒業したあとどうするつもりかを尋ねた。すると彼女は黙ってしまった。何を考えているのかはわかる。話すべきかどうか迷っているのだ。

「教えてよ」と私は言った。

「お姉さんはどうなの？」と、妹は声を落として聞いた。私の体重がどれくらい減ったか、私がどれほど歯を食いしばっているか、彼女が見定めようとしているのがわかった。ジョンと私がアナポリスに引っ越して以来、関係がうまくいっていないことを察したのだろう。私とキャロラインが空港から戻ると、ジョンは彼女を軽くハグしただけですぐに姿を消した。最近の彼はいつもそんな調子だ。

ジョンと私の関係はこの二年ほどのあいだに氷期のように冷えきっていた。犬用のホイッスルの音は人間の耳には聞こえないが、それと同じで、私たちが結婚したあと、私の声のピッチがあがってジョンには聞こえなくなったに違いないと、私はよく冗談を言った。最初はおかしかったが、もはやおかしくもない。私が同じことを三、四回繰り返してようやく、ジョンがほかのことを考えながら「何?」と返事をすることもあった。ついに私は話かけるのをやめた。ジョンは仕事に引きこもり、私も引きこもった。シルヴィアの話はしたが、ほかの話はほとんどしなくなった。お互いの目を見ることもなくなった。差し迫った結婚の崩壊と思われる事態の原因と症状はもっと入り組んでいるはずだ。しかし結婚したあと親になって数年が過ぎ、私たちはふたりともよそよそしく恨みがましくなり、小さい傷をいくつもつくっていた。

息苦しい雰囲気に耐えかねて、私は夕方になるとたびたび犬の散歩を口実に外に出て、街角にたたずんで携帯電話を両手で包み、親友に不満を打ち明けた。その夏のある日、私たちの沈黙の下に隠れていた敵意が、近所の人々を招いてのディナーパーティの席で噴き出した。ジョンと私はワインで口が軽くなり、観客がいるせいで妙に興奮して、テーブルを挟んで悪口を言いあった。その後、客が慌てて帰っていったあとで、私はこの家を出ていくとジョンを脅した。体の両脇で拳を握り、立ち尽くしたあの瞬間、私は本気だった。ジョンにはそれがわかっていたし、私もわかっていた。それでふたりとも怖くなって一時休戦し、それからの何カ月か、不自然な礼儀正しさを保って生活してきた。

しかし、感謝祭を明日に控えた今夜、妹に話すには話題が重すぎた。だから代わりにため息をついて「私は大丈夫」と言った。「ときどき大変なこともあるけどね」

キャロラインにはすっかりわかっていて「そうね」と言った。「お姉さんが話したくなったら、私はいつでもそばにいるから」

私がこれまでずっと妹を守ってきたから、今度は彼女が私を守ろうとしてくれているのだと気づいて、私はほほ笑んだ。そんな妹が、私は大好きだ。

＊＊＊

私たちは結婚をロマンチックな薄布で何重にも包んでしまいがちだが、フェミニストの視点で見ると、一八六九年にジョン・スチュアート・ミルが、結婚という和合は成人したほとんどの人がかかわる主たる政治的経験であると確認したとき、彼には大事なことがわかっていた。

「互いの力関係はどうあれ、すべての結婚は、ふたりのあいだで欲望が相対的に重要であること、欲望が優先されることを、はっきり口にするかどうかはともかく、ある程度、理解することにもとづいて成り立っている」と、彼は『女性の隷属』という論文に書いている。

フェミニストが結婚を疑うとしたら、それは歴史的に女性が損な役割を担わされてきたからだ。今は昔ほどではないにしても、最近の研究でも、男性は結婚生活から心理的、身体的、実際的な利益をたくさん得ているが、結婚した女性は一般に、これと同じ領域で不利益を被ることが示されている。

いずれにせよ既婚者は、ことに子供がいればなおさら、うまく妥協できるかどうかは別にして、妥協という概念に詳しくなる。献身的な関係とはそういうものだが、結婚すると、ふたりの生活、ふたつの家庭、ふたつの銀行口座、そしてふたりの運命がひとつになる。幸運な人はこの二人三脚のレースでつまずいたり転んだりせずにスタートを切ることができる。しかし運が悪ければ駆け引きを堪え忍び、「あなたと私」を「私たち」にする終わりのない不安定な化学反応を辛抱することになる。

それから、私たちが受けてきた教育がもたらす特定の事象や影響がある。それは私たちが結婚生活をどのように送るかに影響し、配偶者としての期待や行動を左右する。結婚についての私の考えは、おそらくある程度、子供の頃の出来事によって形成されている。私は両親の離婚が投じた長い影の中で成長したので、こと結婚の話となると、とうていすべてを知り尽くしているとは言えなかった。両親が別れたとき、離婚は不作法にもロマンチックな愛の正体を暴き、怒りと支配という醜く変化した姿を人目にさらす手続きなのだと理解できる年齢に私は達していた。しかし、私はまだ幼くて、母が――キャロラインを連れ、私を父のもとに残して――荷物をまとめて出ていったとき、私は捨てられたのだ、母は結婚生活を終えたのではなく、私を置き去りにしたのだと解釈した。

家族が暮らしてきた家が半分空っぽになったのを見て、父はそれまでの生活の痕跡をすべて消し去ることに力を注いだ。あとに残された家具を並べ替え、週末になると、家族がこの家に引っ越してきたときに母が選んだ床に敷き詰めた赤いフラシ天のカーペットを引き剥がし、私はなすすべもなくそれを見ていた。また、父は三カ月かけて娯楽室にタイルを敷いた。私が怖くなるほどの集中力で、白いTシャツを汗びっしょりにしてタイルの隙間を漆喰で埋めた。父はまた、自分の寝室の壁をヨットの写真で飾り、窓から部屋にホースを渡して、買ったばかりのウォーターベッドに水を入れた。そしてキャロラインが使っていた寝室の、漫画のイラストの壁紙も剥がした。妹が生まれる前に私が選んだ壁紙で、貼るときは私も手伝った。その壁に、父は新しい「客間」にもっとふさわしいシンプルな花模様の壁紙を貼った。しかし、客はめったに来なかった。そして、私たちはふたりきりでつねに修繕中の家で暮らした。

自分の過去とのつながりがひとつずつ断ち切られるに伴い、こうした変化のせいで、私ははるかかなたに大急ぎで退却しているように感じた。十三歳の頃、形のある物は安全で、少なくとも私の歴史、私のアイデンティティ、私の居場所の具体的な印になるとまだ信じていた。私はどんなつまらない物にでもしがみつき、手紙や思い出の品は捨てずに全部とっておいた。十四歳のときに初恋の相手ができると、私は夢中になった。人があきれるほど何度も仲違いと仲直りを繰り返して四年近く交際したが、ティーンエイジのドラマチックな事件のご多分に漏れず、それはとても心地よい苦しみだった。高校最後のダンスパーティの数週間前についに終わったとき、まるで私の世界が崩れたかのように私は泣いた。ある意味、私の世界は崩れたのだ。失恋したのだから。

両親が離婚し、十代で自分も失恋を経験して、私は二度と傷つくまいと決意した。私は緑豊かなワシントン近郊の街を出て、最初はできるだけ遠くに行こうとカリフォルニアに移り、そのあとで東海岸に戻ってきてニューヨークに向かった。そこで私は鼻にピアスをし、編み上げのブーツをはき、女子力を発揮して何人かの男を振った。ボーイフレンドのいない者同士、友達と団結し、男なんかいらない。恋愛なんておめでたい人たちのものだ、と息巻いていた。

しかしその後、事情は変わった。友達は彼氏を見つけてひとりずつ離れていき、やがて私もグループを離れた。二十四歳のときにジョンと出会ったのだ。ジョンは私より四歳年上でしかないのに、ITブームにのって、マサチューセッツ工科大学の友人ふたりと設立したインターネット会社の経営者として成功していた。ジョンがまだ若いうちにこれほどの仕事を成し遂げていることに私は感心した。彼の大人っぽさにはもっと感心した。前のボーイフレンドは、エルヴィスのタトゥーを入れた人の写真をとるために車で旅をするつもりだと話していた。一方、ジョンは家を買う場合と借りる場合のそれぞれの利点について話した。ジョンと私はただつきあっていただけでなく、彼は私の気を引こうとしていたと断言できる。ジョンは私の勤め先に花を届け、私の両親に会うときはプレゼントを持ってきた。私たちはレストランやブロードウェイのお芝居や展覧会初日のパーティに出かけた。日曜日には〈グレンジ・ホール〉に行って、遅い朝食を食べながら新聞を読むのが習慣になり——ジョンはいつもビジネス面から読み、私は書評から読んだ——、卵料理とコーヒーの食事をしながら新聞のページを交換し合った。髪はブロンドで目は青く、ロングアイランド出身、両親は離婚していないだけでなく、幸せに暮らしていた。穏やかで、自信にあふれ、自制心を備えたジョンは、私にとって驚きだった。彼はしっかり根をおろしていて、達成できることを見越して目標を設定する。それまでに出会った誰よりも一緒にいると安心し、信頼できた。

つきあい始めてまもない頃、ユニオンスクエアの公園のベンチに座っていると、ジョンは急に私に寄りかかり、私の頬に手のひらを当てた。そして「僕は君の人生に現れたどこかの誰かになりたくない。この人でなければと思われたいんだ」と言った。ジョンは責任感があるふりなどしなかった。ジョンは私と結婚して家族を持ちたがっていて、私はもはや家族を持つことを恐れなくなっていた。私は若さゆえの傲慢さで、結婚という荒野を両親よりも優雅に、軽快に進んでいけると自分に言い聞かせた。

しかし本当のところ、私は健全な結婚とはどうあるべきかを具体的に思い描いていたわけではなく、長年のあいだに反則や失望が積み重なり、私たちの結婚という形の避難所は不安定に傾き始めているように感じ、やがて私の体のすべての分子が「逃げろ！」と叫んでいた。だけど私は、少なくとも最終的な形では逃げなかった。頭の中の声が本物なのか、それとも私の「問題」がしゃべっているだけなのか、わからなかったのだ。私は自分が感情の瓦礫の山に埋もれていると気づきそうになると、思考を遮断する防衛過剰な傾向があることに気づくだけの自覚はあって、結婚生活でまさにそのとおりのことが起きた。私は体の中にいるのに、魂は死んでいた。一方、ジョンは鋭い集中力で仕事と向き合っていて、まわりに気を配っていたとは言いがたい。ジョンが気づいた頃には、私が思うに、ふたりの関係はすでに危機的な状況だった。その時点では、たとえ私が望んだとしても、どうすればもとに戻れるのかわからなかっただろうし、戻りたいのかどうかも、もはやわからなくなっていた。

確信がなかったのは私だけではない。まわりでは、数年前に豪華な結婚式で最高潮に達した幾組もの夫婦の関係が、後悔の海へとゆっくり向かいつつあった。私の不幸には仲間がたくさんいた。とどまるべきか、別れるべきかを決めかねて、私は友達と何時間も話した。人の話を聞くうちに、私たちをつなぐ電話回線は混乱と絶望で重たくなり、まだ記憶に新しい彼らの結婚式や自分の結婚式の場面を思い浮かべずにいられなかった。私はウェディングドレスと花嫁の付き添いのドレスを買いに出かけたことや、ケータリング業者を訪ねて、魚はオヒョウにするかサーモンにするか、ケーキの飾りはバタークリームかホイップクリームかを選んだことや、笑い話から感動的な話までいくつもの祝辞を聞いたことを思い出した。ある夫は、新婦への愛を語りながら涙を拭っていた。二年後、その夫は妻に誕生日のカードを買うことさえ忘れそうになった。ロングアイランドでの私たちの披露宴のあと、ジョンと私は車でマンハッタンに戻る途中、気分が舞いあがり、窓をおろして夜風を入れたことを覚えている。私たちはもう長いことあのときのように笑っていない。

そんな気分のときに、ケイト・ショパンの名作『目覚め』を手にとった。私は少し怯えながらページを開いた。納得のいかない結婚生活をはねつけて、情熱を追い求めた女性の物語を再読したあとで、今の自分がどう反応するかわからなかったからだ。ほどなく『目覚め』は、不満を抱えた妻にとって文学のコカインのように中毒性があり、危険で、不快な読後感を残しかねないことがわかった。

不満を抱えた妻とは、つまり私のことだ。

目覚め

「いったい今、何時だよ?」と、ジョンがぶつぶつ言い、寝室のぼんやりとした光の中で目を細めて私を見た。深夜をとうに過ぎていて、私はベッドで体を起こし、前屈みになって本を隠し、読書灯のほのかな光で読んでいた。ショパンの本を読み始めたら途中でやめられなくなったのだ。本当に興味をそそる話はどれもそうだが、私の思考はこの物語に不意打ちを食らわされて、ベッドに横になり、目を閉じて眠ろうとしても、うとうとしかけると意識が飛び出して、二十世紀初頭のルイジアナの蒸し暑い夏に連れ戻された。悲しいかな私は降参するしかなく、ナイトスタンドに置いた本を手探りしていた。

「悪いわね。もうすぐ読み終わるから」と、私は小声で言った。「おやすみなさい」

ジョンはうめくと寝返りを打って背を向け、頭を枕に沈めた。それを見て、この小説のすでに読み終えた場面が浮かんだ。ページをめくってその場面を探した。ヒロインのエドナ・ポンテリエと夫のレオンスは、エドナが家の外に留まり、月の光を浴びていたいと言ったことで口論している。レオンスは落ち着きを失い、苛立ちを募らせて、体が冷えるぞ、蚊に食われるぞと注意するが、エドナは家の中に入ろうとしない。レオンスはとうとう「なんともばかげている」と口走る。「ひと晩中、外にいるのは許さない。すぐに家の中に入りなさい」

身もだえするようにして、彼女はハンモックの上でもう少し安定した位置に落ち着いた。いま、自分の意志がパッと燃え上がり、強情で、反抗的になっているのがわかった。その時は、否定したり、抵抗したりするより以外はできなかった。夫はいまみたいな言い方をしたことがあったかしら、私はあの人の命令に従ってきたのかしら、彼女は考えてみた。もちろん、そうしてきたのだ。彼女は憶えていた。しかし、考えてみると、なぜ、どのように従わなければならなかったのかわからなかった。

「レオンス、おやすみなさい」彼女は言った。「私はここにいるつもりです。中に入りたくないの。そうするつもりもないわ。私に向かって、あんな話し方もう二度となさらないで。お答えしませんよ」

（瀧田佳子訳、荒地出版社）

このつまらない口論は確かにささいな問題だ。しかし、結婚生活はこのような細かい駆け引きや拒絶に満ちている。レオンスは寝室に行かずに、無言の抵抗のつもりでポーチにいる妻のそばに来て、室内ばきをはいた足を横木にのせる。そして葉巻に火をつけ、ワインを一杯のみ、そのあとでもう一杯のむ。ふたりは黙ったままそこで過ごす。夜空の月は沈みかけていて、やがて夜明けの最初の調べが闇をつんざいた。雄鶏の鬨の声だ。ようやくエドナは寝室に行く気になり、ハンモックから体を起こし、ぐらつきながらよろよろと立ちあがった。

「お入りになる、レオンス？」夫の方に顔を向けてきいた。

「そうだね」靄のような煙をひとふきして、ちらっと見て答えた。
「これが一本終わったらすぐに行くよ」

（瀧田佳子訳、荒地出版社）

素晴らしい場面だ。親密な関係を巧みに描写していて、ショパンが自身の経験からかすめとった現実のやりとりなのだろうと思わずにいられない。

ショパンはこの『目覚め』という作品で、息が詰まりそうな結婚生活はけっして目新しくはないと気づかせてくれる。昔から多くの女性の運命が踏みつけられ闇に追いやられてきて、妻の役割についた途端に女性のアイデンティティは失われる。しかし、ショパンはこの作品で、おなじみの物語を別の展開で示す。九カ月——ある登場人物の妊娠期間——にわたり、母としての務めに忠実な上流階級の夫人であったエドナ・ポンテリエが、創造性豊かで自立した「新しい女性」へと変身する様子が語られる。エドナの人生におけるこの劇的な変化は、ニューオーリンズの名士がよく訪れる海辺のリゾート地、グランドアイルで物憂い夏の休暇を過ごしている最中に、ロバート・ルブランという颯爽とした男性と出会ったときに始まる。

それまで、エドナは退屈だが優しいレオンスとの結婚生活に十分満足していた。しかし、彼女はその夏海辺の街についてきた妊娠中の友人ラティニョール夫人のように「子供が生きがいの女」ではなかった。

「彼女たちのことを知るのは簡単だ」とショパンは書く。「現実の危険であれ架空の危険であれ、大切なひなが脅かされると、かばおうとして翼を広げ、羽ばたきする。子供を溺愛し、夫を敬愛し、個人としての自分を消すことを神聖な名誉とみなし、救いの天使として翼を生やす女たちだ」

エドナは自分の運命を結婚生活と母親としての役割の下に完全に沈めることができず、自分の一部分を尊重する。エドナは子供のために自分を犠牲にはしないと、ことのついでにラティニョール夫人に話す。そのあとに続く熱い議論で、エドナはさらに説明する。

「なくても困らないものは諦めます。財産は人にあげてもいいし、子供のために死んでもいい。でも、自分を差し出すようなことはしません」

この言葉はエドナの友人を安心させたようだ。ラティニョール夫人には、わが子のために命を捧げることよりも立派なことは思いつかない。エドナが「二重生活——順応する外向きの存在と、疑問を持つ内向きの生活——について本能的に理解していたこと」が、ラティニョール夫人には理解できない。自分の生活を夫や子供の生活と一体化させているラティニョール夫人と違い、エドナは、「運命によって」妻や母にふさわしい女にならなかったのだと主張する。むしろ、運命はエドナに別の計画を用意していて、人生に熱烈な情事をもたらし、ただでさえ反抗的な性格を欲望の熱で燃えあがらせる。

ニューオーリンズに戻ると、エドナは主として情熱に駆られて行動する女となった。もったいぶった上流社会の友人と会わなくなり、代わりに芸術家や因襲にとらわれない友人とつきあうようになる。エドナは絵を描くことに専念し、夫のレオンスとふたりの息子が外国に出かけているあいだに、一家の地所を出てすぐ近くに家を借り、そこを愛情を込めて「鳩小屋」と呼ぶ。夫は奇妙に思える妻の行動に動揺して、近所の医師に相談する。

医師は「奥さんを困らせないように。あなたも奥さんのことで思い煩わないように。女という生き物はかなり変わっていて、繊細ですからね――私が知るかぎり、ポンテリエ夫人のように神経質で何ごともきちんとしている女性はなおさらです。そういう女性とうまくやっていくには、直感的に正しい診断を下せる精神分析医が必要でしょうな」と助言する。続けて医師は、エドナが迷いから覚めるのを待つしかないと言う。

ショパンは読者に簡単な解決策を示してはくれない。レオンスは悪い男でもならず者でもない。彼が悪い男だったなら、エドナの不満の原因は夫にあり、彼女の欲望が原因ではないと考えることができる。しかし、レオンスはエドナを愛している。レオンスは黄色味を帯びた茶色の髪、がっしりした形のよい手、よく動く生き生きとした目を持つエドナにひと目惚れをした。そのときエドナには恋人がいたが、レオンスの純粋な献身に心がくすぐられた。

「エドナがレオンス・ポンテリエと結婚したのは、まったくの偶然だった」とショパンは書く。「この点で、ほかのたくさんの結婚と似ている。どの結婚も運命だというふりをしているだけだ」

世界の中で自分が置かれた立場に目覚めたあとも、エドナは夫を恨んだりせず、ますます愛着を深める。彼女はただ惜しみなく思いを寄せられる相手を待ち望んでいるだけだ。

しかし、エドナが愛情を注いだロバートが長い旅を終えてメキシコに戻ると、彼は訪ねてこなくなり、エドナはやきもきしながら会える日を待っている。ついにロバートが訪ねてくる。エドナは彼の姿を見た途端に愛しさで胸が張り裂けそうになるが、彼の態度はよそよそしい。ロバートはエドナと結婚したいが、エドナにすでに夫がいる以上、ふたりの愛の運命は決まっており、一緒にはなれないと告げる。するとエドナは文学史上、最も素晴らしいフェミニストの台詞を口にする。

「あなたは本当にばかな人ね。ポンテリエ氏が私を自由にしてくれたら、などと、ありえないことを夢見て時間を無駄にしている！　私はもうポンテリエ氏が好きにできるあの人の所有物のひとつではないの。私は自分で選んだ相手に自分を捧げます。彼が『ロバート、エドナを連れていって幸せになれ。きみにやるよ』などと言うとしたら、あなたたちふたりともお笑いぐさだわ」

ふたりの会話は途中で終わる。ラティニョール夫人のお産を手伝ってほしいと、エドナが呼ばれるのだ。エドナが期待を胸に息を切らして家に戻ると、ロバートの姿はない。彼は短い書き置きだけを残して去っていった。

「君を愛している。もう別れよう――愛しているからこそ」

失意のエドナは一睡もせず、しらじらと夜が明けるのを見詰めている。朝になると水辺に行き、服を脱いで、裸体に日を浴びて水に入っていく。そして腕を上下に動かして、水平線を目指して泳ぐ。後ろは振り返らない。翼の破れた鳥が上空を舞っている。エドナは「岸から遠ざかり、腕の力がなくなる」まで泳ぐ。そこで物語は終わる。

私は本を閉じて読書灯を消した。遅い時刻だった。目を閉じて眠ろうとした――『目覚め』というタイトルの本を読み終えたばかりで、簡単ではなかった。数分後、諦めて仰向けになり、闇を見詰めた。『目覚め』の教訓はなんだろう？　エドナは泳いで自分を忘却のかなたへと連れていったことがほのめかされていて、ハッピーエンドではない。それとも、エドナは別れのあとでちょっと泳ぎに行っただけで、人生を前に進める覚悟を決めて岸に戻ってきたのかもしれないと、楽観的に考えてみた。しかしそんなはずはない。文芸評論家による投票では、解放ではなく自殺とする解釈が優勢だ。私はベッドで腹ばいになってどっちに投票しようかと考え、私の出した答えによって、私自身の結婚の行く末について何かしら明らかになるだろうかと考えた。

＊＊＊

私は慰めを求めていたが、しばらく待たなければならなかった。T教授は『目覚め』と併せて、シャーロット・パーキンス・ギルマンの中編小説『黄色い壁紙』を課題に選んだ。この二作はフェミニストの否定的側面を露わにする最強の組み合わせだ。前者ではヒロインが自殺した（と思われる）。後者ではヒロインが正気を失った（と思われる）。いずれの作品も、夫婦の片割れとなった途端に個人の魂を押さえこむような女性であればなおさら、女性の典型的な運命――結婚して母になること――には重大な身の危険が伴うと警告する。

ショパンと同様、ギルマンも十九世紀末頃に書いていたが、ショパンがフェミニストのテーマを作品に埋めこんだのに対して、ギルマンはよりあからさまに政治的だった。一八六〇年生まれのギルマンは仕事、結婚、母親業をテーマにノンフィクションとフィクションの作品を驚異的なペースで書き、女性に対して経済的自立を成し遂げるようけしかけた。ギルマンは生涯に何百点もの物語と詩ならびに十数冊の本を出版し、その中に、女性だけのユートピアについて書いた『ハーランド』という風変わりな作品もある。しかし、彼女がおそらく最もよく名を知られているのは『黄色い壁紙』を通じてで、この作品は『目覚め』と同じ時期、一八九二年に出版された。私が学生時代に読んでいちばんよく覚えているのが、このゴシック物語である。

『目覚め』のときのように、『黄色い壁紙』を読んだときも深い余韻が残った。この小説の語り手である出産したばかりの名もない若い女性は、コロニアル様式の屋敷に滞在した三カ月のあいだにゆっくりと狂っていく。語り手は具合が悪いと訴えるが――具合が悪すぎて、生まれたばかりの赤ん坊の世話を別の女性に任せる――、夫と兄はどちらも医者で、彼女の病気は神経衰弱と軽いヒステリーのありふれた症状にすぎないと診断し、塩と強壮剤と運動療法による治療を指示する。「ジョンは私がどれほど苦しんでいるか知りません」と、語り手は夫のことを書く。「夫は私には苦しむ理由がないことをわかっていて、それで安心しているのです」

無念にも、語り手は作家としての仕事や、知的な刺激を得られるほかの活動に携わることを「一切禁止」される。しかし彼女は内緒で書きつづけ、屋敷の最上階で夫と共有している寝室に隠れて大半の時間を過ごす。その部屋は広くて風がよく通り、日当たりがいい。たぶん以前は子供部屋だったのだろう。窓には柵がはまり、壁の隙間には「小物」が詰めこまれている。しかし、その部屋はあまり心が安まらない。というのも、壁は「不快を催すほどの」黄色い模様の壁紙で覆われているからで、そのせいで語り手は苦しみ、心が乱れた。

この黄色い壁紙がこの物語の中心テーマであり、嫌悪の対象から興味の対象へ、そして最後には執着の対象へと変化していく。

「あまりにくすんでいて、模様をたどっていると目がぼんやりし、よく目立つせいで始終いらいらさせられ、じっと観察せずにいられない。不格好で判然としない曲線をしばらく目で追うと、その曲線は突然自殺を遂げる——とんでもない角度で急に下に折れ、前代未聞の矛盾の中で自滅する」

語り手は壁紙を貼り替えるか、せめて別の部屋を夫婦の寝室として使わせてほしいと夫に頼むが、妻がみずから「気まぐれ」と呼ぶその頼みを夫は聞こうとしない。彼女はほとんどの時間を部屋でひとりで過ごし「掴みどころのない模様をたどって、なんらかの結論を導き出そう」と決意して、昼も夜も壁紙を見詰めている。

模様の無秩序の中から牢屋にとらわれた女の姿が現れるが、それは日が暮れてからだ。見ていると、月の光に照らされて壁紙がちらちら光って揺れ、壁紙の中の女が逃げ出そうとする。日が出ているあいだは壁紙はおとなしく静かにしている。その女は昼間、壁紙から抜け出して辺りを「這い回っている」のだという考えが浮かぶ。女の幽霊のような人影が家の敷地内をうろつくのが語り手に見えるようになる。

「真っ昼間に這いつくばっているところを見られるのは、さぞかし悔しいに違いない！」と彼女は言う。「私が昼間、這い回るときはいつもドアに鍵をかけておく」

語り手と夫がその屋敷を離れる前の日、語り手は壁紙の中の女が逃げるのを手伝おうとして、紙を何ヤード分も壁から引き剥がす。語り手は寝室に閉じこもり、部屋の鍵を窓から庭に放り投げる。彼女は躁病的な状態で、そこかしこで女たちが這い回っているのが窓越しに見える。

「あの女たちも、私と同じようにあの壁紙から出てきたのだろうか」と考え、はじめて自分を壁紙の中の女と重ねて考える。

夫が帰宅し、ドアを強く叩いてあけてくれと頼み、あけないなら斧でドアを叩き壊すしかないと警告する。彼女は夫に、外に投げた鍵の在処を教える。夫は部屋に入り、妻が床を這っているのを見て愕然とする。

「私、やっと出てきたの」と彼女は叫ぶ。「……それに、壁紙をほとんど引き剥がしたわ。二度とあなたに閉じこめられないように！」

最後の場面で妻がおかしくなるのを見て、夫は卒倒する。

「それで私は毎回、夫の体を乗り越えていくしかなかったの！」

ギルマンが物語のこの最後の台詞に用いている語法は、結末をわざとぼかして、語り手が何時間も、何日も、あるいは何年もその部屋をぐるぐる這い回ったあとで、ようやく抜け出すことをほのめかしている。仮に彼女が本当に抜け出すことがあればの話だが。

いずれの作品も結末に面食らう。授業ではこれらの結末のさまざまな解釈について活発に論じた。『目覚め』と『黄色い壁紙』は結局のところ希望の物語なのか、それとも破滅の物語なのか？

「ふたりの作家がそれぞれの物語をこんなふうに締め括った理由を考えてみてください」とT教授は促した。「読者に自分なりの結論を出すチャンスを与えるために、最後をあいまいにしたのでしょうか？」。教授は私たちをじっと見詰めた。「さあ、どう思う？　エドナはみずから命を絶ったの？『黄色い壁紙』の語り手は正気を失ったの？」

「どちらの作品の場合も、そうだと思いました」とイヴォンヌが答えた。「いずれの結末も前向きに捉えることはできないと思います。もちろんエドナは自分の意志で選択したのですが、彼女の精神の目覚めが実生活と矛盾するとしたら、それはどういう意味なんでしょう？　エドナは素晴らしい目覚めを体験します。でも、彼女を支える人はそばにいないし、最後には疲れ果てて自分で自分を救うこともできません。そして『黄色い壁紙』の語り手は気が狂い、壁紙を剥がして、ベッドの支柱をかじるのです」

「彼女は本当に発狂したのでしょうか？」とT教授が質問した。「それとも本当は自由になり解放されたのに、この社会から狂人とみなされているだけなのでしょうか？　あなたがたはどう思う？夫は気を失っただけなのか、それとも妻が殺したのか？」。学生たちはクスクス笑い、T教授はほほ笑んだ。「私は語り手が夫を殺したのではないかと考えてるの。でも、たぶん最終的に勝利をもたらすのは、彼女がこの父権制の権化を殺したことでしょう」

「語り手がまだ部屋にいて相変わらずぐるぐると這い回っているのに、どうして勝利の結末と言えるのですか？」とイヴォンヌが聞いた。「ジョンはまだそこにいて、語り手は毎回、夫の体を乗り越えていかなければならないんです。夫が気を失い、ことによると死んだのだとしても、父権制はずっとそこにありつづけるということではないですか？　だから前に進むにはつねに余分な努力が必要だということではないでしょうか？」

「男性は対等のパートナーを持たないことで抑圧されているんでしたよね？」と、ローワンが会話に割って入った。「ジョンが卒倒したのは、彼が妻のレベルまで自分を下げたかのように読めます。それに語り手が正気を失ったことは、それほどひどいことではないかもしれません。みずから発狂することは正しいと私は支持します――つまり、洗練された狂気ならばということです――実際、そういうことは当時、多くの女性の身に起きたことだと思います。それが自由を手にするための手段だったという女性もいたでしょう。結婚するか、修道院に入るか」。ローワンはしばし口をつぐみ、指を宙でひらひら揺らした。「それとも、発狂するかです」

「気が重くなる話だわ」とマリアが言った。「悪くない選択だけど。それに夫たちはやたらと恩着せがましいし。夫は妻を子供扱いしてなだめているみたい。一方で、女はみんな『夫はすごくよくしてくれるのに、私はどうしてこんなふうに感じるの？』みたいに振る舞わないといけないの」

隅の席からサマンサの手があがり、みんな一斉に彼女を見た。サマンサはいつも人の話を熱心に聞いていると見えて、集中していることが表情に現れていたが、まだ討論に加わったことはなかった。最初の日にサマンサは、この講座をとった理由は単純で「女性の問題についてもっと知りたいんです。でも正直なところ、自分の人生には満足しています」と打ち明けた。後日、サマンサは正当派ユダヤ教徒の家に生まれ、コロンビア大学に通う婚約者がいて、大学を卒業したらすぐに結婚することになっていることを私は知った。彼女の指にはダイヤの婚約指輪が光っていた。

「『目覚め』でエドナは愛してもいない夫と結婚していて、それはあまり褒められません」。サマンサの声はわずかに緊張して震えた。「『黄色い壁紙』では、夫がとった行動は妻にとって最善ではなかったかもしれませんが、できるだけ妻の力になろうとしていたし、たぶんよい夫になろうと努力していたのでしょう。彼は暴君のような人物ではないし、彼もまた自分が所属する社会の領域によって形づくられているのです」

学生たちはみな、体をこわばらせたようだった。

「でも、女性の役割を規定していたのは男性ですよ」と、T教授は慎重に答えた。

サマンサの頬が赤くなったが、彼女は諦めなかった。

「ですが、男性は個人としての女性の役割を規定していたわけではありません」と、彼女は強い口調で言った。

サマンサの意見には一理あった。男性もやはり文化の産物だとしたら、彼らはどの程度、責められるべきなのか？　女性は自分自身を閉じこめることにどの程度、共謀しているのだろうか？

こんなふうに自問するのは、自分に対するちょっとした反乱のようなものだった。学生時代に読んだ『黄色い壁紙』は、女性を子供扱いしておいて、女性を抑圧するのは気にかけているからだと言い訳する社会を告発する作品という役割を担っていた。この物語を読み返してみて、ギルマンの時代に女性に課せられた厳しい制限には相変わらず怒りを覚えたが、同時に、かつて私の思考を支配していた絶対にこうだという考えは経験を重ねることで角が落ちて滑らかになっていた。歳月をへて、最初は見落としていた物語の複雑さに気づいた。『黄色い壁紙』の語り手について考えれば考えるほど、私は彼女の性格の一貫性のなさに魅了された。彼女は矛盾だらけで、もつれをほどくのは不可能だ。彼女は壁紙を嫌っているのに、じっと観察せずにいられない。屋敷を出ていきたくてたまらないのに、絶対に出ていきたくないと考える。壁にとらわれている影の女性が逃げ出すのを手伝いたいのに、彼女が逃げ出そうとしたら邪魔するつもりだと語る。彼女は最後に本当に逃げ出したのか、それとも自分を見張る看守になっただけなのか？

待った、と若い頃の私が口を出した。あなたはじつはこの物語の犠牲者を責めてるんじゃないでしょうね？

私はこれについて考えた。いや違う、犠牲者を責めていると言うのは言いすぎだ。それに私はこの物語の複雑さを問題にしているのに、その反応はあまりに虫がよすぎる。確かに、ギルマンは彼女の時代の文化の犠牲者だった。『黄色い壁紙』は、最初の結婚が終わりかけている頃にギルマンが経験したノイローゼの体験を小説仕立てにしたものだ。心理的苦悩の一般的な症状——不眠、食欲不振、興奮、かんしゃく、頭痛——を訴えたヴィクトリア時代のたくさんの女性と同じく、ギルマンはヒステリー患者として扱われ、治療を施された。一八八〇年代には、つつましさや純真さを期待する文化の中で、女性の行動はより一層、厳しく規制され、女性がヒステリー患者とみなされることがますます増えた。それは偶然ではなかったのだろうと私は推測する。

女性をヒステリー患者と診断するこの流れを進めたのは、フランスの神経科医ジャン＝マルタン・シャルコーとウィーンに住む彼の友人の内科医ヨーゼフ・ブロイアーであった。シャルコーは催眠術の成果を研究する目的で、同僚が見守る前で、何人もの女性に催眠術をかけてヒステリー状態にさせたことで有名になり、催眠術をヒステリーの治療法として奨励した。しかし、のちにシャルコーは、ヒステリーの演技をするよう患者に指導していたという嫌疑を受けた。そのほかたくさんの男性医師が女性のうつ病と不安を病気として分類した。しかしたいていの場合、ヒステリー患者は自分を甘やかす心気症患者であり、精神的不調に苦しんでいるとみなされて、神経科医と精神科医が診察し、普通は治療法として結婚と妊娠を指示された。

しかしながら、シャーロット・パーキンス・ギルマンの場合、こうした家庭的な営みが神経衰弱を引き起こした可能性が大きかった。高名なビーチャー家出身のギルマンの父は、彼女が生まれてほどなく妻子を見捨てた。ギルマンは貧しい家で育ち、ほぼ年に一度のペースで計一九回引っ越しを繰り返している。父の支えも監督もなく、彼女と兄弟は施しの対象として扱われ、事実上、世間から無視されていた。正式な学校教育を四年しか受けておらず、彼女はそのことをのちのちまで恥じていた。そのため、高等教育を受け教養あるビーチャー家の人々――『アンクル・トムの小屋』の作者であるストウ夫人もその一員――とはなおさら疎遠になった。このような暗い家庭生活を送ったのち、聡明で強情なギルマンは、先輩のメアリ・ウルストンクラフトと同じく、生涯結婚せずに社会的な目標に人生を捧げると誓った。そのあとで彼女は恋をした。

相手はギルマンが二十一歳のときに出会った魅力的な若い芸術家、チャールズ・ウォルター・ステットソンだ。彼はギルマンを褒めちぎって口説き、そのあと時間をかけて求愛した。ステットソンは結婚を申しこみ、ギルマンは悶々とした。ふたりの関係に関する不安を拭い去ることができなかったからだ。ステットソンは二年のあいだ言葉巧みに結婚を請い、ギルマンは拒み、抵抗したが、ついに彼の押しの強さに負け、また次第に自信を失っていき、しぶしぶ求婚に応じた。妻となって数週間のうちにギルマンは身ごもり、九カ月後に娘のキャサリンを生んだ。

結局、ギルマンがステットソンとの結婚に抱いた疑念は当たっていた。芸術家という前衛的な職業にそぐわず、彼は結婚に対してより伝統的な姿勢で臨んだ。結婚生活が始まるやいなや、ギルマンに妻と母親という従来の役割をこなすようしつこく求めたため、彼女は不幸だった。結婚して最初の数年間、ギルマンは体が衰弱するほどのうつ状態に苦しみ、ついにフィラデルフィアにあるサナトリウムに入院して、神経症およびヒステリーと診断された。「女性特有の症状」の専門医として知られるサイラス・ウィア・ミッチェル先生のもとで、彼女は「安静療法」を強いられた。これは強制的にベッドで休ませて過食させ、マッサージを施すという、問題だらけの療法だった。ウィアは高等教育と過度な知的刺激が女性の心身の緊張を招くと信じ、そうした活動を禁じた。ギルマンは自伝で、「治りました」と告げられ、家に帰されたあとの医師の指示を記している。

「できるだけ家庭的な生活を送ること。いつも子供と一緒に過ごすこと（赤ん坊に服を着せようとしただけで私の体は震え、泣き出してしまうというのに——もちろん、娘のために泣くのだ。そのことが私に及ぼした影響については言うまでもない）。毎食後一時間は横になること。知的活動は一日二時間までとする。そして健康によくないのでペンや筆や鉛筆には一生触れないこと」

この治療とその後のウィアの指示は、ギルマンをさらなる絶望へと追いやっただけだった。想像してみてほしい。彼女は自伝に書く。

「私は危険なほど正気を失いかけていました。精神的な苦痛は耐えがたくなり、ぼんやりと座ったまま、頭を左右に揺らしていました。……這っていって、離れた場所にあるクローゼットに入ったり、ベッドの下にもぐったこともあります——心がすり減るほどのその苦悩の重みから隠れるためです」

ギルマンは今にも倒れそうになり、とうとう勇気を奮い起こして、主治医の権威ならびに専門知識とされるものをはねつけた。また、もっとめざましい出来事として、社会の慣行に逆らい、一八八八年に夫のステットソンのもとを去った。ギルマンは赤ん坊のキャサリンを連れてカリフォルニアに移り、活動家兼作家になるという夢を追いかけた。ステットソンはその後、妻の義務の放棄を理由に離婚を申し立て、この出来事は複数の新聞で報じられた。

その後の数年でギルマンは作家としていくらか評価されたが、シングルマザーとしての責任と経済的負担から抜け出せるほど稼げなかった。十九世紀の社会をふたたび驚かせる決断を下し、ギルマンは九歳のキャサリンをステットソンのもとに送り返した。ステットソンはギルマンと離婚したあと、彼女の親友と再婚していて、彼らのほうが安定した家庭を娘に提供できると考えたからだ。ギルマンはキャサリンと頻繁に連絡をとりつづけたが、親権を手放したことの悲しみと罪悪感――その結果、堪え忍ぶことになった世間の蔑みは言うまでもなく――は、その後も長くつきまとった。ギルマンは自伝で、列車が駅を出て大陸横断の旅に出発し、キャサリンを東海岸へと連れていくとき、金色の髪の娘にキスを投げ、手を振って別れたことを記している。

「あれは三〇年前でした。私はあのときのことを語るのに、タイプする手を止めて泣かずにいられません。何年ものあいだ、私は母と子が連れだっているのを涙なしに見ることができませんでした。写真でさえ無理でした」

＊＊＊

ギルマンの人生を凝縮して、結婚生活での女性の抑圧ならびにそこから逃げ出したときに待ち受ける解放についてのスローガンにまとめるのは簡単だ。今では、私の世代の女性は結婚が時代遅れの制度であることを承知のうえで結婚生活に入る。フェミニズムを知らなくてもそのくらいはわかる。しかし、結婚に関してすべての女性が不信感を抱いているわけではない。むしろ、私たち女性は希望という名のいかだの上に自分の体をせっせと引きあげようとしている。これまでになく多くの人がひとり暮らしを選ぶようになったので、独身が不名誉だという感覚は薄れつつあるが、慰めと安定と生活の支えが欲しいという理由で、多くの女性が今も婚姻関係や束縛される状況に引きずりこまれている。私たちは生涯掴んでいられる手を求めているだけでなく、ふたりの関係を世間に認めてもらいたい。この願いは変わっていない。変わったのは、女性が不幸な結婚を解消することを不可能とは言わないまでも困難にしていた社会的、政治的、経済的な力である。結婚を解消すれば、ギルマンのように耐えがたいほどの結果に見舞われる人もいた。ギルマンは娘を諦めなければならなかった。あの時代に離婚した女性の多くは同じ運命に苦しんだ。もちろん、家族が離ればなれになるときに払わなければならない感情の代償は、けっしてなくなりはしない。

結婚が終わるときには取り返しのつかない何かが失われるが、一方で得られるものもある。私は、夫と別れた友人たちと幾晩も涙を流しながら話をして過ごし、その後、彼女たちの多くが本人も私も予測しなかったほど元気を取り戻すのを見てきた。彼女たちの多くは、前より素晴らしい愛をもう一度、見つけたにもかかわらず、結婚が終わったことをなおも嘆く。結局、どんな人生の物語にも必ず、新しい見通しや別の視点や正反対の真実といったいくつもの要素があって、スローガンなど役に立たないのだ。

ギルマンの物語は、抑圧的な結婚から解放されたのちに名声を掴んだことで有名になった女性の物語というだけではない。結婚に抵抗したことも、最初の結婚で苦労したことも、再婚する妨げにはならなかった。ギルマンは三十九歳のときに、いとこのジョージ・ヒュートン・ギルマンと結婚した。彼は穏やかで誠実な人物で、ギルマンに抑うつ傾向があり、強烈な野心を持っていても、ありのままを優しく受け入れた。

「もしこれが小説だとしたら」とギルマンは書く。「……ここでハッピーエンドです」

ちょっと待って。結婚がギルマンにとってのハッピーエンド？　そうだとしたら、なぜその話がもっと耳に入ってこないのだろうか？　ハッピーエンドには不幸な結末のように世間をあっと言わせる力がない。だから、最初の結婚にまつわるスキャンダルのほうが、再婚を発表して彼女がうれしかったかどうかよりも注目されるわけだ。しかし、ギルマンの二度の結婚を併せて検討することで、ためになる教訓が学べると私は思う。つまり、女性が配偶者に誰を選ぶかは一生を大きく左右する、ということだ。フェミニストによる結婚の分析は、結婚を抑圧のひとつの形とみなすときに、この事実を認めないことがある。破壊的な関係とただ単に便利な関係と高潔な関係の三つを区別することを女性はめったに教わらない。結婚について不安を覚え、結婚しないと誓ったギルマンでさえ、そのことを教わっていなかった。だが、ステットソンと結婚したときには無視した直感を、つぎは信頼することを彼女は学んだ。ギルマンは再婚相手に、彼女を閉じこめたりせず、彼女の最善の部分を引き出してくれるパートナーを見出した。ギルマンは二度目の結婚ののち全著作のうちの大半を出版し、みずから創刊した雑誌『フォーランナー』に執筆し、編集し、配布し、そのすべてにおいて夫であるギルマン氏の協力を得た。一九三四年に夫が他界するまで、ふたりは三〇年以上結婚生活を続けた。夫の死後一年して、安楽死の熱心な支持者だったギルマンは、末期の乳がんによる死を待つよりも、クロロホルムを使ってみずから命を絶つことを選んだ。死ぬときでさえ、ギルマンはあっさりとは死ななかったのだ。

＊　＊　＊

『黄色い壁紙』を読み、この小説にギルマンの個人的な体験がどれほど反映されているかを理解して、ふたりのシャーロットの物語が見えてきた――ふたりともうつ状態で、抑圧され、ふたりとも人生の岐路で覚悟を決めた。作中のシャーロットは狂気の中に解放感を見つけ、寝室の床をいつまでもぐるぐると這い回る。

「私の肩は壁の中のあの細長いしみにぴったり収まるから、迷ったりしない」と彼女は言う。

現実のシャーロットは部屋も壁紙も置き去りにしてドアの外に歩き出し、長年の夢を追って西海岸に向かう。自分の運命の舵をとることには多くの困難が伴い、難しい選択を迫られるとしても。

ギルマンと同じ状況に立たされたとき、私ならどうするだろう？　この疑問はそれから何週間も頭から消えなかった。ギルマンと私は本質的に違う時代に生きているとしても、それでも私たちは自分の本質を明らかにする過程で同じ苦労をいくつも分かち合っており、そのことを知って私はいくらか安心した。屋根裏の仕事部屋にいるとき、私の世界は一見したところ余計なものを削ぎ落とされて、四方の壁だけになった。ギルマンもウルストンクラフトもショパンも私と一緒にその部屋にいて、全員が私をその先の場所へと導いていた。この三人の女性は深刻な障害物と相対していたにもかかわらず、自分の不幸の性質を理解する知恵と、人生を変える勇気を備えていた。そして彼女たちはその強さを私に手渡してくれた。

ニューヨークに戻る

週に一度の列車での移動は、家での日々の雑事にふたたび忙殺される前に、授業で出たあらゆる問題について延々と考えることのできる貴重な時間だった。身軽に――ベビーカーもお菓子もおもちゃも持たず――旅をする機会が楽しみだったことも告白しよう。本を持っていくこともあったが、たいてい膝の上で閉じたままだった。私はたいがい窓の外を見ながら、意識を自由にさまよわせていた。

学期末が近づいたある午後、列車がニューヨークからボルチモアのペン・ステーションに向けて南下していたとき、「私は堂々巡りしている」という悲しげな声が頭の中に響いた。外の景色は窓辺をどんどん過ぎ去っていく――似たような高層ビルと都会のオフィスパークの周囲や敷地内に、まもなく訪れる冬に向けてゆっくりと葉を落とす紅葉した木々や、すでに裸になった木々が立ち並んでいた。私は座席に腰かけて列車の車輪のリズムに耳を澄ませた。ガタンゴトン、ガタンゴトン――一定のリズムはやがて「どうして？　どうしてニューヨークじゃないの？」という言葉に変わった。

理由は簡単だ。私たちは家の大規模修繕を終えたばかりだった。シルヴィアは近所でも最高の幼稚園への入園を認められていた。私たちはアナポリスでの生活になじんでいた。一方、ニューヨークは物価が高く、ごみごみしていて不潔だ。ニューヨークの欠点ならいくらでも挙げられた。アナポリスに留まるべき理由もいくらでも挙げられた。ただひとつ、四年近く暮らしても私はこの街で心が安まらなかった。ニューヨークに戻りたかった。あの街ならではの活気と地の利が懐かしかった。友達や近所付き合いが懐かしかった。私はウルストンクラフトが未婚のまま妊娠し、自由に使える財産をほとんど持たないヴィクトリア時代の女性として、ゆっくりと人生を立て直したことを考えた。つぎにケイト・ショパンのことを考えた。彼女は夫を亡くしたのち、文筆活動で六人の子供をなんとか養った。現代でも難しいのに、彼女の時代にどれほど大変だっただろう。それから、やはり貧しく、独学で学び、西海岸に移って作家になったギルマンはどうだろう？　なのに私は家のことを心配していた。

＊　＊　＊

その夜、帰宅すると、ジョンは居間のソファに座り、コンピュータに向かって仕事をしていた。シンクには夕食に使った汚れた皿があった。シルヴィアはすでにベッドに寝かされていた。私が居間に入り、笑顔でただいまと言うと、ジョンは顔をあげた。私はドアの横で靴を脱ぎ、廊下にバックパックを置いて、ソファのジョンの隣に座った。

「考えてたんだけど、私たちニューヨークに戻るべきだわ」

私たちは前にも懐かしさからニューヨークに戻ることについて話し合ったことはあるが、たいして本気ではなかった。ジョンが聞き流そうとしたのがわかった。しかし彼はふと顔をあげ、私の表情を見て、今度は本気だと気づいた。ジョンはコンピュータを横に置いた。

「私たちにとっていいことだと思うの」と私は付け加えた。

私は列車に揺られているあいだ頭の中で交わしたのと同じ議論の流れを、ジョンの前でもう一度、繰り返した。家を売ること、シルヴィアに新しい幼稚園を見つけること、一軒家から都会のアパートに移ることについて、ふたりでじっくり検討した。仕事の見通しや、家計をどうやって賄うかを話し合った。

「本気なの？」とジョンが聞いた。

私はうなずいた。

ジョンは手を伸ばして、私を抱きしめた。

「わかった」。ジョンはコンピュータを膝の上に戻し、作業していた書類をクリックして閉じた。「どうやって実行に移すか考えよう」

ジョンのこういうところが私は大好きだ。

それからの二時間、私たちはジョンのノートパソコンの前で肩を寄せ合い、ニューヨークのどの地区が適当か、幼稚園の有無、アパートの家賃を調べた。ジョンがネットを検索する横で、私は「ねえ！　ここはどう？」「二カ国語を使う幼稚園もいいわね？」などと立て続けに大きな声をあげ、メモをとり、翌朝電話するつもりで電話番号をいくつも控えた。作り笑いの出番はなかった。私たちはまたひとつのチームに戻っていた。ジョンが予算を計算するあいだ、私は携帯電話を持ってポーチに出て白い籐椅子に座ると、まだ起きているだろうと思ってニーナに電話した。その夜は肌寒く、音もなく静かだった。三度目の呼び出し音でニーナが電話をとった。

「私たち家を売って、ニューヨークに戻ろうと思うの」と少し興奮して告げた。「無茶だと思う？」

「全然そんなことないわ」と、彼女はまるで少し前からこの知らせを期待していたかのように言った。「何年か冬眠してたけど、やっと故郷に戻ってくるのね」

＊＊＊

その学期の残り時間は飛ぶように過ぎていき、いつの間にか授業の最終日となった。T教授はそれを祝って、チョコレートとマシュマロのお菓子を持ってきてくれた。私たちがおいしいお菓子を味わっているあいだに、T教授はつぎのような激励の言葉で授業を締め括った。

「私たちはどうすれば社会的な挫折を味わわずに精神的な勝利を勝ち取れるでしょうか？」と教授は問いかけた。「自分らしい人生を生き、私たちは既存の定義づけに異議を唱えていると示すことによってです。今の時代にもやるべきことは山積みです。でも希望はあります。そのことを記憶に留めずに、誰もこの教室を出ていってほしくありません」

私たちは一斉に盛大な拍手を贈った。

授業が終わると、学生たちはT教授のまわりに集まり挨拶をした。私もその群れに加わり、人数が減るのを辛抱強く待った。

「先生の授業がとても楽しかったので、ひと言お伝えしたくて」と、私はようやく教授に近づいて言った。「それから、授業を聴講させてくださってありがとうございました。いろんなことを学びました」

「うれしいわ。おかしな話だけど。この講座を教え始めたときは昔の本なんてあまり面白くないだろうと思ってたのよ。でも、今では昔の本のほうが好きなくらい。全然古さを感じさせないもの」

「そうですよね！」と、私はうなずいた。それから反射的につま先立ちになり、教授を抱きしめた。教授も私を抱きしめてくれて、私たちは最後の挨拶を交わした。

階段をおりて一階の広間に出ると、正面玄関のガラスの向こうを見た。まもなく冬の休暇が始まる。その夜には私の母とキャロラインがカリフォルニアから飛行機で来ることになっている。明日の朝にはジョンの両親がロングアイランドから車を飛ばしてくる。私たちはクリスマスカードを書き、クッキーを焼き、ツリーを飾らなければならなかった。そのあとクリスマスディナーが十分こなれ切らないうちに、ジョンと私はさっそく引っ越しの準備にとりかかることになっている。だが、ひとまずやるべき仕事について考えるのはやめた。そして、教室と外の世界の境のこの場所でしばし授業を振り返った。第一波フェミニズムのテキストを再読して、私は運命が創造的な行為になりうることを発見した——それとも、そのことを思い出したと言うべきだろう。しかし初期のフェミニストは、運命を創造することは始まりにすぎず、来る日も来る日もその運命を生きつづけるのはまた別の問題であることも、私に示した。

私は反射的に首に巻いたスカーフをしっかり締め直して、外の寒さに備えた。キャンパスの木立の葉を落とした枝に飾りつけられたクリスマスの白いイルミネーションが、夕暮れの薄闇の中で輝いていた。通路を少し歩くとローワンのそばを通りかかった。彼女はベンチに座り、指なし手袋からのぞいた指で火のついた煙草をつまんでいた。煙草の煙が彼女の白い息と混ざり合った。

「来学期も会えるわね?」と声をかけられた。

「もちろん!」と大声で返事をして、私は家路についた。

CHAPTER ＊3

分裂

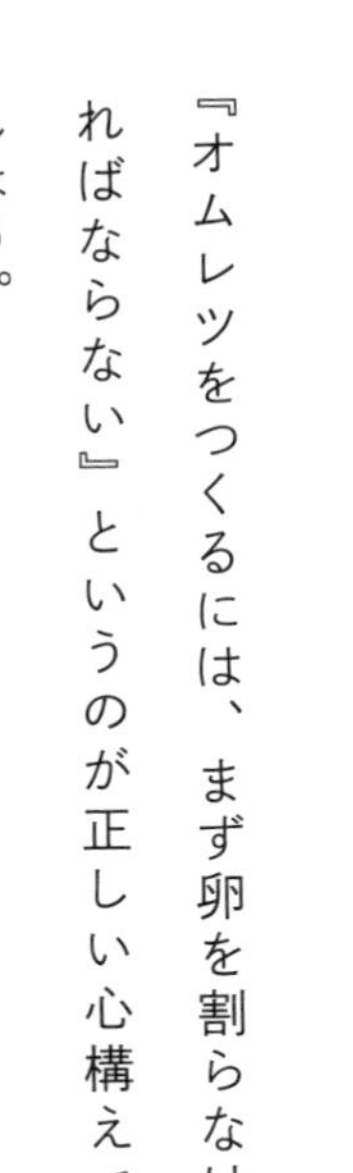

『オムレツをつくるには、まず卵を割らなければならない』というのが正しい心構えでしょう。

ジークムント・フロイト
『症例「ドーラ」』

Sigmund Freud
"Dora"

自分ひとりの部屋

ニューヨークに戻ると決断するのがある意味、最も難しかった。一旦ことが進み出すと、あとはすこぶる順調に運んだ。家を売りに出してすぐに買い手が現れただけでなく、シルヴィアは年度の途中でブルックリンの幼稚園に受け入れてもらい、そこから二ブロックの場所に寝室が二部屋のアパートが見つかった。うまくいきすぎと言ってもよかった。下調べのためにニューヨークに出かけた折にジョンと私が訪ねた幼稚園では、たまたまシルヴィアと同い年の園児が街から引っ越すことが決まっていて、その日の午後にはペットを飼えるアパートの賃貸契約を結んだ。戦前の建物で日当たりはまずまず、静かな中庭に面した食堂と居間は独立していて、台所の横に私が仕事部屋として使える小部屋もあった——ニューヨークに住む私の友人たちは、私たちの運のよさに恐れ入っていた。まるで宇宙に祝福されているかのようだった。

そうだとしても、引っ越しは人生で最も気苦労の多い行事のひとつとされており、それには理由がある。真っ先にやるべきこととして、私たちはかなり狭い新居に収まるように持ち物を減らさなければならず、何時間も汗を流してアンティークの家具を道路脇に運び出した。フードプロセッサーとクレープ焼き器は父に譲った。新居の狭い台所にしまう場所がなかったからだ。赤ちゃん用品はもうすぐ最初の子が生まれる近所の人に全部買ってもらい、おもちゃと本と服の山は救世軍に寄付した。あとの荷物は段ボール箱に詰めて、引っ越しトラックで先に送り出した。

ついに家は空っぽになり、私は一抹の寂しさを覚えながら最後にもう一度、各部屋をゆっくりと回った。私たちは床を新しくし、剥げたペンキを削り落とし、この家を憩いの場にしようと励んできた。しかしずっと住みつづけることになるという気がしなかった。この家に引っ越してくる前に、点検員が来て家中を案内してくれた。点検員は地元の人で、海水と日に焼けて肌はなめし革のようだった。私たちが地下室で身をかがめて古いボイラーを調べていると、彼は忠実な馬にするようにボイラーを叩いて言った。

「こういう家はまず自分のものにはなりません。つぎの住人が見つかるまで手入れしてやるだけでいいんです」

私たちのこの家での務めは終わったのだ。私たちは荷物を車に積みこみ、シルヴィアをチャイルドシートに座らせて、最後にもう一度家を見た。家の向こうにある海に太陽が沈みかけていて、ピンク色の光に包まれ、窓がその光を反射してまぶしかった。私は屋根裏部屋の小さい窓を見あげた。私たちののった車が通りを進むあいだ、私は振り返って家を見ていたが、やがてそれは視界の外に消えた。そのあと私は前を向いた。

＊＊＊

こうして私たちはふたたびニューヨークの住人となった。ニューヨークに住むと、よほどの金持ちかよほどの幸運に恵まれないかぎり、人は狭い空間で暮らすことに慣れる。この街に戻ればどういう生活が始まるかよくわかっていたからだろうが、三階建ての一軒家から寝室が二部屋のアパートへ移るのはそれほど苦ではなかった。それに、うれしいおまけがいくつもついてきた。毎朝シルヴィアを幼稚園に送ったり、スーパーで牛乳を買うために、いちいち車にのらないといけない日々は全然懐かしくなかった。埃が溜まるばかりの普段使わないいくつもの部屋や、ひと晩でジャックの豆の木ほど伸びるかに見える雑草がはびこる裏庭も懐かしくなかった。

ニューヨークに戻って最初の週末、ジョンとシルヴィアと私はブルックリンハイツの遊歩道に午後の散歩に出かけ、マンハッタンやブルックリン橋の印象的な景色を眺めた。鉄とガラスの都市の風景が青空にいつまでも刻まれていた。冬の冷気を運んできた風が吹きつけ、私たちはたった今オズの国に舞いおりたばかりで、歩きながら、白黒の世界から鮮やかなカラーの世界へと移動しているのだという、楽しいイメージが湧いた。犬は空気を嗅ぎ、いろんな匂いがするのがうれしいらしく、盛んにしっぽを振っていた。シルヴィアは両腕を広げて飛行機の真似をし、私たちのまわりを走り回ったあと、キーンと叫んで私の前で立ちどまった。目が輝いていた。

「私、ニューヨークが大好き！」と彼女は叫んだ。

私は笑って腰をかがめ、娘の髪にキスをした。アナポリスははるか遠くに思え、まるで私たちは一度もこの街を出ていっていないような気さえした。

それでも、一二〇〇平方フィート（約一〇〇平方メートル）足らずの家で暮らすとなると、ジョンと私はひとつしかないシャワーを融通し合い、狭い台所で私が朝食をつくり、ジョンがコーヒーを淹れているあいだに体がぶつかり、同じ生活圏で過ごすしかなかった。プライバシーは過去の遺物となった。

「悪かったね、ママ」と、ジョンが廊下で私にぶつかったときに謝った。私たちはシルヴィアを幼稚園に送り出そうと急いでいた。今度は私が台所でコーヒーメーカーを洗っていると、ジョンがぶつかった。そしてまた、私が洗面台で歯を磨いているときに、ジョンがノックもせずに入ってきた。

「いい加減にしてよ」。私は口の中を泡だらけにして、ジョンに向かって歯ブラシを振りつつ、もごもごと言った。「こういうのはもうやめましょうよ。それに、私はあなたのママじゃないから」

ジョンは、私がママと呼ばれると怒るのをよく知っている。

「そうだよ、パパ」とシルヴィアが甲高い声で言った。「この人は私のママだから」

「『ママ』なんて言ってないよ」とジョンが眉をあげて言った。「モン(きみ)って言ったのさ――悪かったね、モン」

私は思わず噴き出し、白い泡が洗面台の鏡に飛び散った。

とはいえ、私はいつもそう簡単に冗談につきあえるわけではない。あらゆる音、あらゆる話し声、キーボードを叩く音さえすべての部屋に響き渡った。この音の洪水に賑やかな四歳児とよく吠えるビーグル犬の声が加わって、大変な騒々しさだった。

この程度は我慢できないほどではなかったかもしれない。ただ、ここは私の仕事場でもあった——この街に戻ってきて最初の何カ月かはジョンもここで仕事をしていた。その結果、心の雑音としか言いようのないものが増えていき、いくつもの断片的なアイデアや中断された思考がカタカタと音を立てていた。私はフリーランスで働くストレスと家庭生活で求められる要求のあいだで引き裂かれ、たちまちうっかり者の母親の漫画みたいになった——外に鍵を持って出るのをしょっちゅう忘れ、二重に予定を入れ、作成している文章の筋道を見失った。やむを得ず、私は予定や用事を箇条書きして、忘れないように付箋紙に書いたが、いつもそれを見当違いの場所に貼った。何か用があって部屋に入って途中ではたと立ちどまる——何をしようとしていたか思い出せないのだ。ときどき日々の生活の雑然とした渦巻きにのみこまれ、せめて息つぎしようと静けさを求めてやみくもに手探りする。嵐の目は静かだと言うではないか。母親たちがこぞって瞑想やヨガを始めるのも不思議はない。

引っ越しのために私は「フェミニストのテキスト講座」第二学期の初日に欠席し、読書の課題で遅れをとった。課題はタイミングよくヴァージニア・ウルフの『自分ひとりの部屋』だった。この本は一九二八年にウルフがケンブリッジ大学で行った二度の講演をもとに書かれた論文である。世界中が大恐慌に見舞われていた一九二九年十月に加筆されて出版された『自分ひとりの部屋』は、女性が小説を書くには自分の部屋と自由に使える年五〇〇ポンドの収入が必要だと、わかりやすく主張している。その後、ウルフはこの基本的な提案から過去にさかのぼり、女性の経済的自立と機会の平等を支持する長年のフェミニストの主張に向けて、才気ほとばしる文章を綴（つづ）っている。

この本でとくに忘れられない場面のひとつは、シェイクスピアに同じくらい才能のある妹のジュディスがいたら、彼女は女であるがゆえに自分の才能のせいで破滅するだろうと、ウルフが想像するくだりである。兄と同等の教育を受けられず、靴下を繕ったりシチューの番をしたり、頭と両手をほかの仕事で忙しく働かせているときでさえ、ジュディスの才能は内に閉じこめられ、希望はくじかれたままだ。父親は娘を近所に住む退屈な羊毛商人の息子と婚約させ、ジュディスが抗議すると彼女を叩く。父親はその後、ビーズと上等なペチコートを買ってやると約束してジュディスにしきりに結婚を勧めるが、彼女はそういう物に関心がない。ジュディスは夢に駆り立てられてロンドンに逃げる。ロンドンに着くと、仕事を求めて劇場の楽屋口の戸を叩く。出てきた男たちは面と向かって彼女をあざける。彼らは騒いで彼女の顔に唾を飛ばす。ジュディスが腕を磨ける場所はなく、彼女の才能を支援する人もいない。とうとう劇場の俳優兼支配人がジュディスを哀れむ。その哀れみによって彼女は妊娠し――「女の体にとらわれ、絡め取られているときに、詩人の心の情熱や激しさを誰が評価するだろうか？」――若いジュディスは凍える夜にみずから命を絶ち、エレファント・アンド・キャッスルと呼ばれる地区の外の、観光バスが止まるどこかの十字路の墓地に葬られる。

ウルフは『自分ひとりの部屋』の結びで、シェイクスピアの架空の妹のこと、そして彼女の「失われた運命」が現代の女性に課す責任のことを読者に気づかせる。ウルフはつぎのように書く。

さて、わたしの信念はこうです。一語も書かずに十字路に埋葬されたこの詩人は、いまなお生きています。みなさんの内部に、わたしの内部に、食器を洗い子どもを寝かしつけるためにこの場にいない、他の数多くの女性たちの内部に、生きています。ともかく彼女は生きています。というのも、優れた詩人というものは死なないのです。いつまでも現前し続け、チャンスを得て生身の人間となり、わたしたちとともに歩むときを待っています。

わたしが思うに、みなさんの力で彼女にこのチャンスを与えることが、現在可能になりつつあります。わたしは信じています。もしわたしたちがあと一世紀ほど生きたなら――わたしは個々人の小さな別々の生のことではなく、本当の生、共通の生について語っています。あと一世紀ほど生きて、もし各々が年収五百ポンドと自分ひとりの部屋を持ったなら――。もし自由を習慣とし、考えをそのまま書き表す勇気を持つことができたなら――。もし共通の居室からしばし逃げ出して、人間をつねに他人との関係においてではなく〈現実〉との関連において眺め、空や木々それじたいをも眺めることができたなら――。もしミルトンの造り出した化けものの背後を、どんなひとであれ視界を遮ってはいけないのですから、その背後を眺めやることができたなら――。もし凭れかかる腕など現実には存在しないということ、ひとりで行かねばならないということ、わたしたちは男女の世界だけでなく〈現実〉世界とも関わりを持っているのだということを事実として受け入れるのなら――。そうすればチャンスは到来し、シェイクスピアの妹であった死せる詩人は、いままで何度も捨ててきた肉体をまとうでしょう。

（片山亜紀訳、平凡社）

これらの言葉を読んだときに、喉に引っかかった。ウルフは二十一世紀には、シェイクスピアの妹は新しい世代の女性たちに形を変えてよみがえると予言した。ウルフ自身、あまり長くは生きなかった。『自分ひとりの部屋』の出版から一二年後にウルフはコートのポケットに石を詰めてウーズ川に入り、自殺した。その頃には第二次世界大戦が破壊の脅威を伴い、彼女の日常生活に入りこんでいた。空襲で彼女のロンドンの家と書斎は瓦礫と化した。

ウルフは小説を書き終えたが、絶望感はつきまとった。

「私はきっとまた気が狂うと確信しています」と、彼女は自殺した日の朝、夫レナードへの手紙に書いた。「そして今度は回復しないでしょう」

人生の大半を通じて、ウルフは心の病と激しい気分の揺れに苦しみ、健康も人間関係も壊れたが、同時に彼女が書くものに輝くばかりの洞察を注ぎこんだ。『自分ひとりの部屋』で、ウルフは「ひとつの状態に留まらない」「心の中の分裂と対立」について考える。ウルフは書く。

「明らかに心はつねに焦点を変えていて、世界を異なる視点で捉えます。しかしこうした心の状態のいくつかは、たとえ自発的に選択したものも、ほかの状態ほど快適でないように思えます。その中で自分を存在させつづけるために人は無意識に何かを抑制していて、その抑圧は次第に努力に変わるのです」

この考えは小説にも反映されている。ウルフの小説をどれでもひとつ選んでほしい。彼女の散文は熱狂的で、心を無秩序にさまよわせる練習であり、思考が別の思考につまずき、事実と観念が矛盾し合う。ウルフは内部分裂した心のことを書き、思考、経験、感情のあらゆる断片を寄せ集めて、自我の意識へと融合させようと苦心している。

私は都会のアパートで家族と押し合いへし合いしながら、仕事の基盤を元に戻そうと努力し、幼い子供に目を配りながら、女性が創造性を発揮するためにヴァージニア・ウルフが示した条件について考えた。もしも私にお金――五〇〇ポンドを米ドルに換算し、物価上昇分を加味した額――と自分ひとりの部屋があれば、まあ台所の横に私の部屋はあるわけだが、必要なのは本当にそれだけだろうか？　娘が私の仕事部屋のドアをドンドンと叩いた。

「ママ？　ママ？　ママ？」

私がタイプする手を止めると、書いていた文章の言葉は散り散りになり、詩の神様は驚いて逃げていった。私は苛立ちを態度に示してドアを勢いよくあけた。娘は詩を書いた紙を差し出した。娘の表情は真剣そのもので、誇らしげだ。

「ママ。これ、ママのために書いたの」

第二の性

私はどうしても休みが欲しかったので、ジョンが週末にロングアイランドの両親の家にシルヴィアを連れていくと決めたとき、チャンスとばかり、授業に備えて読みたい本が山ほどあるから私抜きでふたりで行ってらっしゃいと勧めた。ふたりが出発する前の慌ただしい時間に、二度ほどちょっとばかりもめた——一度は、持っていくぬいぐるみは五つにしなさいと私が命じたとき、もう一度は、私が行かないことを娘が理解したときだ。ようやく車に荷物を積み終え、イグニッションにキーを差しこんだあとで、シルヴィアが「のどがかわいた」と言い出した。ジョンを見ると、彼はため息をついた。

「お菓子は持ったわよね？」と私は聞いた。

「いや」とジョンは答え、目をぐるりと回した。「どうだっていいよ。途中で買えばいい」

「のどがかわいた」。シルヴィアがまた言った。

私は階段を駆けあがり、パック入りジュースとクラッカーとチーズスティックをビニール袋に入れた。私が下に戻ったときにはシルヴィアはすすり泣いていた。私が上に行っているあいだに、私が本当に一緒に行かないことに気づいたのだ。ジョンはハンドルを指でコツコツと叩いていた。

「だけどママ」とシルヴィアは叫んだ。「ママがいないとさみしいもん」

私の心は揺れた。今すぐ上に着替えをとりに戻って、車に飛びのるのは簡単だ。外は寒いのに、私は腋の下に汗をかいていた。でも、この週末だけのことだ。それに、ひとりきりの二日間はたまらなく楽しみだった。

私は決然としてシルヴィアを抱きしめてキスをし、頬の涙を拭った——悪いとは思ったが、気は変わらなかった。ジョンがエンジンをかけて車が遠ざかっていくあいだ、私は行ってらっしゃいと大きく手を振った。車が角を曲がると私はほっとしてため息をつき、ゆっくりと階段をあがってわが家に戻り、ドアを閉めた。しばらく玄関に突っ立ったまま、何かおかしいという違和感を追い払おうとした。そのあとでそれが襲ってきた。

しんとした静けさ。

私はこの音を忘れていた——静かな場所でひとりになると耳が捉えるヒューとうなるかすかな高音。ひとりきりの空間にこれほど浸ったのはずいぶん久しぶりだったので、もう少しで聞き逃すところだった。最初は聞き慣れた雑音や日課となった仕事がないだけで気分転換になり、私は何時間もだらだら過ごして空想にふけった。しかし私の前には丸一日、時間があり、その週の課題である『第二の性』——コーヒーテーブルに広げた本のページはよれて、二十歳前の私の書き込みがあった——が、私が目を向けるのを待っていた。著者のシモーヌ・ド・ボーヴォワールがぼろぼろになった表紙から私を見あげていて、少し面白がっているような皺《しわ》が目尻に寄っていた。私はこの本を寮の部屋が変わるたび、住まいが変わるたびに持ち運び、何年ものあいだ手元に置いているが、一〇年以上ページを開いていなかった。このとき私はテーブルの上の本を掴むと腕を伸ばして両手で持って、まるでこれから会話を始めようとでも言うように彼女をじっと見た。

私は学生時代に『第二の性』を読んだあとで、ボーヴォワールにいくらか心酔した。彼女は才気あふれるだけでなく、魅力があった——いつもはやりの服を着て、髪をピンでシニョンにまとめていた。ホテルで暮らし、煙草の煙がたちこめるパリのカフェで仕事をした。そこで回想録や小説や紀行文や哲学書を書き、すべて出版されて批評家に絶賛された。ボーヴォワールは悪びれることなく自立していて、おそらく歴史上、最も有名な未婚女性のひとりだ。だからといって誰にも愛されなかったわけではない。生涯にわたるジャン＝ポール・サルトルとの恋愛と、アメリカ人作家ネルソン・オールグレンとの熱烈な逢い引きは語りぐさになっている。自分の生き方を探そうとしていた大学生の私にとって、ボーヴォワールはとても魅力的な案内役だった。

学生時代に持ち歩いていたまさにその本を手にして、私はふいに時間と場所のつながりを断たれたように感じた。当時の私のイメージが目の前にぱっと現れた。髪は背中の中ほどまであり、いつもくしゃくしゃだった（いくらがんばっても髪は言うことを聞かなかった）。あの頃はいつもリサイクルショップで買った古着を着ていた——年代物のスカートに不格好な黒いブーツ、チェックのフランネルのシャツだ。鼻には小さいオパールのピアスをつけ、化粧は暗い赤紫色の口紅だけ。夏休みには外国——イタリア、エクアドル、コスタリカ——で働いた。外国で暮らしていると、うまく説明できないけれど今ここにいると感じられた。

この時期、私をニューヨークにしっかりとつなぎ留めていたのは大学時代のボーイフレンドだ。彼は私の親友でもあった。私たちはグリニッジヴィレッジにあるアートシアター〈フィルム・フォーラム〉で午後の時間を過ごし、床が傾いた暗い映写室で手をつないで外国映画を見た。断続的に座席の下を地下鉄が通る音がした。そのあと私たちはカフェでエスプレッソをのみ煙草をふかしながら何時間もおしゃべりした。彼は私にしかわからない秘密の暗号を本の扉に書いた小説をくれた。私は彼の映画の企画に助言した。彼は私の短編小説を読み、私の絵を褒めてくれた。大学を卒業すると、一緒にワンルームのアパートに引っ越した。私たちがこれからもずっと一緒にいることは話し合うまでもない当然の成り行きであるかのように。結婚はたいして重要ではなく、必要だと考えなかった。私たちは慣習に縛られたりしないと自分たちに言い聞かせた。だってアーティストなのだから。

そのあとで状況が変わった。私は会社勤めをして安定した収入を稼ぎ、企業年金を積み立て、保険料を払った。一方、彼は相変わらず夜遅くまで働き、映画作家としての仕事に踏み出そうとしていた。私が鼻のピアスを外すと、穴はたちまちふさがり痕はほとんど残らなかった。私が汚れの染みついた洗面台の鏡の前に立ち、高価なジェルやクリームをいろいろ試して髪を手なずけようと奮闘していると、彼はそれを見て首を横に振った。だらしない古着はたたまれてクローゼットの奥にしまわれ、やがて〈グッドウィル〉に戻っていった。代わりに膝頭が見える丈の、体にぴったりのスカートスーツを着た。ごついブーツの代わりに華奢なハイヒールをはいた。平日の午後に映画を見に行く自由はなくなったが、それは彼も同じだった。それに、金曜か土曜の夜にふたりでマイク・リー監督の最新作やヒッチコックの名作を見に行っても、私は映画館の暗がりで居眠りした。

まもなく私たちが一緒に過ごせる時間は不定期になり、慌ただしくなった。彼は出張が多く、留守がちだった。私たちが新しいアパートに引っ越す数日前に、彼はだしぬけに、ロサンゼルスで映画を編集する仕事があって夏のあいだ留守にすると言い出した。私は猛烈に怒り、そのあと何週間も怒りは収まらなかった。私はふたりの持ち物をひとりで荷造りし、ひとりで新居に引っ越した。私は砦を守って相手の帰りを待ちつづけるような女になるつもりはなかった。彼が電話をかけてきても出なかった。あとで、私はこんなことではやっていけないと告げた。彼はなんとかなると言い張った。ふたりともアーティストなんだから、自分たちの生活は好きなように調整できるはずだと、彼は言った。いいえ、と、私はふたりを隔てる数千マイルのかなたに向かって言った。私はそういうタイプのアーティストになるほどお人好しじゃない、仮に私がアーティストだったらの話だけど。私はそばにいてくれて、頼れる人が欲しかった。ひとりは嫌だった。何度も涙を流し、何度も相手を責めて、ふたりの関係は終わった。

私が思うに、この出来事は、何年も前にボーヴォワールと私の道を分けた分岐点に違いなかった。シモーヌ・ド・ボーヴォワールは自由なひとり暮らしを意識して選んだ。ひとり暮らしには都合のよいことがいくつもあるけれど、払わなければならない高い代償もあることを承知のうえだ。彼女は孤独な暮らしを実質的に自分に強いた。一方、私はより多くの人が通った道——ゆくゆくは結婚して母になる道——を選んだ。その道には見返りがたくさんある一方で、引き替えに何かを犠牲にしなければならないことを、私も承知していた。私はこうして家庭に落ち着く物語を成長物語として、衝動的な若い自分に別れを告げて責任ある大人になる物語として、語ったものだ。しかし私はあまりに多くの不安を抱え、あまりにわずかしか信頼せずに行動しただけではないのかと、心の奥のどこかでいつも思っていたのかもしれない。

私はボーヴォワールを見詰め、彼女も私を見詰め返した。彼女の目つきはたちまち挑戦し、誘うようになり、私はようやく『第二の性』を読み始めた。

＊＊＊

「長いこと女性についての本を書くのは気が進まなかった」と、ボーヴォワールは序文に書いている。「この主題は、とくに女性にとって苛立たしい。それに新鮮みもない。フェミニズムを巡る諍いにはすでに十分なインクが費やされ、争いは終わったも同然だ。おそらく私たちはこの問題についてこれ以上何も言うべきではないのだ」

だが、ボーヴォワールはその後、大量のインクを費やしてまったく正反対の行動をとる。七〇〇ページを超える丹念な分析をおこない、女性性とは、私たちがたびたび聞かされてきたような生物学的運命などではなく、社会によってつくられること——女性性とは、みずから選択したにせよ強制されたにせよ、女性がまとう経帷子(きょうかたびら)であることを証明しようとする。実際、『第二の性』はいくらか皮肉混じりに第二波フェミニズムの「バイブル」とたびたび呼ばれる。ボーヴォワールが運命としての性という仮説を片っ端から攻撃しているからだ。

一九四九年に『第二の性』の第一巻がフランスで出版されたとき、第二次世界大戦後の呆然自失の空気の中で優勢だった、この話題に関する相対的な沈黙を、ボーヴォワールは破ろうとした。一九四五年にフランスの女性が投票権を手にすると——アメリカ議会が女性参政権を認める憲法修正案を僅差で通過させてから二五年もあとのこと——フェミニズムは目標を達成し、闘いは終わったと一般にみなされた。その後『第二の性』が書店に並ぶと最初の一週間で二二〇〇〇部売れた。

売上げの一部は出版直後の悪評によると考えられる。ボーヴォワールが女性の性衝動、避妊、中絶、結婚、母親の役割を率直に論じ、どの話題もフランスの多くの読者をあきれさせたせいで、マスコミは彼女を笑いものにした。

「欲求不満、冷感症、男根崇拝、色情症、レズビアン、一〇〇回の中絶経験者」と、ボーヴォワールは日記に記している。「私にはありとあらゆるレッテルが貼られ、未婚の母とさえ言われた」(これは事実に反していた)。

三年後、出版業を営むアルフレッド・クノップフの妻ブランチ・クノップフは、英訳した縮約版の『第二の性』を携えて大西洋を渡り、アメリカに持ち帰った。そしていつしか全米で大学のカリキュラムの主軸となった。

私の場合、『第二の性』は思いがけない時期に人生に現れた。私はバーナード・カレッジに編入したばかりだった。転校を決めたのはニューヨークの街に惹かれたからでもあるが、厳密にはリベラルアーツを教える女子大で学びたかったからだ。当時でさえ、どうしてそんな憧れを抱いたのか自分でも不思議だった。フェミニズムについての考えをはっきり口にしてバーナードに引き寄せられてきた周囲の女性たちと違い、私が育ったのはことさらジェンダーを意識させられる家庭ではなかった。私はある友人のことを覚えている。彼女は四年生のときにすでにコロンビア大学大学院の国際関係・行政学部短期履修課程への入学を認められていた。彼女が春休みに家に帰ると、父親は娘が数々の業績を報告しても聞き流し、代わりに、あまり体重を増やさないようにしないともらい手がなくなるぞと忠告したそうだ——そのとき彼女の父親はテレビの前の安楽椅子にだらしなく座り、妻が作った夕食をフォークで口に運んでいたと言う。友人はその話を詳しく語りながら拳を握りしめ、紛れもない悔しさが顔をよぎった。その話を聞きながら、私は彼女のためにいささか複雑な怒りを覚えた。というのは、彼女の怒りは私の怒りではなかったからだ。私の経験はどちらかと言うと正反対だった――うちは夕食をつくるのも、容姿にこだわるなと教えるのも、学校でよい成績をとるように説教するのも、いつも父だった。

私は一貫して「何をしても構わない」という環境で育てられてきた。父は医学部卒業間近、母は博士課程で学んでいるときに私が生まれ、三人はサンディエゴにある大学院生用の住宅に住んでいた。一九七〇年代初期で、両親はともに二十五歳、まだ若く、六〇年代のカウンターカルチャーの考えに適度に浸っていた。私が覚えているかぎり、女の子であることは髪と目が茶色いのと同じで、特徴のひとつにすぎなかった。うちで語り継がれている伝説によれば、一度、私が三つか四つのとき、誰がいちばん遠くまでおしっこを飛ばせるかを決めるための近所の男の子たちの競争に、私も参加すると言って聞かなかったそうだ。私はその競争に負けたかもしれないが、聞くところによれば私の負けん気はたいしたものだったと言う。毎日午後にはほかの子供たちと近所を駆け回り、木登りをし、土を掘ってミミズを見つけてはポケットに入れて家に持ち帰り、洗濯しようとポケットをひっくり返した両親をうんざりさせた。週末には父に頼まれて、父が古い黄色のフォルクスワーゲンを修理するときに工具を手渡す役目を引き受けたり、父とトランプ用テーブルを出してきて、その上で飛行機のプラモデルを一緒に組み立てたりした。母はお決まりのアジア式のやり方で学校の成績に厳しい基準を設け、ゲームやパズルで母に勝てるか、たびたび挑戦してきた。私が見るかぎり、両親は家でも外でも平等だった――何しろ、私は母の研究室で過ごしたのと同じくらいの時間を、父の研究室でも過ごしたのだ。

母がジェンダーを口実に使うことはまずなかった。おそらく男性優位の分野での成功を目指していたからだろう。自分が女として注目されすぎることを好まなかった。もちろん母はフェミニストとは名乗らなかった。むしろ、父のほうがフェミニストと呼べるかもしれない。父は私が思春期を迎えるやいなや、文化的なすりこみから私を守るためにひとりで悪戦苦闘した。八年生のときにうちでパジャマパーティをしたとき、友達がR指定されたティーン向けの下品なコメディ映画『ポーキーズ』のビデオを持ってきた。私たちがテレビの前に座ってキャーキャー騒ぎながら見ていると、父がどかどかと部屋に入ってきて、ビデオデッキからテープを抜き取り、話があると言って私を上の階に呼んだ。父は居間のソファに私を座らせ、その映画は女性を対象化していると言い――父は実際に対象化という言葉を使った――、私が自分にもっと敬意を持たないのはがっかりだと言った。私は悔しくて、話を聞いているあいだネイルを塗ったばかりの裸足のつま先を見おろしていた。

その後、私が一〇年生になって微積分で苦労したとき、父は『数学の不安に打ち勝つ』だの『女の子だって数学はできる!』だのといった本を家に持って帰ってきた。

「パパ」と、私はあきれ顔で言った。「クラスで成績優秀なのはだいたい女子なんだよ」

父は「男の子のことで気を散らすな。勉強に集中しなさい」とも言った。

私は大学に入って女性学の授業を受けるまで、制約になりかねない要素として性やジェンダーを考えたことがなかった。そのときの授業の影響は啓示的だった――クラスメートの多くにとってのように、すでに知っていることを教材が語っていたからではなく、私が知らなかったことに光を当ててくれたからだ。女性の人生にスポットライトを当てることがそっくり、私には目新しかった。両親が離婚した十三歳のときから、私は父と暮らしてきた。家には女性としての経験を通じて相談できる母も姉もおらず、私は実質、男の世界に存在していて、そのことは、ドライヤーの使い方や化粧の仕方を知らないことよりももっと深い形で、私の自己の概念に影響を及ぼした。私が家を出て、はじめていくらか自立を味わったとき、自分の性とふたたびつながる必要性が高まるのを感じた――女性であるとはどういうことかを見極め、自我と女性像のなんらかのバランスをとるためだ。自分が女性であることに無頓着に何年も過ごしたあとで、女性であることは結局自分にとってそれほど無関係ではないかもしれないという感覚がにわかに生じた。ボーヴォワールが『第二の性』を書いた理由として述べているように、私も「自分に向かって自分のことを説明」したかった。

ボーヴォワールは最初から始めることで、この仕事に取りかかる。「女性とは何か?」という問いから始め、答えを探して歴史学、生物学、文学、哲学の文献を精選し、じつに幅広い資料を取りあげている。「女性は女性に生まれるのではなく、女性になるのだ」という、基本的であると同時に急進的な考えは、性についての私たちの考えを根本から変えた。女性になるというこの過程は結果を伴わずに起こることはないと、ボーヴォワールは説明する。それは内面に隙間と亀裂を生み、女性の自己と、この別の存在、すなわちつくられた永遠の女性――神に追放され、身を委ねることを強いられたイヴ――とのあいだの、内なる葛藤へと個々の女性を追いやるのだ。

ボーヴォワールによれば、女性は「男性との関係で定義され、差別化される。男性が女性との関係で定義されるのではない。女性は副次的であり、必須の存在ではなく、いてもいなくても構わない存在である。男性は主体であり、絶対である——女性はそれ以外のものである」

人間としての男性の役割は男性としての彼の運命に合致しており、彼は女性のように自己の分裂に苦しむことはない。

ボーヴォワールは手強く辛辣で鋭い——知的才能をむき出しにすることも、必要なときに相手に食ってかかることも厭(いと)わなかった。私はジョンとシルヴィアが帰ってくる前の残り少ないひとりの時間にこの本を読んで、またしてもボーヴォワールに対する尊敬の念が湧いた。

＊＊＊

そしてひとりの時間は終わった。それから数日後、新しい教室——狭くて風通しの悪い部屋——に座っていると、『第二の性』が目の前のテーブルに落ちてきて、私ははっとして注意を向けた。続いてフォルダーとノートが落ちてきた。L教授が慌ただしくトートバッグの中身をあけたのだ。T教授の落ち着き払った態度とは対照的に、L教授は張り詰めていて動的だ。L教授は幼児をふたり育てている母親の、見るからに疲れ切った空気を醸していたが、実際に幼児をふたり育てていた。授業が始まってまもなく教授が余談としてその情報を明かしたとき、私はがっかりして体のどこかが引きつった。L教授の境遇はなじみがありすぎた——私や知り合いのママたちの境遇とそっくりだった。

「食べて」と、L教授はプレッツェルの袋を渡して命じた。その袋を学生たちは律儀に回した。「おやつ当番を決めないといけないわね。授業時間が長いからおなかが空くでしょう。だから名前を書く紙を回します。交替でお菓子を持ってくることにしましょう」。教授はテーブルに紙を一枚滑らせて隣にいる学生に渡した。「健康によいお菓子がいいわ。できればクッキーは持ってこないで」

席の順に簡単な自己紹介をしたあとで、L教授は討論に移った。

「フェミニズムをどう定義するかをちょっと考えてみて」と教授は促した。「今、フェミニストであるとはどういうことか、そしてフェミニズム運動の中心はどこにあるのか、それともフェミニズムのサブカルチャーがいくつもあるだけなのか？」

しかし誰も勇気をふるって答えないうちに、L教授は話を続けて自分の質問に答えた。私はこのやり方に慣れるのに数カ月かかった。

「問題なのは、それぞれのサブカルチャーの関心事が特殊すぎて、一般の人々にとって意味がないことです。フェミニズムは理屈で頭がいっぱいの学者に乗っ取られ、難解な言葉で語られるせいで外から見えにくく、手が届きにくく、関連性が希薄になっています」

教授は大きく息を吸うと、大きな音を立ててプレッツェルを噛んだ。いやはや、この教授の話す速度は速かった。

「私はミネソタにいた頃、高校にあるマクドナルドで働いていました」とダーニが言った。「その店で働く従業員の九十八パーセントは女性でした。だけど私が自分はフェミニストだと言うと、みんな不思議そうに私を見るんです。こういう女性たちにこそフェミニズムは必要です。一方で、その店では男性がふたり働いていました。どちらもマネージャーでしたけど、まったくの飲んだくれでした。……」

「私のルームメートは自分は『フェミニスト』ではないとしょっちゅう言うけど、彼女は気取ってるだけ」とリーラが言った。「彼女はそういう気取り屋だけど『憎めない』んです」

「ああ、わかる」と、L教授は相づちを打った。

「それは言葉の意味の問題でしょう」とキャサリンが言った。「以前、ある授業をとったのですが、そこではどの学生も発言する前に『私はフェミニストだと思われたくないのですが……』と前置きするんです。結局、先生はひどく失望したようで、ある日黙って教室を出ていきました」

「ああ、それは私も経験があります」。L教授は首を横に振った。「でも、フェミニストが犯したいくつかの失敗を忘れないようにしましょう。あえてしばらく方向転換して、フェミニストに鞭を打つ危険を冒してでも問う必要があるのに、まだ投げかけていない問いはこうです。私たちはどうすれば固定観念と闘うことができるか？　どうすればより関連性を持たせることができるか？　どうすればフェミニストの失敗に注意を向けて、中流階級、とくに白人中流階級以外にも声を届けることができるのか？」

L教授はすかさず手を伸ばして、授業が始まるなりテーブルに落とした『第二の性』を拾いあげた。私は椅子の背にもたれ、両手で自分の本を持った。

「これから始めましょう」と教授は言って、本を振りかざした。「ボーヴォワールがここで言おうとしていることは何か？　彼女は何をしようとしているのか？　この味気ない学術的なテキストを誰に向けて書いたのか？」

L教授は、一秒でも早く手から離したいと言わんばかりに、本をまたテーブルの上に落とした。

味気ない？　シモーヌ・ド・ボーヴォワールが？

それから二時間のあいだに、私が知っているのとはかけ離れたボーヴォワールが姿を現した。このボーヴォワールは女性に対して偉そうに振る舞い、女性への反感をにじませ、嫌悪さえ見せる。彼女は「自分を男性と同一視」しすぎていて、あまりにとげとげしく、もっと悪いことに偽善的だ。レズビアンは倒錯でも運命の呪いでもないと擁護するが、自身のレズビアンの関係を認めようとしない。それに彼女はなぜテキストから自分の話をすっかり省くのか？　中立の知識人という立場に立つことで自分が女性であることを否定し、自分を切り離しているのではないか？　知識をひけらかし、恵まれた立場から尊大な態度で書き、たとえば黒人女性と白人女性の経験することは違うと認めずに、女性という言葉をおおざっぱに使いまくっている。彼女が女性を奴隷やユダヤ人と比較しているのはまったく腹立たしい。それに、女性性を全力で正面攻撃するだけでは生ぬるいとでも言うように、女性は共謀して服従していると非難しておきながら、自分はサルトルとの関係で目立たない立場に甘んじている。要するに、ボーヴォワールは女性が女性であることを求めていないのだ、と。私はすっかり混乱して、ちょっと待ってよ、と思った。

残り時間が少なくなると、L教授は穏やかになった。

「いいですか、つまりこの本は退屈で、片寄っていて、ところどころ気に食わないところがあるとしても、概念を組み立てるうえで重要だったことを思い出さないといけないでしょう」

私は教授の口調に思い当たった。自動的に出た言葉だ――私も考えごとをしながら話すと、そんなふうにうわの空の調子になる。たとえば一日のうち気力が衰える時間帯に、片づけないといけない山のような用事のことを考えているときとか。

「ボーヴォワールはつくられたものというジェンダーの性質を強調しました」と、L教授は壁の時計を見ながら続けた。「彼女自身の人生は女性性という前提から離れていくプロセスでした。彼女は実存主義者であり、社会変革の主体として個人を見ていたのです」

「私にはそこのところがわかりません――いったいどうやって？」とカレンが聞いた。「私はどうすれば社会変革の主体になれるのでしょうか？」

L教授はわれを忘れた状態から一瞬、現実に引き戻されたかのように瞬きし、そのあと答えはわかり切っているとでも言うようにカレンを見た。

「まわりを見て『これは私じゃない。こんなのくだらない』と言うことはできます」

見ていると、私の隣の女性はその言葉――これは私じゃない。こんなのくだらない――を紙の余白に走り書きして、下線を引いた。二本も。

＊　＊　＊

教室でのボーヴォワールに対する攻撃――冷淡で、非難してばかりで、知的すぎる――に私は混乱し、調子が狂った。それにいささか不公平だと思った。私はハリウッドで台本作家をしている友人のクリステンと何度も交わした会話を思い出した。彼女の作品に登場する女性はほぼ全員「好感が持てて」「つきあいやすい」タイプでなければならないために制約があり、それが大きな不満のひとつだと言う。まさに綱渡りだ。女性の登場人物は賢くないといけないが、相手が自信をなくしてはいけないし、色っぽくなければならないがふしだらでなく、面白くなければならないがかわいらしさを失ってはいけない。複雑な人物が登場する余地はない。怒りを表に出す女性も、デートとダイエットと買い物以外のことに興味を持つ女性もだめ。クリステンは豊かな巻き毛を振り乱し、私はたまに毒づきながら、このような事態を幾度嘆いたことか。私たちも私たちなりにこのマントラ――「これは私じゃない。こんなのくだらない」――を再三唱えたが、言うは易くおこなうは難しという場合もある。

好感度をあげるための綱渡りは、けっして映画の登場人物の創作に限った話ではない。現実の世界に生きる女性もたびたび同じような条件で縛られる。学校では「ガールパワー」や平等主義の話をしても、女性が一旦キャンパスの囲いの外に出て仕事や恋愛の恐ろしい世界に入ると、交戦規則が変わり、女性にとって不幸な結果が待っていることにしばしば気づく。多くの女性が「困った」罠にはまり、彼女たちの成績は見過ごされて、出世の階段で追い越されていくことに気づくのだ。大学を卒業後一年目にしてすでに男性が稼ぐ週給は女性の同僚の二割増しである。少なくともその理由のひとつは男性のほうが遠慮なく昇給を求めることが多いからだ。男性は「自分の価値を知っている」と言われる。しかし文化として、私たちは一般に欲しいものを要求する強い女性をあざけり、そういう女性を現代のメアリ・ウルストンクラフトとして――男っぽく、とりすましていて、横柄だと――描く。実際、ナオミ・ウルフが指摘したように、メアリ・ウルストンクラフトとヒラリー・クリントンは時代が違うにもかかわらず、彼女たちを中傷するのにあきれるほど似通った描写が使われた。時代を越えて、また私たちがどれほど社会的進歩を遂げようと、強い女性をけなす言葉は腹が立つほど予想どおりだ。「フェミニストのテキスト講座」の学生たち――ちなみに全員女性――は、ボーヴォワールが十分に女らしくないことや知的すぎることを、本気で非難したのだろうか?

「なるほど、あなたには休みが必要のようね」。私がたっぷり不満を聞かせたあとでジェニーが言った。「シルヴィアを寝かせてから出ていらっしゃいよ。映画でも見に行きましょう、何か面白くて頭が疲れないのを」

私たちはジェニファー・アニストン主演の『ハニーVS.ダーリン　2年目の駆け引き』という映画を見た。アニストンは当時、実生活でつきあっていたヴィンス・ヴォーンと共演している。この映画を選んだのは失敗だった。恋愛関係の終わりを描いたたいたって退屈な作品で、私の中に暴力的な反応としか呼べない感情が湧いた。映画の前提はこうだ。カップルが別れたあと、ふたりが暮らしていたシカゴのしゃれたアパートから、ありとあらゆる手を使って互いに相手を追い出そうとする。ただしアニストンが演じるブルックは、本当はヴォーンが演じるゲリーとよりを戻したがっている――ここで、私はこの映画への興味を失った。その理由がどうしても理解できなかったから。理解できなかったのはおそらく、ゲリーがそのアパートにストリッパーを呼んで、半裸の女性が目の前で腰を振るのを彼がいやらしい目つきで眺めているところを、わざとブルックに見せようとする場面か、それともブルックがゲリーを欲情させようとして、ビキニワックスで脱毛したあと裸で居間を練り歩く場面だ——好きなほうを選んでほしい。理由はともかく、私はスクリーンに向かってごたくを並べずにいられなくなり、映画が終わるまで構釈しつづけ、そのたびジェニーに肘で腕を突かれた。唯一の救いは最後までふたりが仲直りしなかったことだ。

アニストンが扮する順調に人生を歩んでいる画廊勤めの美女が、太めで怠け者で不潔で思いやりがなく、ビデオゲームばかりしていて、ビールをのんだくれている男と別れたせいで苦境に陥るとは、いったいどういうめちゃくちゃな世界だ。そもそもの設定がおかしくないか？　しかしそのあとで突然、似たようなカップルがあちこちで目についた——映画で、テレビで、もちろん実生活でも——魅力的でよくできた女性が、さえない男を振り向かせよう、あるいは自分のもとにつなぎとめておこうとしてがむしゃらにがんばっている。まるで、どんな男であれ捕まえることができて運がよかった、とでも言わんばかりだ。

「いったいどうなってるの？」。私は妹のキャロラインに聞いた。彼女は二十二歳で、今どきのデート事情には私よりずっと詳しい。

「さあね」とキャロラインはため息をついた。「でも、実際そのとおり。友達の中にも、とりえはないし、優しくもない男とつきあってる、すてきな女性はいる」

「ねえ、基準を下げちゃだめよ。優しくない男とは別れなさい。その人の行動を正当化するのもだめ。容赦無用！」

後日、ある友人が電話してきて新しい相手との恋愛の悩みを語ったとき、私は彼女に対して「容赦無用」というスローガンが通用するか試してみた。彼女は何人か続けてろくでもない男とつきあったあと、ネットのデートサイトでようやく本気で好きになれる人と出会った。つきあい始めて二カ月が過ぎ、一緒に暮らす話もすでに出ていた。ところが屋外のカフェでワインのグラスを傾けながら、友人は彼と別れることになりそうだと打ち明けた。

「どうして?」と私は心底驚いて尋ねた。彼は問題のあるティーンエイジャーを教える教師で、ギターの腕もプロ顔負けだと言う。夢のような相手だと私は思っていた。

友人は泣きそうな顔になった。

「彼のコンピュータを使わせてもらっていて、彼がデートサイトのプロフィールを消してないのを見つけたの。私は何週間も前に自分のを消したのに」。彼女はざらざらした涙声で言った。「それに、クレイグスリストにセックスフレンド募集の広告も出していて」

「なんと、それは困ったわね」

「それはいいんだけどぉ……」

「どういうこと?」

「面と向かって文句を言ったら、彼、すごく慌てて、すぐにプロフィールを消したの……それでうんざりしちゃって。彼に嫌な思いをさせた自分に」

「だめよ」と、私は首を振りながら言った。「そんなふうに考えないで。悪いのは向こうじゃない」

「わかってる。もう、会わないつもり」。彼女はワインをひと口のんで、ため息をついた。「あなたはいいわね、デートの心配をしなくていいんだから」

私はどう答えればよいかわからず、紙ナプキンをいじっていた。彼女は結婚したいし、子供も欲しがっている。何年か前からたびたびそのことが話題にのぼった。彼女はすでに過ぎ去った年月に気をもんでいた。いつまでも子供を生めるわけではないから。

「ねえ、あなたにはもっといい相手がふさわしいし、きっと見つかるわよ」

「もう、会わない」と、彼女はさっきよりきっぱりと繰り返した。でも、声に失望がにじんでいた。そして、本当にその男と別れた。しかし諦めきれずにあのあと数回、会っていたと、あとで打ち明けた。愛の可能性は友人の善意さえ無にするのだ。

＊　＊　＊

恋する女性の行動の動機については無数のページが費やされてきた。恋は気まぐれで、鍵と鍵穴のようにぴったりはまっていたかと思うと、殺人犯と被害者の関係に変わることもある。『第二の性』でボーヴォワールは、女性が恋愛上手になるように訓練する社会の条件づけに注目している。「男性は競い合って、恋愛は女性の最高の得意技であると公言してきた」と彼女は書く。ニーチェは、恋愛は女性をいっそう女らしくすると語った。バルザックはさらに踏みこんで、「男が人生に求めるのは名声であり、女が人生に求めるのは愛である。女は自分の人生を生涯捧げてはじめて男と対等になる。なぜなら男の人生は生涯活動することだからである」と主張した。ボーヴォワールは大胆にもこれに逆らって肩を怒らせ、こう言い放つ。

「いつの日か、女性が弱さゆえではなく強さゆえに、自分から自由になるためではなく自分を見つけるために、そして自分を卑下するためでなく自分の権利を主張するために愛することが可能になれば、その日、愛は男にとってと同じく女にとっても、命にかかわる危険の源でなく、生命の源となるだろう」

ボーヴォワールの言葉には勇気づけられる。だが、何が強さで何が弱さかは情が絡むとややこしくなることがある。

ボーヴォワール自身はサルトルとの関係を糾弾されてきており、彼らの関係はフェミニズム側の悩みの種だった。しかしながら私にとって、このふたりは歴史上、最高に魅力的なカップルに数えられる。彼らは結婚の義務を越えた絆で結ばれていた。ふたりが交わした契約に対する批判に動じることなく愛し合った。私のような「離婚世代」にとって、これはかなり重要な点に思える。彼らはパリの墓地で一緒に眠っているだけでなく、ふたりの名前は今も人々の頭の中で結びついている。

私はボーヴォワールとサルトルの関係をもっと知りたかったので、ヘイゼル・ローリーがふたりの関係を書いた伝記『差し向かい』を手にとった。ローリーは小説家の目で細部を捉え、一九二九年のパリで学生だったふたりが出会うところから、愛の物語を語り始める。ボーヴォワールはしゃがれ声で、恐ろしくずけずけとものを言う、ソルボンヌ大学に通う二十一歳の学生だった。サルトルは背が低く、あばたのある二十四歳の学生で、文字どおりにも比喩的にも目がきょろきょろと動き回り、ぱっとしない風采を、人を魅了する個性によってどうやら埋め合わせていたようだ。一緒にいると美女と野獣だった。ふたりともフランスで教職につくために必要な厳しい試験アグレガシオンに備えて勉強していた――サルトルは前年の夏に不合格となり、二度目の受験、ボーヴォワールは最初の受験だった。

ドイツの哲学者ライプニッツについての授業でボーヴォワールの発言に好奇心をそそられたサルトルは、この上品で利発なブロンドの女性と会おうと決意した。ボーヴォワールは少なくとも最初のうち、サルトルの友人で目鼻立ちの整ったルネ・マウに興味を持ったが、結局は気迫と創意と才覚とでサルトルが彼女の心を掴んだ。ふたりはバーやカフェで夜ふけまで語り合い、そのかたわら口頭試問に向けた勉強もして、まもなく離れられなくなった。知的な面でふたりは対等だったが、おそらくボーヴォワールのほうがやや優っていた。アグレガシオンでサルトルはかろうじて一番の得点をとり、ボーヴォワールは二点差で二番だった。ボーヴォワールは哲学をほんの三年しか学んでいなかったことを考えると、かなり立派な得点だ。一方、サルトルはより厳しいプログラムですでに七年勉強していたうえに、二度目の受験だった。後日、審査員は討議と熟慮を重ねた末にボーヴォワールではなくサルトルを一番と判定したことを明らかにした。最終的にサルトルが選ばれたのは、男のほうが一番の栄誉にふさわしいとみなされたからだ。少なくともこの件に関して、ボーヴォワールは確かに第二の性だった。

試験が終わったあとの夏休みに、ボーヴォワールが家族の休暇旅行で田舎にいるあいだにサルトルが訪ねていき、ふたりは草の上に並んで寝転んで怠惰な午後を過ごし、将来のこと――いつか出会うであろうわくわくする経験や、これから書く本のこと――に思いを馳せた。彼らは九時から五時までの仕事にも、結婚や子供といった社会的拘束にも縛られずに生きると誓った。いかに困難で恐ろしくとも自由を受け入れて、自分たちの将来に責任を持つつもりだった。この信念――人生にはあらかじめ決められた目的も意味もなく、われわれの現実はもっぱら各自の選択によってつくられる――は実存主義の理論の基礎となった。実存主義とは「実存は本質に先立つ」という原理を中心に据える哲学の一派であり、サルトルはこの理論で最もよく知られる。

サルトルは自由についての持論をボーヴォワールとの関係にも当てはめた。彼は、自分たちは「本質的」な愛を共有する「似たもの同士」だと信じていたが、一夫一婦制に留まるつもりはなく、ボーヴォワールにはっきりそう告げた。サルトルは他者との「偶然」の関係における成長と快楽の可能性を経験しつづけること――彼は自分以外の愛人を持つことをボーヴォワールにも当然期待した――、それでいて、互いの親密な関係をつねに最優先させることを提案した。彼らはあらゆる秘密、あらゆる考え、あらゆる不安をすべて打ち明け合うことを約束しなければならなかった。そういう取り決めだった。ふたりはその約束を終生ほぼ守りとおした。

ボーヴォワールの死後、一九九〇年に彼女がサルトルに宛てた手紙がすべて出版された。検閲や編集の手が入らないふたりのやりとりは、たいして楽しくもなさそうなポリアモリー〔合意のうえで複数の相手と恋愛すること〕の契約の一面を明らかにしている。彼らはお互いの口説きの手口の打算的な性質について論じているだけでなく、詳細を逐一きちょうめんに記している。たまにふたりで愛人を共有することさえあった――たいていは惚れっぽい若い女性で、彼らはあとからその女性のことをしばしば容赦なく話題にした。

これらの手紙から浮かびあがってくるのは狭量で意地悪なボーヴォワールであり、書簡集が出版された結果、ボーヴォワールに抵抗のある人々は、彼女のこともサルトルとの関係のことも猛烈に攻撃した。二〇〇五年の『ニューヨーカー』誌に掲載された、あつかましくも「あなたの男を支持せよ」と題したエッセイで、文芸評論家のルイス・メナンドは、ローリーの『差し向かい』を批評した自分の文章を使って、ボーヴォワールがこのような外聞の悪い契約を結んだ動機についての意見を披露する。メナンドは、彼らの関係は「対等な男女の協力関係」だったとする説を退けたあと、実際はボーヴォワールがすべてを仕切っていた可能性を手短に検討し、その説も退ける。結局、最後の説——彼らの関係はボーヴォワールが愛する男の女遊びをしぶしぶ認めた「伝統的な性差別主義の契約」だった——が優位に立つ。

「ボーヴォワールは手強かったが、氷でできていたわけではない」とメナンドは締め括る。「ボーヴォワールの情事は、たいていは愛のある情事だったが、もしもサルトルを独り占めできたならすべて放棄したであろうことが、彼女がしたためたほぼすべてのページから明らかである」

私と同様、ローリーはメナンドの結論に腹を立て、印刷物で直接反論した。

「ボーヴォワールは強い女性であり、勇気ある素晴らしい選択をした」とローリーは書く。「彼女がサルトルの影で生きていたとは思わない……いささかも思わない。メナンドの態度こそ人を見下していて性差別的だ」

私のボーヴォワールはローリーの本でいくらか名誉を回復する。ローリーが指摘するように、ボーヴォワールを従来の基準で判断することは、彼女の人生を形づくった実存主義の土台をまるきり無視することになる。ボーヴォワールは、人の幸運とは幸福であることではなく自由であることだとみなした。サルトルとボーヴォワールは一夫一婦制の結婚という目標に導かれたことはなく、愛とセックスという感情の渦に抗って自分たちの自由を保とうとあがいたのだ。

ボーヴォワール自身が語っていることだが、彼女はときどき無性にサルトルに会いたくなり、絶望の底に沈んだ。当然、サルトルの愛人に対して怒りが湧き、嫉妬した。メナンドらが主張するように、おそらくサルトルを独占したくなった瞬間にはそういう感情が生じたことだろう。しかし彼女もやはりほかの男性に、そしておそらく女性に対しても情熱を——ときには愛さえも——感じたことを、私たちは知っている。何より彼女は、孤独という代償を払ってでも自分が信じる哲学の原理に従って人生を生きようとしたことを、私たちは知っている。

「どれほど『乾ききった世界』を私は歩いているのか」とボーヴォワールは日記に綴る。「あまりに乾いていて、唯一のオアシスは自分自身に対してたまに湧いてくる敬意だけだ」

とすると、ボーヴォワールが本気で求めていたのはサルトルの性的な献身だけであり、彼女はサルトルの指示に従って生きていただけだと主張することこそ性差別だ。

それどころか、私が思うに、ボーヴォワールは彼女の経験の痛みと快楽に関心を向けて、執筆に欠かせない創造力を得ていたのだ。書く仕事は実際、サルトルに出会う前の彼女の初恋の相手だった。おそらく、ボーヴォワールが交わした本当の契約はこれであって、彼女はその契約を自分自身と交わしたのだ。

＊＊＊

私はかつてのような夢見がちな読者ではないが、いまだにボーヴォワールを敬愛していた。授業でこっぴどく酷評されたあとでも、彼女を見捨てる気にはなれなかった。ある日の授業のあと、私はアムステルダムアヴェニューにある〈ハンガリアン・ペイストリー・ショップ〉に寄った。学生時代の行きつけの店で、煙草をふかし、おかわり無料のコーヒーをのみながら、午後の時間を幾度となく過ごした。カフェはあれからほとんど変わっていなかった。同じアンティークの突き出し燭台型の照明が壁に点在し、長細い店内にほのかな黄色い光を投じている。むさ苦しい身なりの学生たちが木のテーブルに陣取ってノートパソコンを見詰め、積みあげた本に囲まれていた。目にしみる煙草の煙だけが、市の禁煙条例のおかげで消えて久しい。

それを見てまたしても胸が傷んだ。私はニューヨークに戻って以来、隣にいる娘のおしゃべりを聞きながら通りを歩いていて、昔、友人が住んでいた古いアパートの建物を偶然目にしたり、お気に入りのレストランが営業していた建物のがらんとした店先をかいま見たりすると、たちまち記憶に通じる窓が開いて、現在の生活に過去がちらりと顔をのぞかせた。ふと、ボーヴォワールに対する私の最近の病的な執着は、彼女とではなく、むしろ私と関係があるのだろうか、私は過去と現在のあいだで分裂した自分を解明しようとしているのだろうか、と考えた。

「ステファニーさん？」と呼ばれて、私は現実に引き戻された。見あげると、若いウェイトレスが向こうに見えた。がりがりに痩せていて、着古してすり切れそうなTシャツを着ている。手を振ると、彼女は私の頼んだカプチーノを片手に、クロワッサンをもう一方の手に持ってバランスをとりながら、おそるおそる運んできた。

　私は糖分補給を終えて、ボーヴォワールが結婚および母親業についてどんな意見を語ろうとそのまま受け入れるつもりで身構え、『第二の性』の関連する章を開いた。これらの章はなぜか授業で課題に指定されなかった。期待したとおり、ボーヴォワールはなんの感傷も交えずに、このふたつの制度に近づいていった。

「疑いなく、結婚は［男性にとって］ある種の物質的、性的な便宜を提供することがある。結婚は個人を孤独から解放し、男性に家庭と子供を与えることによって、彼を空間と時間の中に確実に落ち着かせる。結婚は男性の存在を決定的に完成させる」と彼女は書く。

　男性にとって、結婚は目的を達成するための手段である。しかし女性の場合、結婚そのものが運命の頂点とみなされる。結婚は経済的保険、楽な避難場所、金曜の夜のいつも決まったデートの相手を与えてくれるかもしれないが、結局たいていの結婚はふたりの孤独な人間が不幸に閉じこめられて終わると、ボーヴォワールは結論づける。

「来る夜も来る夜も、漫然としたくだらないおしゃべり、空虚な沈黙、新聞を読みながらのあくびのあと、決まった就寝時間に床につくのだ！」

　結婚は、死がふたりを分かつまでひとりの伴侶への献身を約束するもので、実存主義者にとっては隠れた罠にほかならない。

「私にとって、選択とはすでになされたものではなく、つねに今なされつつあるものだ」とボーヴォワールは語る。「決定的な選択が怖いのは、今日の自分だけでなく明日の自分をも巻きこむことだ。だからこそ結婚は基本的に不道徳なのだ」

母親業についてもボーヴォワールは似たような評価を下す。女性という言葉が本質的に定義されないかぎり、あるいはついでに言えば、男性という言葉も決定的に定義されないかぎり、生まれつきの母親というものは存在し得ない。子供を持つことは自分で選んだ務めであり、生理学的な運命でも特別扱いされる偉業でもないと、彼女は考える。

「確かに子育ては正当に打ちこむことのできる仕事だが、ほかのあらゆる仕事と同じくらい子供は都合のいい正当化の象徴にすぎない。それに子供は将来もたらされるかもしれない仮定の利益のためでなく、子供自身のために望まれなければならない」

私はこの見解についてしばらく考えこんだ。彼女の言葉は現代の大衆文化を詳細に予見しているように思われる。雑誌の見出しはひっきりなしにセレブママや「母になって私の人生はどう変わったか」といった記事を告知する――しかし変わったのは彼女の人生だけらしく、それと同じくらいの数の見出しが、その母親がどのようにして産後数週間でビキニを着られる体型に戻したかについての記事に費やされる。少なくともこうした雑誌に関しては、赤ん坊は最新のファッションアイテムとなったようだ。ところが、ボーヴォワールにとって母親業は、母親とはまったく無関係であるべきものだった。

「子供を持つことは厳かな義務の遂行である。母親があとからこの義務を怠れば、ひとつの存在、ひとりの自立した人間に対する非礼を働くことになる」

私は窓の外を見詰めた。窓に映る人影と店内の照明のせいで、ガラスにまだら模様ができていた。私はボーヴォワールと同じ環境に身を置いて――暗いカフェでひとり本に没頭し――、ボーヴォワールの鋭いまなざしで自分の人生を検証してみた。私は出かけなかった旅行や、それきりになった一時の戯れ、体験することのなかった冒険を検証した。私の人生で、人に求められた多くの時間、夕食をつくり、膝にキスをし、額をなで、耳の後ろを石鹸で洗い、犬を散歩に連れていき、皿を洗った夜を検証した。読んでいる途中で妨げられた小説、行きそびれた展覧会、眠れなかった夜、けんか、苛立ち、洗濯、誕生会、あれこれ気をもんで過ごした時間を検証した。家庭生活の責任によって強いられるこうした制約はけっして目新しくはないが、機会を逸した痛みはそのときひときわ鋭く、打ち消しがたいと感じられた。

そろそろ帰る時間だ。私は荷物を鞄に入れ、ウェイトレスへのチップを多めに置いて、アッパーウェストサイドから地下鉄でブルックリンに戻り、幼稚園にシルヴィアを迎えに行った。娘は私を見るなり声をあげ、両腕に飛びこんできた。娘の小さい腕を首に巻きつけたままアスファルトの道路に膝をつき、私はボーヴォワールが象徴する自由に感謝する――おそらくこれからもずっと感謝しつづけるだろう――一方で、彼女が気づかなかった別の側面があることに気づいた。ボーヴォワールは結婚について、またある程度は母になることについても、女性の未来の自分を待ち受ける運命であり、取り消せない選択と見ていたが、同時に私たちが誰で、その役割をどう演じるかを定義しつづける、膨大な数にのぼるかもしれない細々とした選択を包括する傘としての役割も果たす可能性がある。

娘の小さい手を握って家に向かいながら、この発見が急に解き放たれて自由になるのを体感した。母になったことが私を変えたという表現は正確とは言い切れなかった。むしろ母になったことはつねに私を変え、私に挑戦しつづけていた。作家のレイチェル・カスクは『一生の仕事』で母になった経験を回想しており、子供を生んだあと、子供たちと一緒にいるときは普段の自分でいられなかったが、子供がいないときも普段の自分ではいられなかったと書いている。母親として、私たちはこの分裂の中で生きることを学ぶのだ。

女らしさの神話

『第二の性』で始まった「フェミニストのテキスト講座」の後半は、女性にとって急速に変化する世界への扉を開いた。第二次世界大戦前のフェミニストの関心を引いた問題の大半、たとえば教育や選挙への参加は実現した。ふたりの女性作家——ヴァージニア・ウルフとシモーヌ・ド・ボーヴォワール——は男性優位の西洋の規範の中に力ずくで入っていった。それでも変わらなかったものがある。ことあるごとに現在の私たちを巻きこみつづけるかつてと同じ問題の反響が、まるで音響室に閉じこめられたかのように響いている。それとも時間軸が歪んだのだろうか。

たとえば『第二の性』で、ボーヴォワールはフェミニストとアンチフェミニストの論争についてつぎのように強調する。
「アンチフェミニストは、現代の解放された女性はこの世界で有意義なことを何ひとつしないことに成功していると断言し、さらに彼女たちは自身の心の安定を保つことに難儀しているとも主張する。一方、フェミニストは専門職の女性が達成した成果を誇張し、自分たちの混乱した状態に目が向かなくなっている。実のところ、フェミニストが間違った道を進んでいると主張するだけの十分な根拠はない。それでも、彼女たちが新しい領域に穏やかに落ち着いたのでないことは確かだ。今はまだ道半ばなのだ」

私はこの箇所を読み、同意してうなずいた。だがやがて、私の首の動きは遅くなり、止まり、最後に横に傾いた。ちょっと待って。ボーヴォワールがこれを書いたのは一九四九年で、郊外のスプロール現象やウッドストック・フェスティバル〔五〇万人を集めた一九六九年のロックコンサート〕、公民権運動、フェミニズム第二波および第三波より前だ……。彼女は私の曾祖母とほぼ同じ時代の人なのだ。

授業がベティ・フリーダンの『新しい女性の創造』〔原題を直訳すると「女らしさの神話」〕に入った日にL教授がよく似た勘違いをしたとき、私は幾分気が楽になった。この本は廉価版ペーパーバックのベストセラーで、一九六三年に出版されて全米の大勢の主婦の心に訴えた――また、私が「フェミニストのテキスト講座」をもう一度受けたいと思うきっかけとなった本でもある。
「教えてほしいんだけど」と、L教授は学生たちに聞いた。「あなたたちのお母さんはこの本を読んでるのかな?」

「私の祖母は読んでます」とルーシーが真っ先に答えた。「母の若い頃にはすでにかなり時代遅れだったはずです」

Ｌ教授は首を振った。

「まったく、そのとおりだわ。あなたたちは本当に若いのね。では、この本に共感した人はいますか、それともみんなも時代遅れだと思った？」

「私は怖いくらい今に通じると思いました」とマンディが言った。

彼女は専業主婦の母親に育てられた五人きょうだいの長女だ。ほんの気まぐれでこの講座に登録したと白状し、強い好奇心を見せて資料に取り組み、いささかの自意識も交えずに質問した。

「つまり、私たちもフリーダンが語ったのと同じ主婦の理想像を描いているように思います——ただ、職業を持つように促す圧力が増しただけです」

「私の母はいつも父より働いていました」とルーシーが言った。「この本はすごく面白いと思いました。これまでこういう考え方に触れたことがなかったから」

「私が育った地域では事情が違いました」と、ネヴァダ州出身のキャサリンが言った。「女性は家庭に留まるべきだという重圧がありました」

彼女たちの意見を聞いていると、五〇年後の今、この新しい世代でさえ、平等な場に「穏やかに落ち着く」はずがないのは明らかだった。

おそらくこれまでのところ最も有名な「フェミニストのテキスト」である『新しい女性の創造』は、平和と安定の一九五〇年代の平穏な無風状態をかき乱し、つぎなるフェミニズムの波の到来を告げた。最初、フリーダンは「女性の団結」という見出しの記事を書くつもりでスミス・カレッジの同級生を一五年にわたり追跡調査した。そして続々と届くアンケートの回答から、気になる数の白人上流中産階級の女性――地位のある夫の妻であり「完璧」な子供の母親――が、まったく「団結」などしておらず、実際はある種の絶望によって不安に陥っていることを知った。自身も郊外に住む主婦だったフリーダンは新聞記者の勘で手応えを感じ、そのあと調査に五年を費やして『新しい女性の創造』を書きあげた。その間、週二日ずつベビーシッターを雇い、三人の子供を見てもらっている。

フリーダンの本はもうひとつの革命を起こすのにひと役買ったが、彼女の主張のほとんど――基本的に「女性も人間である」という主張の最新形――はすでに語られてきたものだった。彼女以前のメアリ・ウルストンクラフト、シャーロット・パーキンス・ギルマン、シモーヌ・ド・ボーヴォワールの考えを土台に、フリーダンは、主婦の理想像ならびにほかの女らしさの月並みなイメージをきっぱりと拒絶するよう女性たちを励ました。しかし彼女は女性のアイデンティティの問題を先輩たちとは違うやり方で組み立てた。ボーヴォワールはニーチェ、ヘーゲル、スタンダールといった作家や思想家の著作を検証したが、フリーダンはより近づきやすい情報源に頼り、ペンとノートを持って郊外の街に出ていき、数多くの生身の主婦に話を聞いた。フリーダンは大衆文化、企業のマーケティング担当者、教育者、マスコミ――とくに女性誌――にも目を向け、それらがどのように結託して、アイデンティティがまだ確立されていない影響されやすい若い女性に、伝統的な女らしさの型を押しつけようとするかを調べた。ボーヴォワールは自分を理解するために歴史と哲学に目を向けたが、フリーダンは精神分析の記録にざっと目を通し、そこで明かされていることがらの一部を社会に広めて、できるだけ多くの女性が自分を理解できるように助けた。

フリーダンは、野心など女性をしなびたオールドミスに変える毒物だと「女らしさの神話」が納得させることで、女性を怖じ気づかせて職業を持たせないことに成功したのだと確信していた。「女らしさの神話」とは、女性は妻および母として女らしさを実現することでのみ本物の幸せを掴むことができるという文化的信念に対して、彼女が考案した用語である。逸話と実体験のいずれの証拠も、フリーダンの主張を裏づけているように思われた。

一九五〇年代半ばには女子大学生の六割が中途退学して結婚しており、フリーダンは級友——教養ある特権階級の女性——が結婚して子供を生むために、医師や芸術家になるという学生時代の夢を捨てて、女らしさの神話を信じるようになる姿を見てきた。しかし何年かのちに、それと同じ女性たちが郊外の家の清潔な台所にひとりで引きこもっていた。

「母親業は昔から神聖視されてきた仕事だが、それが完璧な生き方として定義されるとき、女性は自分に開かれた世界や未来をみずから否定しなければならないのか？」とフリーダンは問う。「それとも、そういう世界を否定することが、母になることを完璧な生き方と捉えるように女性に強いるのか？　神話と現実を分ける境界線は消える。現実の女性はそのイメージの中で分裂を体現しているのだ」

哲学的にではなく実際的に、フリーダンはこの内なる分裂を癒やそうとした。

「この問題を解決するための手っ取り早い答えを私が女性に示すのは間違っているだろう」と断り

つつも、この本はつぎの簡単な計画を勧める。女性は教育を受けたのちに仕事につく必要があり、そうすれば何ごともうまくいくだろう。女性自身がもっと幸せになり、その結果、夫も子供ももっと幸せになるはずだ。家事は減るだろう。というのは、女性がより高い目標に向かって専心すれば、家事を切り盛りすることにあまり気を配らなくなるからだ。もし気になるようなら代わりに掃除してくれる人を雇えばいい。

「実のところ、結婚生活および母親の仕事と、かつて『キャリア』と呼ばれた生涯にわたる個人的な目的を両立することは、女らしさの神話が暗示するほど難しくはない」とフリーダンは書く。「そこでは――女としての一生に関して――新しい人生の計画が必要となるだけのことだ」

フリーダンの診断と処方箋は女性たちの共感を得た。この本は三〇〇万部以上売れて、多くの女性が生き方を変えるきっかけとなった。フリーダン自身はその後、全米女性機構の創設メンバーとなり、一九六九年には夫と離婚し、郊外の街を出てニューヨークの高層ビルのアパートに移った。「私は統合失調症患者の生活を続けること、ほかの女性たちには荒野から抜け出すように指導しながら、私の自尊心を打ち砕いた結婚にしがみついていることができなかったのだ」と、フリーダンはこの本のエピローグで打ち明ける。

この本が出たのは五〇年近く前だが、女らしさの神話を破壊したあとの残響はいまだに感じられる。フリーダンの名を語らずに仕事と家庭の分裂が論じられることはまずない。つまり彼女の名前はたびたび耳にする。

それにもかかわらず、フリーダンが残した遺産は今も論争の渦中にある。『新しい女性の創造』

が出版されたあと何年かのうちに、彼女はしゃくに障り、傲慢で、同性愛を嫌悪しているという悪評が立った。フリーダンはごく限られた女性の集団——高い教育を受けた白人の上流中産階級——に向けてこの本を書いていながら、彼女の想定がすべての女性に当てはまらないかもしれないことを認めていないと批判された。

しかし、人種差別と階級差別という明らかな点を非難するほかに、教室の学生たちは、女らしさの神話そのものに対してフリーダンが示した解決策にも異議を唱えた。

「悪いんだけど——これは言わせて」と、ノラが急に話し出した。ノラは大学を中退したあと学位をとるために復学した三十代前半の学生で、母親でもある。「この本はときどき無性に腹が立つ。つらくて泣けてきたわよ」。声が震えた。「私の娘は今、具合が悪いのに、それでも私は授業に出なければならず、本当に耐えがたいの。母に娘を見てもらってるけど、私がそばにいるのとは違うから」。ノラは『新しい女性の創造』を振りかざした。「この本はそういうことをひとつも取りあげていないんです」

L教授は舌打ちして、目の前のテーブルに置いた携帯電話を指で示した。「うちの子もひとり具合が悪いのよ」と、教授は同情するように言った。「だから携帯電話を鞄から出してるの。かかってきたらすぐに教室の外で受けられるように。つらいわよね」

この頃には、学生たちは顔を曇らせ、母親業の現実を覗き見ていささかショックを受けていた。いつも静かなルシアが手をあげて、母親がナニー（子守）として働いていたことや、のちにハウスクリーニング業を始めたことを話した。ルシアの母親は長時間働き、夜、帰宅する頃には疲れ切っていることが多かった。

「仕事をしながら家庭も持とうとして母が苦労するのを見てきました。私はどちらか選ぶしかないような気がします。そのことは友人たちとよく話します。両方こなすのはそうなるはずだと約束されていたほど簡単ではありません」

当時の女性は仕事と家庭を両立させることの難しさを知らなかったとしても、私たちは今そのことをよく知っている。知っているからこそ、教室の空気は重くなった。

革命の娘

私の母は、自分の経験を語るのに『新しい女性の創造』のページを開く必要を感じたことはなかったはずだ。母は専業主婦だったことがなく、夢が破れて恨みを募らせたり、自分の望みを娘に託すこともなかった。母は成績優秀な学生に与えられるファイ・ベータ・カッパ（全米学生友愛会）の入会資格を得て大学を卒業したのち、分子生物学で博士号をとり、私がティーンになった頃にはすでにその分野の第一人者となっていた。私が一九九〇年代初期に『新しい女性の創造』を読んだときは、大学生らしく冷静に距離をおいて読んだ。個人的には、私の内にも、もちろん母の内にもフリーダンが語る女らしさの神話が存在するとは認識できなかった。

家の外での私の生活は生後一カ月頃に始まった。母が職場に復帰したのだ。それ以来、私は大学生からお年寄りから近所の専業主婦まで、年も経験もさまざまなベビーシッターに世話してもらった。近所の主婦は自分の子供と一緒に私の面倒を見てくれた。

このように両親とつねに離れていたことは明らかな形でも、それほど明らかでない形でも、私に影響を及ぼした。父が話してくれたのだが、私が一歳の頃に母が二週間家を留守にしたことがあり、母が帰ってきてから何日も私は母の顔を見ようとしなかったそうだ。私をひとりきりにして他人に任せたことで両親が払った代償は語り尽くせない。父母のどちらかが出張で留守にするたびに生じた原因不明の発熱、学校から帰ってきて静まりかえった家に入るときに響く自分の足音、小学校のお芝居で主役を演じて黒人霊歌『クンバヤ』を舞台で歌っているときに、父も母も仕事で来れず、混んだ客席にいないことを知っていて感じた寂しさ。そのときは舞台裏で、近所の人が自分の子供に持ってきた花束から、花を一本分けてくれた。

その一方で、私は母のことも父のことも誇りに思っていた。ふたりとも大切な仕事、人命を救う仕事をしていたのだ。二歳になり、私は母が勤めていたメリーランド州ベテスダにある国立衛生研究所内の保育園に入園した。私は研究所の構内を母の手を握って歩きながら特別な気分を味わったことを覚えている。私は研究所から歩いてすぐの場所にいて、母のもうひとつの世界の一員となった。母は研究所で私と離れて長い時間を過ごし、私は母の同僚の子供たちと遊んだ。保育園の建物は研究所のすぐ隣だったので、母は昼休みに様子を見に立ち寄ってくれたし、四歳の誕生日にはろうそくを灯したケーキを持ってきてくれて、私を驚かせた。あの日私は幸せで、その思い出はずっと記憶に刻まれている。

私が地区の小学校に通い始めると母と過ごす時間は極端に減った。朝は車で送ってもらえなくなり、昼休みに母が様子を見に来ることもなくなった。私はひもに通した家の鍵を首からぶらさげて、行きも帰りも歩いて通学した。両親が仕事から帰ってくるまで、放課後は友達と遊んで過ごすこともあれば、一三インチテレビの前の床に腹ばいになって、『ビーバーちゃん』や『ゆかいなブレイディ一家』といった昔の番組の再放送を見て、私が経験しそびれているらしい家族の物語に見入った。もちろん、そういう家庭生活への憧れは夢でしかないとわかっていた。望んだり、空想したりすることはできても、私の母がジューン・クリーヴァーやキャロル・ブレイディのような母親になれるはずがなかった。たとえ腰にエプロンを巻き、焼きたてのチョコチップクッキーの皿を手に、玄関で私を待ち構える役を演じようとしても無理だ。母は私が生まれた直後の数週間でさえ、家に閉じこめられて不機嫌になり、産休を切りあげて研究所に戻った人だ。

「母さんが仕事に戻ってくれて助かった」と父は言った。「夜、家に帰ると、目の前に大皿が飛んでくるんだ。首をちょん切られるんじゃないかと思ったよ」

母は母親としての役割より仕事を愛していたと言っても大げさだとは思わない。だからといって、私の中には母を恨めない部分もある。母が聴衆の前で注目に値する専門知識を発表するとき、どれほど顔を輝かせるか——母の声がどんなに強く確信に満ちた美しい旋律に変わるかを、私は見てきた。それに母は台所に立ったり、ＰＴＡの会合に出たり、何時間も床に腹ばいになって幼児と積み木で遊ぶよりも、これまで懸命に働いて築いてきたプロとしての自分に、はるかに満足しているのも知っている。母はそういう人だし、そんな母を私は愛し、尊敬している。しかし、母のことも、母が成し遂げてきた業績のことも心から賞賛しているにもかかわらず、私は別の部分で、学芸会で主役を演じて舞台に立ち、客席を覗いた失われた子供時代を嘆きつづけ、今度こそ笑顔を返してくれる母の顔を見つけようとしている。

＊＊＊

私がシルヴィアを生んだとき母は分娩室にいた。母はすでに二週間前からニューヨークに来ていて、初孫が生まれるのを今か今かと根気よく待っていた。母の帰りの飛行機が翌朝発つという頃になって、私はようやく産気づいた。私が歯をむき出し、子宮の収縮にあえぎながらベッドに寝ていると、母は病室を歩き回り、担当の看護師に向かって「娘が痛がってるんだから、なんとかしなさいよ」とどなった。

「お母さん、大丈夫だから」

その前に看護師のひとりから、麻酔医は今忙しくて、手が空き次第来ますと、素っ気なく告げられた。看護師は母の言葉に気分を害したようだった。

「売店に行って、お菓子でも買ってきてよ」と、私は母に促した。

それからの数時間、子宮の収縮が強くなると、母は私の腕をさすり、麻酔のせいで私の歯がどうしようもなくガチガチ鳴り出すと、掛け布団を肩まで引きあげてくれた。母は売店で買ってきた雑誌の記事を声に出して読んで私の気を紛らわせようとしてくれたが、母が読んでくれた記事を何ひとつ思い出せない。とうとういきむ時間になり、母は私の片方の太腿を自分の体に押しつけ、ジョンがもう片方を掴み、私はふたりの声援に応えていきんだ。シルヴィアが生まれると、母は濡れてしわくちゃの赤ん坊を抱いて毛布にくるみ、ジョンがへその緒を切った。私は頭をあげて、赤ん坊の後頭部に生えたつやつやの黒髪を見て、赤ん坊を見おろして笑っている母の顔を見た。母はその夜、面会時間が終わるまでそばにいてくれた。翌朝、母は空港に向かう前にタクシーにのって中華街に寄り、持ち帰り用カップに入った私の好きなアーモンドティーと、産後の栄養補給によいと中国人が信じている豚足スープを病院に持ってきてくれた。母がカリフォルニアに戻るために行ってしまうと涙がにじんだ。私たちの関係は私が母になり、母がおばあちゃんになり、家族の地殻変動が起きたときその分娩室で変わり始めた。

自分が母親になってみて、母のことがよく理解できるようになった面と、よくわからなくなった面があることに気づいた。仕事に熱中していると、たとえ娘の期待を裏切るという代償を払ってでも、もっと大きな世界でプロとして成功したいという母と同様の野心があふれ出した。私は幼い子供が両親を際限なく求めつづける場面を身をもって経験し、その結果、私が子供の頃に負わされたいくつかの傷を許せるようになった。それでも、娘の期待に満ちた視線に負けて、仕事や義務を後回しにして本を読んでやったり、娘がつくった新しい歌に耳を傾けることもあった。会社勤めに戻らずにフリーランスライターとして働くことを決めたのは現実的な理由からだったが、感情的な理由があったのも事実だ。私が子供の頃に両親が留守がちだったことが頭にあり、ことに娘が幼いあいだはそばにいてあげられるように、融通の利く仕事がしたかった。

とはいえ、私はアナポリスの書店で『新しい女性の創造』を久しぶりに思い出したときほどには、この本に登場する女性たちに強く感情移入したいと思わなかったし、それを期待してもいなかった。フリーダンがインタビューした相手の逸話、たとえば子供が三人いて、人類学（私の大学時代の専攻も同じ）で博士号を持つネブラスカ州の主婦が語ったつぎの話は、危険なほど私自身の生活の描写に近かった。

わが家の朝を映画にすれば、実に愉快なコメディになるだろう。私は皿を洗い、大きい子供たちを学校にいそいで送り出す。庭にとび出して菊の手入れ、家にとびこんで委員会の会合の電話をかけ、末っ子と積木で遊ぶ。十五分間で見聞を広くするために新聞を大急ぎで読む。それから洗濯機のところへかけ出して行って、週に三度の洗たく……。

（三浦富美子訳、大和書房）

私の人生のあのとき、『新しい女性の創造』は告発状のようだと感じた。しかし年齢が私のほぼ半分の女性たちに囲まれてこの本を読むうちに、またしても私の物語との類似点よりも相違点が見えてきた。フリーダンの語る「女らしさの神話」は、今日なお効力を発揮している伝統的な結婚と母親業の概念をいくつも白人上流中産階級の女性に押しつけたが、この神話は平和と安定の一九五〇年代が生んだきわめて特殊な産物でもあった。フリーダンが説明する不定愁訴、この「名前もない問題」は、郊外に垂れこめるスモッグのようにこの時代の近辺に漂っており、一方、そのスモッグの下には何エーカー分もの不満が今にも爆発しそうにくすぶっていた。

男性も郊外の団地から無傷では浮かびあがってこれなかった。そのことは、スローン・ウィルソンの『鼠色のフランネルスーツを着た男』やリチャード・イエーツの『家族の終わりに』といった当時の小説の、男たちの不安を描いた数々の物語を読めばわかる。今の女性たちはこれとまったく同じ問題には悩まされていない。女たちがテーブルに温かい夕食を並べ、冷たいジンのカクテルを手に都会から帰ってくる夫を台所の窓辺で待つことがなくなったように、男が一切の家事を遠ざけることはまずなくなったし、子育てにもかかわるようになった。

私とジョンの生活は多くの点でフリーダンが描いた一九五〇年代の世界とは違っていた。ジョンは私に負けないくらい子育てにかかわりたがり、朝、歩いて娘を幼稚園まで送り、園で催される劇や演奏会を見に行き、保護者会に出た。それでも私たちが仕事を捌く際に、子育てにかかわりたいという共通の願望は違う形で現れた。私は通勤する必要はなかったが、娘の幼稚園で何時間もかけて手のこんだ工作の手伝いをしたり、ボランティアの仕事を引き受ける余裕はなかった。私は仕事をしているとも専業主婦だとも、どちらの確証もなく、人に認めてもらえない中途半端な状態で途方に暮れた。私はフリーランスライターとして、数は増えているのにほとんど姿の見えない在宅勤務の母親の仲間入りをしたのだ。

シルヴィアが二歳になった頃、娘を半日、近くの幼稚園に預けることになり、午前の時間が空いて家の外での仕事を探す準備ができた。私は雑誌社に記事を売りこみ、報酬の小切手を待ち、自分で自分の健康保険料を払うという繰り返しに疲れはてていた。仕事の不安定さと孤立感に心がすり減り、仕事仲間との交流を求めていた。しかしもっと現実的な話、私の預金口座の残額が目減りしていた。大学時代にはウェイトレスのバイトをし、卒業してからずっと自分の生活費は自分で稼いできた。フリーランスの仕事でいくらか収入はあったが、支払いは不定期で、わが家の家計に十分貢献しているとは言えなかった。定期収入がないのは情けなかったし、正直なところ、このままの状態が続いていつか経済的自立を手放すことになるのが怖かった。金銭的にジョンやほかの誰かに頼ることを考えると不安と恥ずかしさに襲われた。

それで仕事はきっと見つかるだろうと前向きに考えて、私は挨拶状と履歴書を何枚も作成した。仕事のコースを二年間、外れていたが、修士号はとったし、何年か勤めた経験もある。現実味のある仕事が見つからないまま数週間が過ぎ、数カ月が過ぎ、預金は減りつづけ、それと反比例するように焦りが募った。不安で胃がしくしく痛んだ。夜になると、将来の仕事の見通しを案じて寝つけず、目を覚ましたままベッドで横になっていることもあった。カフェで働くしかないのかもという心配の先に、大学でも職場でも大学院でもがんばってきた結果がこれかという、うんざりする疑心暗鬼に襲われた。つまり私は選択を誤り、はしごのいちばん下まで滑り落ちたのではないかという疑念が湧いたのだ。同時に気難しく、短気で、ふと強迫感にかられて床を掃除したくなる、フリーダンより前の主婦に自分が変わっていくのを、私は見ていた。

問題のひとつは私が選んだ職種にあった。ジョンはコンピュータ技師として高収入で、しかも仕事がつぎつぎに舞いこむ分野で働いていた。雇い主の側からジョンに近づいてきた。一方、私は「クリエイティブ」な分野で働いていた。人気があり、人が余っていて、報酬は低い。ジョンの報酬の何分の一かを稼ぐのに倍の時間働かなければならないが、子供がいると、その倍の時間を捻出できなかった。私にはすでに状況が見えていた。家計が苦しくなるとジョンが仕事を増やし、私は家事に加えて子育ての主力を担うことになる。するとどうなるだろう？　娘が家を出て大学に入学する頃にどうなっているだろう？　私はもっと年をとり、なおさら雇ってもらえなくなる。そうならないように、私はますますフリーランスの仕事を増やし、編集と教える仕事にも手を広げ、やがて一日十二時間近く働きながら、フリーランスにありがちな仕事を断れない状況に陥った。

＊　＊　＊

そういう状況をへて、私はある日、カリフォルニアの母の家にある台所のテーブルで、携帯電話で話しながらノートパソコンにがむしゃらに入力していた。感謝祭の翌日だというのに、私は朝六時には起きていた。台所の中ほどにあるカウンターには昨夜の夕食の残骸――使った皿や調理の道具が汚れたまま散らかっていた。私が通話口に向かってぶつぶつ話す声とコンピュータのキーを叩く音のほか、家は静かだった。ジョンがシルヴィアと一緒に裏庭から戻ってきた。

「ママ、ママ、これ見つけたの」と彼女が大きな声で言い、居間から飛び跳ねてきた。「ほら、カタツムリ！」

娘は小さい手を伸ばして、私の顔の前にそっと突き出した。私は薄茶色の小さいカタツムリがぬめぬめしたかすかな軌跡を残して娘の手のひらを這うのを見て、少しやけになってほほ笑んだ。私は指でキーを叩きながら、耳と肩で不安定に挟んだ電話の通話口を手で覆った。

「よかったわね」と私は小声で言った。

私はそのとき、強制結婚に関する記事を書くために二日前から連絡をとろうと試みてきた人権派弁護士に話を聞いていた。感謝祭の直前に入ってきた予定外の仕事で、休暇が始まる直前になって雑誌の編集者からのメッセージが留守電に残っていた。録音された声は焦っていて、弁解がましかった。ボツになった記事に代わる別の記事が必要になり、締切に猶予はないと言う。与えられた時間は一週間足らず。だから休暇中に調べ物をし、資料を読み、専門家に電話をかけ、下書きを作成し、たいていそれぞれの子供を寝かしつけたあとで編集者と打ち合わせした。

弁護士から話を聞くあいだ、私はぼんやりとシルヴィアの髪を指でといて、もつれをほどこうとした。娘は私から離れたが、カタツムリの話をやめず、愛おしそうに殻をなでた。娘は私が電話で話していることに気づいていないか、そんなことなど気にしていなかった。何しろ、まだ五歳なのだ。

「この子の名前はルイにする」とシルヴィアは言って、私の膝にあがろうとした。

私はジョンにお願い、と身振りで頼むと、彼はこっちに来て私をにらみつけた。私たちが飛行機にのって六時間かけてアメリカを横断したとき、ジョンは感謝祭の休暇がこんなことになるとは思っていなかったはずだ。私たちが母の家に着いて以来、私はほとんど外に出ておらず、警報レベルの緊張状態が続いていた。一方、ジョンはこの数日、シルヴィアの世話をし、私の家族の話し相手になっていた。ジョンは目を細めて抗議するように私を見た。

「お願い」と、私は口だけ動かした。

「おいで、シルヴィア」と、ジョンは少し大きすぎる声で言った。「ルイの餌を探しに行こう」

ジョンは新聞を掴み、もう一度私をにらむと、大きな足音を立てて裏口から出ていった。

「ママはいつも仕事なんだから」とシルヴィアが文句を言い、父親についていった。

私は話が途切れたことを電話口で謝り、インタビューを終えた。背筋に緊張の小さいとげが突き出ているような気がした。そのとげの一本一本は、罪悪感、苛立ち、怒り、疲労でできていた。私は指でこめかみを押さえた。もう少し調べて、あと何本か電話をかけなければ。この記事を仕上げないといけない。コーヒーを二杯のんだせいで息が臭い。カフェインのとりすぎと寝不足で胃が締めつけられた。

シルヴィアが裏口から頭を突き出した。

「ママ、お願いだから外に来て。見せたいものがあるの」。そこで一旦口をつぐんだ。「きっと来ないよね、ママ?」

娘の声に諦めがにじみ、なんとかして母の気を引こうとする子供の頃の私自身を思い出させた。私はため息をついて椅子を後ろに引いた。「なるようになれ」と思った。くそいまいましいカタツムリに餌を見つけるのを手伝おう。たとえ記事を書きあげるために今晩徹夜するはめになっても。

もちろん私は徹夜することになった。

その夜、午前二時頃にまたしても台所のテーブルで一心にパソコンのキーを叩いていると、母がパジャマ姿で階下におりてきた。母は眠そうに半分目を閉じたまま私を見た。

「まだ起きてるのね。お茶を淹れましょうか？」

「ええ、ありがとう」。私は手を動かしながら答えた。

母は台所で戸を開け閉めし、やかんに水を入れて火にかけ、戸棚を探してビスケットを見つけ、やがてお湯が沸いたことを知らせるやかんの笛が静寂を破った。そのあと母はお茶のカップをふたつ運んできて、私の隣に座った。母はしばらく私を見ていた。それから「シルヴィアがかわいそうだわ」と言って、ため息をついた。

「え？」。私はあまり気にも留めずに聞いた。

「休暇で来てるのに、お母さんとあまり一緒に過ごしてないじゃない」

母はお茶をひと口のんで、テーブルに重ねてあった新聞をめくった。

私は手を止めた。疲れて痛む目をこすった。母は冗談を言っているのだろうか？　私の母がそんなことを言うなんて？　喉に根深い恨みがこみあげてきそうだった。

「どういう意味？」と私は聞いた。危険なほど声が低かった。

「あの子がかわいそうだと思っただけよ」と、母はうつむいて新聞を見ながら言った。「あなたと過ごせなくて、きっと寂しがってるわ」

私は言葉で応戦しようと構えたが、にわかに闘争心を失った。私たちが話題にしているのは本当はシルヴィアのことではなく、私のことだと気づいたのだ。私が子供の頃に一緒に時間を過ごせなかったことを、母は遠回しに謝っていたのだ。

私はお茶をひと口のんだ。

「私だって寂しいのを、あの子はわかってるわ」と私は答えた。
母は私のそばで静かに新聞を読んでいたが、やがて私は記事を書き終えて、ようやく母と一緒に二階へ行き、ベッドに潜りこんだ。

「幸せ」になる時間が誰にある？

感謝祭の休暇中に書いていた記事は締切に間に合い、ついに出版された。自分で書いたものが活字になったのを見て達成感と満足感と安堵を覚えた。シルヴィアは目を丸くして、手を伸ばしてスーパーの棚からその雑誌をとった。後日、娘は、私のママはライターで、自分も将来はライターになるんだと、得意げに友達に報告した。私が幼稚園に娘を迎えに行くと、先生は、シルヴィアは本を読むのとお話をするのが大好きだと、いつも教えてくれる。シルヴィアは幼稚園でつくった本を家に持って帰ってくる。少なくとも今のところは、私は母親とライターというふたつのアイデンティティがほどけないように、なんとかやりくりしていると信じたい。

これはいい時の例だが、悪い時もあり、総体的にそのあいだに満遍なくさまざまな場面がある。怒りがあっという間に激しく燃えあがると自分でも怖くなる。ときどき限界を超える仕事を引き受けたと感じると、ぷっつり糸が切れる傾向がある。すでに幼稚園に遅れそうなのに、シルヴィアが靴をはこうとしないとき、私は少し乱暴に靴をはかせる。動物のクラッカーをひと箱食べたすぐあたべたとにカップケーキを食べたいとだだをこねると、必要以上にきつく叱る。娘がコップに入ったべたつくジュースを真新しいダイニングテーブルにうっかりこぼせば、カッとなって自分の部屋に行ってなさいと命じる。私は皮膚の下にぼんやりと現れる苛立ちを感じることができ、全力でそれを抑えようと奮闘する。親になると、このようなちょっとした怒りの発作、派手な不満の爆発の逸話にはことかかない。そのような感情を寄せつけないために、私は子供に対する責任と自分に対する責任の絶妙なバランスを見つけようと、つねに模索している。結局、これが『新しい女性の創造』の最も重要なメッセージであり、私はそのことを肝に銘じている。

それでも、フリーダンの二世代か三世代あとになって、彼女のメッセージが大勢の女性を自由にする一方で、意図せず理論的に危うい場所に私たちを置き、以来、私たちはそこから逃げ出そうとじたばたしてきたことも、私は理解している。

「女らしさの神話は、女性にとっての最高の価値ならびに唯一の責任は、自分の女らしさを実現することだと言い切る」とフリーダンは述べたあと、これに反論して、女性は女性としてだけでなく人間としても能力を発揮することを許されるべきであると力説する。『新しい女性の創造』に続く数十年に何度も繰り返され、よく耳にするつぎの言葉――充実感、満足感、幸福感――は仕事と家庭の分裂についての議論を規定してきたが、これらの虹色の言葉には明確な意味がない。

ボーヴォワールが『第二の性』で言及しているが、「『幸せ』という言葉が本当のところ何を意味するかはあまり明確でなく、この言葉がどんな真の価値を覆い隠すかはなおさら明確でない。他人の幸福を測るのは不可能であり、人が自分を置きたいと願う状況を幸せという言葉で表現するのは、いつだって簡単だ」

満足感と充実感という点で仕事と母親業を比べるのは、同様に見せかけだけの試みだ。というのも両者は明らかに同じ種類の経験ではないからだ。活字になった私の名前を見ることと幼稚園で娘のダンスを見ることとは比べられない――どちらかがよりうれしいとか、より重要だからではなく、両者はあまりに違い、別の必要を満たす経験だからだ。どこかのマスコミの評論家が「働く母親対専業主婦の闘い」をしつこく取りあげて、この重要な違いを絶対に認めようとしなくても、母親なら誰でもそんなことは知っている。

今の時代、女性は別の種類の問題と比べれば、フリーダンの神話にはそれほど苦しんでいない――その別の問題にはいくつも名前がある。私たちは女らしさの神話とそれがもたらした結果をかれこれ五〇年にわたって細かく分析してきて、「すべてを手に入れる」のは無理だということ、仕事と子供が女性に課す制約、結局は何かを諦めなければならないという現実を、あらゆる点で知り尽くしている。

実際、一九七〇年代にさかのぼる調査では、ますます多くの女性が自分は不幸だと報告しており、一方で男性は逆により幸せになっている実態が報告されており、私たちはうろたえ、驚愕している。いつまでも終わらない女性の不幸の責任を負わせる犯人を、不安やコンシューマリズムから罪悪感や「セカンドシフト〔仕事から帰ったあとの家事・育児〕」に至るまで、私たちはいくつも思いついた。その結果どうなったか？　ある批評家が言うように、さまざまな形の「問題による疲労」が生じている。私たちはひとりきりではなく、ジェンダー全体に及ぶ危機に巻きこまれているのだと気づくことはいくらか安心するだろうが、私たちは結局いまだに不幸であり、古いことわざにあるように「同病相憐れんで」みたところで、たいして慰めにはならない。

＊＊＊

しかしながらこれははっきりしている。母親業は活気ある喜びをもたらすにもかかわらず、女性が稼ぐ能力にかなり影響することは否定できない。だが、この話に耳を傾ける人は少ない。私たちは母親業を特殊技術として語るのが好きで、金勘定の世界と切り離したがる。失われた賃金、機会原価〔A案を採用した場合の、B案を採用すれば得られたはずの利益〕、依存度の増加――こうした話題は、献身的で超越していて有意義なはずの子育て経験の評価を落とす恐れがある。元経済担当記者で作家でもあるアン・クリッテンデンは、子供がひとりいる女性は生涯賃金として約一〇〇万ドル（約一億円）失うと算出した。言うまでもなく男性も代償を払っており、家族ともっと時間を過ごすために仕事を減らすか、配偶者や子供との精神的な絆を犠牲にしてもっと働くかを選んでいる。しかし、多くの男性が子育てにかかわるようになっても、女性は出産後に仕事を続けるかどうかの問題にひとりで向き合うことを期待され、一方、男性はたいてい目減りした世帯収入を取り戻すことを期待される。私の夫には誰もがいつ仕事に戻るのかと聞いたが、私に同じ質問をした人は少なかった。子育ては重要な仕事だが、相変わらず女の仕事であるのは明らかだ。

フリーダンであろうと、もっと最近になって『仕事にとりかかれ』と題する現代のマニフェストを書いたリンダ・ハーシュマンであろうと、フェミニストの作家が母親業の神秘性を剝ぎ取ろうとするたびに、たいてい社会の構造を引き裂こうとしているという似たような非難にさらされる。多くの女性が職場で成功している今日でさえ、専門分野で働く母親という概念は脅威を与えるのだ。『ニューヨーク・タイムズ』紙のコラムニスト、デイヴィッド・ブルックスはハーシュマンの本を酷評するのに「家庭——社会からは見えにくい、繰り返しの多い肉体労働を伴う——は人生に欠かせない要素だが、市場や政府のような公共圏ほどには十分に繁栄する機会を与えられない」というハーシュマン自身の言葉を引用する。実状はまったく逆だ、とブルックスはたしなめる。仕事はたいていたい退屈だ。「法律事務所の弁護士に聞いてみればいい」とブルックスは提案する。純粋な喜びと繁栄はむしろ家庭で見つかり、親（母親という意味だろう）は家で次世代の市民である子供のIQと幸福度を向上させることに実質的な影響力を有する、と彼は言う。ブルックスは、男女の「脳はつくりが違い」、女性は人とかかわる活動に向いていて、男性は抽象概念を扱うのが得意だ、と都合よくつけ加える。

ハーシュマンのマニフェストは一九七五年の時代錯誤なフェミニズムの復活だ、とブルックスは言うが、ブルックス自身の記事は一九四九年の性差別主義者のプロパガンダのようで、より大きな目的に向けて自分の野心を洗練させるよう女性に勧めている。これは「偉大な男には偉大な母がいる」という使い古された言葉の受け売りで、私はたまたま彼のコラムを読んだとき、対話をもっと前向きな方向に進めるチャンスがこうして失われていることに失望した。ブルックスがこのコラムで、子育ての重要性について、また男女両方に課された要求に応じられるよう職場を変えることについて語るのは容易だったのに、そうせずに、女は「三つのK〔子供、台所、教会を意味するドイツ語kinder、kuche、kircheの頭文字〕」に閉じこめておけばよいという、昔ながらの性差別的な台詞を繰り返す。ブルックスは「影響力は台所にある」と書いて、いくらか不本意そうな（そしてまったく誠意のない）進歩主義めいた主張でコラムを締め括る。「問題は家庭に留まる女性にあるのではなく、家庭を離れる男性にあるのだ」

ブルックスがテリー・マーティン・ヘッカーと対談していれば、ふたりは仕事と母親業についての問題の解明に役に立つ話し合いを持てただろう。ヘッカーはブックスのコラムが掲載されたのと同じ『ニューヨーク・タイムズ』日曜版に、「現代の愛」と題するコラムを偶然寄稿した、孫のいる年代の女性である。ブルックスが台所に留まる母親について大げさに書き立てる一方で、ヘッカーは女性たちにさっさと台所から出ていくことを熱心に勧める。だが興味深いことに、ヘッカーはブルックスが攻撃した第二波フェミニズムの信奉者ではなく、一九七〇年代には率直にこれに反対していた。自分と同じ境遇にある主婦を擁護する『ニューヨーク・タイムズ』紙の社説に、ヘッカーはこう書いた。

「私は脈々と続く女性の系譜に属し、そのほとんどは、ベティ・フリーダンよりはエディス・バンカー〔一九七〇年代の家族物コメディ番組に登場する主婦〕に似ていて、自分が満たされていないことに気づいていない。彼女たちが幸せだったと証言することは私にはできないが、それでも彼女たちは陽気だった。彼女たちに『有意義な関係』が不足しているとしても、自分にとって何かしら意味のある関係を大切にしていた。清潔で快適な家を自慢し、おいしい料理をつくって満足していた。なぜなら、価値があるのは報酬を得られる仕事だけだと、誰からも教わらなかったからだ」

ヘッカーの社説は『アダムとイヴ以降』というふさわしい題名の本となり、彼女は各地を講演して回った。だがそれは昔の話だ。時間を早回ししてそれから三〇年以上が過ぎ、ヘッカーの夫が若い女性と駆け落ちした。家の手入れをし、五人の子供を育てることに捧げた成人後の数十年分の報酬として、夫はわずかばかりの離婚手当だけを残していったが、それも四年間の期限つきだった。六十代でひとりになり、手に職もなく、ヘッカーは住まいを確保するために婚約指輪を質に入れなければならなかった。一方、別れた夫は新しい恋人をメキシコの保養地カンクーンに連れていく。ヘッカーが所得税を申告したとき、彼女は食料切符をもらえるほど自分が困窮していることに気づく。彼女は生活費の増額を要求しようとしたが、裁判官から文句を言うのはやめて職業訓練プログラムに申しこむように諭された。ヘッカーは高齢で外で働いた経験もなく、職業の選択肢はかなり限られているという厳しい現実を目の当たりにする。母親業は社会からいかに評価されようと、報酬を得られず、履歴書にのせる価値があるともみなされないのだ。彼女のような離婚した高齢の女性は、アメリカの最貧困層に属する。

「私の時代遅れの本は、私がいつまでも続くと思っていた幸せな結婚生活を送っていた時分に書いたものです」とヘッカーは書く。「悲しいことに、この本は現代の女性にとってほとんど関連性がありません。ただ、そのつもりで書いたのではありませんが、教訓書としてはお役に立つかもしれません」

ボーヴォワールの言葉を借りるなら、ヘッカーはフェミニストに生まれたのではなく、不幸な経験によってフェミニストになったのだ。

＊＊＊

女性はベティ・フリーダン以前の時代ほど「幸せ」ではないことが調査で示されたとすると、その調査結果はおそらく女性の幸せについてよりも、私たちが議論の条件をどのように組み立てるかを明らかにしている。社会のベンチマークとして女性たちの個人的な幸福度が下がったことに注目すれば、私たちは今どこにいるかを見失ってしまう。一九六〇年代に戻りたい女性などまずいないだろう。むしろ、私たちはこうした不満の感情を取りあげ、見当外れの郷愁に駆られて過去を振返るよりは、現在の男女の生活を改善するためにどんな法律や政策が実際に役に立つかに目を向けるべきだ。それに、不満は変化を生むと言うではないか？　フリーダンのあとに現れたフェミニストたちにとっては確かにそうだった。

性の弁証法

ブルックスが一九七〇年代のフェミニズムを引き合いに出すとき、彼は本質的に卑劣な攻撃を仕掛けているのだが、そのやり方は戦略的だ。むだ毛を剃らずノーブラで大酒飲みの女のイメージを示されて、読者の多くが彼の思惑どおりさっそく挑発にのるだろうことが彼にはわかっているのだ。奇妙なことに、一九七〇年代のフェミニストのこの醜悪なイメージは、いまだにフェミニズムを定義している。私が受けた「フェミニストのテキスト講座」の授業はどれも――進め方や雰囲気はかなり違うことがあとで明らかになることもあったが――始め方はかなり似通っていた。教授は生徒が抱く「フェミニスト」の最悪のイメージを全部思い出させて、心の中に「フェミニスト」を招集するように求め、私たちは順番に発言して、つきまとって離れないそのイメージを追い払おうとした。

ヴァージニア・ウルフは「家庭の天使」というイメージとの闘いについて語ったが、私たちフェミニズムを学ぶ者は、むだ毛を剃らない男嫌いのレズビアンのイメージと教室で闘わなければならなかった。そういう女性のことはご存じだろう。男に好かれない事実をごまかすために自分はフェミニストだと触れ回る女、あぐらをかいて座り、冗談が通じず、一生独身で過ごす悲しい運命の女、自宅の裏庭でブラを燃やすだけでなく、怒りのかがり火をたく女だ。クラスの誰かがそういうタイプのフェミニストだったわけではない――何人かは自分がフェミニストなのかどうかさえ少し不確かだった。果たして二十一世紀になってそういうフェミニストはいただろうか？　それ以前に存在したことはあっただろうか？　私が教わったふたりの教授がはやばやと指摘したように、女性が抗議する目的で実際に人前でブラを燃やしたことは一度もないが、このイメージは出来すぎていてマスコミは捨てておかず、まもなくフェミニストを象徴するようになった。

実際は、激動の一九六〇年代から七〇年代にかけて——女らしさの神話が方々で手厳しく批判されたのち、公民権運動やベトナム戦争やウォーターゲート事件の最中に——ごく少数の女性が世間に向かって現状にうんざりしていると声を大にして告げたというのが実状だ。彼女たちは目をあけてしっかりと世の中の流れを見てきていて、意識が高まり、これ以上、黙っていたくなかった。それに、その必要もなかった。彼女たちの周囲のあちこちで、平和と安定の五〇年代の整然とした外見が溶けて、黒人と白人、若者と老人、男と女というように、複雑に分裂した。しかもそれぞれのグループ内でも多様性がある。新しい世代は人種差別、性差別、父権制、抑圧といったそれまで隠れていた現実を明確に表現するための言葉をつくっていた。こうして政治意識が高まる中で女性は立ちあがり、声をあげ始めた。それはベティ・フリーダンの上流社会のフェミニズムとは違い、もっと大胆で、荒々しく、急進的（ラディカル）だった。この女性たちは、それ以前の女性たちと同じように制度の微調整を求めただけでなく、制度をばらばらに解体することを求めた。彼女たちが言うように、過激な意見はつねに強い印象を与えるのだ。

ラディカルな第二波フェミニズムの考えの一部は、二十一世紀になって間もない現在から振り返るとじつに異様に見えることもあるだろうし、たまにSFじみた恐ろしささえ感じるかもしれない。

ラディカルフェミニストのシュラミス・ファイアストーンは一九七〇年のベストセラー『性の弁証法　女性解放革命の場合』の巻末で表と線図を使い、社会に動乱を起こすための綿密な戦略まで示している。ファイアストーンは、真の男女平等を実現するには核家族の単位を吹き飛ばさなければならず、長年続いた性差別を覆すにはこれしかないと信じていた。彼女の計画は、研究室での人工生殖によって女性を「生殖生物学の横暴」から解放することに頼っている。子供はもはや誰にも「所属」せず、血縁は消滅し、人は自分の「家族」を選ぶことになり、そこでは料理や子育てといった仕事は平等に分担される。結婚も一夫一婦制も廃れ、性的関係は快楽だけを目的とし、最後には私たちが知っている性差別文化は消える。人工生殖技術が主流になると言ったファイアストーンの言葉は当たっていたが、彼女のほかの予言は明らかにどれも実現していない。どちらかというと、私たちは『性の弁証法』の時代よりも結婚式や妊娠出産にとりつかれているように見える。

　この本が出たとき、私はまだ生まれていなかったが、だからといって、同書の生活共同体（コミューン）や自由恋愛についてのくだりを読んで、懐かしさに心がうずかないことはない。私は脚の毛を剃るし制汗剤も使うが、いくらかヒッピーの要素も備えている。授業でラディカルフェミニズムについて話し合ったとき、L教授の目も少しうるんでいた。

「今でもいるのかな?」と、教授は大きな声で学生に問い、テーブルに拳を打ちつけた。「自分はラディカルフェミニストだと思う人?」

　教授は教室を見わたし、一、二名がおずおずと手をあげた。

「では、彼女たちはどこがいけなかったの?」と教授は問い詰めた。

『性の弁証法』に迫りながら、エイリアンのような傷ついた小さい生き物をみんなで取り囲んでいる場面を私は想像した。各自がもの珍しそうに、長い棒で順番にその生き物をつついている。もちろん、同書に異議を唱える声があがった。

「お産を嫌がるのは、自分の生い立ちの根幹を嫌うことになります！」

「妊娠している状態が好きだと言う女性はたくさんいるわ！」

「うちの母は、歯医者に行くくらいなら妊婦でいるほうがましだと、いつも言ってました！」

「社会が子供を育てるというと、公立校がいいか私立校がいいかという話を連想します！」

「社会がまとめて育てるより、赤ん坊ひとりひとりに注意を配るほうがずっといいのに！」

「家族は絶対になくならないわ！」

「私は父のことが好きです！」

「ファイアストーンは急進的すぎます。そういうのはあまり効果的じゃない！」

「あまり現実的でもないし！」

「よそよそしすぎる！」

「そんなに怒らなくてもいいのに！」

L教授はひとりひとりの顔を見ながら、学生たちが一斉に反応する声に耳を傾けた。

「わかったわ——ちょっと待って」と、教授は挑むような口調で言った。「彼女の怒りに好感を持った人？　社会の変化に迎合するだけでなく、怒りを表現するのは、私は嫌いじゃない」

私もファイアストーンの悪びれないフェミニストの熱意、見通しの明快さに、どこか人を元気づける要素があると気づいたことを認める。私も学生たちが示した懸念の多くには同意するが、ラディカルフェミニズムの討論では重要なポイントを見落としていると考えずにいられなかった。彼女の言う「サイバネティクス社会学」は、今はいんちき臭いかもしれないが、『性の弁証法』は特定の時期、すなわち希望と怒りに煽られた理想主義の時代の副産物だった。この本は街頭で売られた過激派のパンフレットなどではなく、大手出版社から出ているれっきとした本である。マルクス主義的分析をおこない、恋愛にも結婚にも体制にも反対の立場をとりながら、第二波フェミニズムの主要なテキストとなり、一二回重版され、何万部も売れている。この協調と妥協の時代に、私たちはラディカルフェミニズムの言葉や考えの奥で燃えあがった怒りの破壊的側面——ラディカルフェミニズムが国や家族をいかに男女それぞれの領域に分断したか——だけに注目し、そこから生まれたもの、それが女性のために強引にこじあけた機会のことを忘れている。何しろ、怒りは行動につながるが、あいまいな態度は混乱にしかつながらない傾向がある。

「怒りが役に立つこともあると思います」とセーラが認めた。さっきまでラディカルフェミニストの戦法を強く批判していた学生だ。「でも場合によります」と、彼女は急いでつけ加えた。

私はL教授と視線を交わした。私たちはこの世代間ギャップの一方の側にいて、ほかの学生たちは反対側にいるという認識を、私は一瞬、教授と共有した。

＊＊＊

「ラディカル（急進的）」という言葉は「根」を意味するラテン語から派生しており、定着した信念や態度を根絶するために、その基礎を厳しく検証することを意味する。保守派がラディカルフェミニストについて語るときはたいてい、急進的な女性はそれなりの理由があって急進的なのだという事実を認めない。彼女たちの怒りは何もないところから湧いて出てきたわけではない。怒りは実際に生きた経験から生まれている。ファイアストーンが本を書いたとき、彼女の怒りは本物だった。一九六九年にリチャード・ニクソンが大統領に就任する前日――『性の弁証法』が出版される前年――ファイアストーンと、活動家グループ「民主社会のための学生連合」の古株だったマリリン・ザルツマン・ウェッブは首都ワシントンで「大統領就任に反対する式典」に出席し、ベトナム戦争に反対する集会に参加した。彼女たちは集会の主催者に招かれて、始まって間もない女性解放運動について演説をしたのだ。歴史家のルース・ローゼンは、この時代を記録した『口をあけた世界』で、ふたりの女性がステージに立ったあとの出来事を描写している。

左派に留まっていたウェッブは、演説を始めるにあたり、最初に「私たち女性は抑圧されています。私たち女性はこの社会で最優遇されているはずが、人間として八つ裂きにされ、資本主義制度の中で役割を果たすことを学ばされます」と宣言した。突然、ステージの下で大騒動が起きた。ウェッブはさらに続けて、女性を対象として、また所有物として扱う制度を糾弾した。ウェッブがぞっとしたことに、彼女が見ている前で「素手の殴り合いが始まった。男たちは『ふざけるな！　あの女をステージから引きずりおろせ！　あいつを裏通りでやっちまえ！』といったことを口々に叫んだ。そのあと『そいつを引きずりおろせ！』などと叫ぶ声が続いた」……すでに左派に愛想をつかしていたファイアストーンは大股でステージに出てくると、資本主義だけでなく男性にも非難の矛先を向けた。「私たちが今どういう場所で生きているかを語り始めようよ、みんな」と彼女は叫んだ。「だって私たち女性は、あなたたちが革命の話をしているのか、それとも自分にもっと力が欲しいだけなのか、首をかしげるしかないことが多いから」。ほとんど男ばかりの聴衆からはブーイングや卑猥な言葉が飛んできた。

ウェッブは制度を変えようと闘い、表向き同じ志を持つリベラル派の個人の集まりに向けて政治的な演説をしていたのだということに注目してほしい。

とくに状況がよくわかる逸話として、ある女性のグループが、公民権運動団体「学生非暴力調整委員会」で女性が指導的役割についていないことに関する論文を書き、それに対して委員会の議長ストークリー・カーマイケルが、公民権運動における女性の唯一のポジションは「うつぶせ」の姿勢だと言い返したことは有名だ。女性たちが気を悪くすると、耳障りで冗談もわからない奴らだと非難された。しかし、カーマイケルが冗談めかした言葉は広まり、繰り返し伝えられ、やがて最初はただの軽口だったとしても、その軽さはすっかり失われ、不吉な響きを持つ言葉となった。公民権運動での男女間の緊張は高まり、怒りがふつふつと湧いて、フェミニズムの過激化に油を注いだ。

どんな運動にも言えることだが、ラディカルフェミニズムが猛烈な影響力を持った短い期間に、そのイメージを裏づける狂信的な人々も現れた。たとえば、おそらく風刺と思われる『SCUM（男性抹殺協会）マニフェスト』を書いた著者のひとりのヴァレリー・ソラナスは、すべての男を「虐殺」しようと呼びかけ、アーティストのアンディ・ウォーホルに発砲し、ストーカー行為を働いた。しかしだいたいにおいて、女性たちは正当な怒りを表明しようとしていた。彼女たちは公民権運動に参加して本物の社会革命に舞いあがり、いつの間にか女嫌いの男たちに見くびられ、裏切られていた。もちろん、大昔から女性は差別と侮蔑の対象となってきた——それは今も変わらない——が、女性たちは立ちあがり抗議することが義務となった歴史的瞬間を察知した。その瞬間は長くは続かなかったが、不届きな行動の悪評は今も消えていない——このことは、反抗的な女性に感じる文化的な不快感について、多くを語っている。

一九七〇年代前半のラディカルフェミニスト運動の結末はいささか薄気味悪く、何人かの中心人物がのちに行方をくらましたり精神を病んだりした。わずか二十五歳で『性の弁証法』を書いたファイアストーンは、その後、実質的に姿を消し、精神病院への入退院を繰り返した。ソラナスも、ウォーホルに対する殺人未遂事件を起こして服役したのち、最後は心の病と闘った。一部のラディカルフェミニストは文化的フェミニズムに転向して、政治の世界から精神世界に場所を移し、女性が男性と違うこと——そしてより優れていること——を賛美するようになった。作家で活動家のグロリア・

スタイネムや『Ms』誌の元編集長ロビン・モーガンのように、その後も健闘した女性もいる。そのほかの多くの女性はフェミニストを名乗ることをさっさと諦めたのだろう。一九八〇年代にはジャーナリストのスーザン・ファルーディが『バックラッシュ　逆襲される女たち』に素晴らしい記録を残したとおり、大規模な揺り戻しが起きた。一方、フェミニズム――女性は自分の運命を自分で定義するべきだとする単純な概念――は、ふたたび好ましくない単語となった。

＊　＊　＊

私はポリティカル・コレクトネス（政治的正しさ）の時代である一九八九年に大学に入学し、この文化戦争の中で、こじんまりとした革命の派閥に足を踏み入れた。当時、womenの代わりにwimmin、historyの代わりにherstoryという綴り（つづ）が使われ、全米の学生が、かつて敬われていた「生粋の白人男性」の人形をつくって縛り首にした。父権制に逆らって西洋の著作物は一切読まないと公言する同級生もいた。その動機には共鳴したが、私はこの闘いには加わらなかった――読書家の私には彼女の真似はできなかった。しかし、大学のカリキュラムにもっと多様性と認識の機会を盛りこむことには賛成だった。言葉でできた地雷がキャンパス中にばらまかれ、うっかり踏めば粉々に破壊された。キャンパスはポリティカル・コレクトネスの戦線に沿って対立した。ときどき一方が度を越して、あたかも相手が人目もはばからず凶器を振り回したかのように、害のない演説の罪を追及した。ときにはもう一方も同じことをして相手を煽動し、怒らせようとして、わざと悪意のある演説をした。私たちは規則を破り、新しい規則をつくろうとしたが、うまくいくこともいかないこともあった。冷戦が終わり、ＭＴＶが投票を左右するようになり、私たちの世代は政治的になり、六〇年代と七〇年代の急進主義の思想に磨きをかけて、人種、階級、ジェンダーという重なり合う問題にもう一度、取り組んだ。私たちは制度の中に紛れもない不公平があることに気づいたが、ベルリンの壁が崩れたのだからほかの壁だって崩れるかもしれないと信じた。

私が大学三年に進級する前の夏に、アメリカ連邦議会でインターンをしていた友人のバーバラが、昼休みに職場から電話をかけてきた。

「サーグッド・マーシャルが退官するそうよ」と彼女は小声で言った。

私は父のベージュ色のソファに座り、彼女の話を聞きながら電話のコードをもてあそんでいた。残り少なくなったリベラル派の最高裁判事のひとりがまもなく引退し、つぎの候補を選ぶのは「家族中心の価値観」の熱心な擁護者を自認する第四一代大統領ブッシュ・シニアだという現実が見え始めるにつれて、胃がよじれた。

その二カ月後、マーシャルの後任の座を狙う、セクハラ容疑で非難の渦中にあるクラレンス・トーマスを議会上院が厳しく追及する映像を見て、私ははらわたが煮えくりかえった。私だけではない。私は寮の仲間と学生ラウンジの隅にあるテレビを囲み、上院の公聴会にたちまち釘づけになり、言葉を失った。トーマスのかつての同僚だったアニタ・ヒルが、彼に不適切な行為があったと非難したのだ。トーマスは再三、ヒルを口説こうとしてオフィスに猥褻な話題を持ちこんだと言う。ソーダ缶に陰毛が入っていたと言ってトーマスが彼女をからかった話は、とりわけ記憶に残った。ヒルが語る話は突飛だったが、彼女の怒りは本物だった。トーマスは、自分は「思いあがった黒人に対するネットいじめ」の被害者だと憤慨したことで知られており、一方、ヒルも、保守派のジャーナリスト、デイヴィッド・ブロックに「ちょっといかれていて、ちょっとふしだら」というレッテルを貼られ、おおやけの場で名誉を傷つけられた。セックススキャンダルと人種差別の乱闘騒ぎとなった。ヒルを支持していた私たちは、トーマスが最高裁判事として承認されることはないだろうと高を括っていたが、予測は外れた。

トーマスが最高裁判事につくと、多くの女性たちはうんざりして負けを認めるのではなく、にわかに活気づいた。女性に影響のある問題――キャンパスでのレイプや議会における女性議員の数など――が日常会話にのぼるようになった。女性はふたたび急進的になり、街に出て抗議した。

つぎの大統領選が迫り、新しい世代の大統領夫妻が生まれるかもしれないという明るい見通しがもたらされた。候補に指名されたビル・クリントンとヒラリー・ロダム・クリントンである。名門のブッシュ一族とは明らかに違った。ブッシュ・シニアは食料品店で使われている最新技術に驚いて見せ、ブッシュ夫人はスカート丈についての持論を進んで語るような人物だ（もちろん膝上はだめ）。対照的に、イェール大学ロースクールで出会い、ともに同校を卒業したクリントン夫妻は若くて雄弁だった。クリントンはMTVに出演し、深夜の番組でサキソフォーンの腕前を披露した。若者がこぞって有権者登録をした。一九九二年の投票日の夜、私は男友達との夕食を終えて家に帰る途中、地下鉄で乗り合わせた乗客からクリントンが僅差で勝ったことを知った。地下鉄の96丁目駅にいた群衆は一斉に歓声をあげ、私は男友達とプラットフォームで抱き合った。

それなのに、やって来たのは奇妙な時代だった。あるとき、私はクラレンス・トーマスの指名承認公聴会を見ていて、怒りがこみあげた。そしてつぎの瞬間、風刺コメディを見ているような気がした。私が大学を卒業する頃には、フェミニズムは危機的状況にあった。評論家がそこかしこで弔いの鐘を鳴らし、今の女性たちはポストフェミニストの（あるいはポストフェミニスト以降の）リップスティックフェミニスト〔女らしさをも同時に追求するフェミニスト〕だと主張した。私は仕事とデートと子供を持つべきどうかの悩みで頭がいっぱいで、その流れに気づかなかった。ほかにも責任が山積みになり始めると、フェミニズムは『ビッチ』や『カント』といった雑誌を読み、タトゥーをいくつも入れている若い女性の闘いだという気がするようになった。私は相変わらずフェミニストを名乗っていたかもしれないが、それが何を意味するのか、もはやわからなくなっていた。

かつての怒りはどこに行ってしまったのだろう――私の怒りだけではない。周囲を見回しても、私の学生時代に「フェミニストのテキスト講座」をとっていた学生が見せた義憤の気配はほとんど見ることができなかった。時間が経って私の視界がぼやけたのかもしれないが、たいていの場合、周囲の若い女性は私が同じ年頃だった時代より諦めが早く、ためらいがちで、心に葛藤を抱えているように見えた――彼女たちが性にもとづく不公平に傷ついても顔を歪めなかったという意味ではなく、そう呼んでよければ、戦場が変わってしまったからだ。この数十年で、女性は政府でも職場でも信じられないほど大きく前進したが、多くの女性にとって、家庭での状況はあまり変わっていなかった。

個人的なことがらが政治的な問題だとしたら、政治的なことがらもまた個人的な問題となった。

女性は家庭でも職場でも、おもに日常の小競り合いで平等を手に入れようと口論を繰り広げる。こうした闘いはおもに最前線で展開し、私たちは昇給やフレックスタイムを巡って上司と掴み合いのけんかを始めたり、パートナーや配偶者に子育てや家事にもっと協力してもらうための絶え間ない運動に取り組んだ。これらはあまり人目を引くことのない問題だ。社会学者のアーリー・ホックシールドが「セカンドシフト」と名づけた仕事が終わる頃、すなわち子供が寝静まり洗った皿が乾く頃には、私たちの多くはくたくたに疲れていて、大見得を切った大局的な目的のために結集することなどできなかったし、どこから取りかかればよいかもわからなかった。個々の女性に最重要な変化の主体を務めさせることで、リベラルフェミニズムはそのような重大な責任の負担をしっかり評価することを怠り、もっと大規模に社会を変えるための闘いをおそらく犠牲にしたのだ。ファイアストーンのようなラディカルフェミニストが制度を内側から壊したいと考えたのも無理はない。

フェミニストが洗濯するとき

ウェストヴィレッジにある私のアパートにジョンが引っ越してきたとき、アンティークの鏡台と箱をふたつと汚れ物を詰めこんだ洗濯袋を運んできた。家事をどう分担するかはまったく考えていなかった。私たちは若くて恋をしていたのだ。その週末はジョンの荷物を解いて過ごし、「私たちの」家にいられることがうれしくてうきうきしていた。おかげで、食品の買い出し、皿洗い、掃除といったごくありきたりの仕事でさえ魔法の光に包まれていた。ふたりで一緒にやればどんな退屈な仕事も楽しかった。しかしあるときから、私たちの家庭的な喜びに現実が割りこんでくるようになった。私はまだ二十四歳、ジョンは二十八歳だった。ふたりとも仕事で消耗し、毎晩、アパートに帰ってくる頃にはかなりくたびれていた。

まもなく、私たちは習慣の罠にはまった。私はひとり住まいのあいだはテレビを見なかったのに、テレビはいつもつけっぱなしになり、ただでさえ狭いアパートにもうひとり増えたかのようだった。ジョンは帰宅するとドアのそばで靴を脱ぎ、ひとつしかないソファに倒れこむ。リモコンのボタンを押すとテレビの笑い声が部屋に充満した。これがひと息つく彼なりのやり方なのだと納得して、私は目をつむった。ジョンがソファの片方の肘掛けにもたれてくつろいでいる隣で、私は反対側の肘掛けに体を丸め、読みかけの原稿に集中しようとする。人間関係にとって大事なのは妥協ではないか？　しかし結局、私は妥協という行為の仕組みに疑問を持ち始めた。コーヒーテーブルに、原型を留めないピザを何切れか残したまま箱が放置されていると、私はそれをゴミ入れに捨て、「ねえ、食べ終わったらピザの箱は捨ててちょうだい」と、つねに優しい声を心がけて頼んだ。すると「ああ、わかった」とジョンは答え、ぼんやりとうなずいたあと「悪かったよ」と言った。そしてこっちに来て、私の額にキスをした。しかし、ピザの箱は相変わらず放置された。あるとき、至る所で女性がたびたび試みている実験をしてみた。ジョンがシンクに置いた汚れた皿を、彼が洗うまでにどのくらいの時間を要するかを見守ったのだ（結果、綿のような緑色のカビに皿が覆われ、悪臭が漂い、涙がにじむほどになってもまだ洗わなかった）。

丸まったままの靴下についに堪忍袋の緒が切れた。ジョンはひとり暮らしをしていた頃、汚れた衣類を毎週、近くのクリーニング店に持ちこんでいて、洗濯物はその日のうちにきれいに洗われ、たたまれた状態で戻ってきていた。ジョンが洗濯に関してずいぶんきちんとしていることに、私はいくらか感心したものだ。一方、私は自分の洗濯物を週末ごとに地下の洗濯室に運び、洗濯機を設定し、乾燥機に移した衣類を見張っていなければならなかった。私にとってこれまでずっと、洗濯はつい悪口を言いたくなる一日がかりの大仕事だったが、ジョンが来てからもっと大変になった。どういうわけかジョンはクリーニング店に通うのをやめ、汚れ物を私の洗濯かごに放りこむようになった。正確には、ジョンは洗濯物を放り投げ、それは洗濯かごの縁に引っかかるか、そのそばに着地した。その臭い小物たちはなぜかかごの中に収まっていた試しがなく、私はそれをつまんでかごに入れた。

「ジョン、汚れ物はかごの中に入れてくれない？　床の上じゃなくて」

いつもと同じ答えが返ってくる。「ああ、わかった。悪かったよ」

相変わらず効き目もなかった。

私の苛立ちは汚れた皿にカビが生えるよりも速く膨らみ、優しさは跡形もなく消えて、あからさまな皮肉に変わった。私は作業を均等に分ける努力を怠ったわけではない。

「ジョン、今日はあなたが洗濯してくれる？」

私は日曜の朝が来るたびに頼むようになった。自分でも冷たい声だと思った。ジョンは『ニューヨーク・タイムズ』の日曜版を読みふけっていて、ろくに顔もあげずに「ああ、あとでやるよ」とつぶやいた。ジョンが気づいてくれないものかと、私は息を切らせながら、彼のまわりにあるクッションや本や重ねた新聞をそっと整えた。二十四にもなって小言など言いたくないではないか。それに、私はけっしてきれい好きというわけではない。しかしそれとないほのめかしの甲斐もなく、私は仕方なしにふたりで分担するはずの洗濯をすることになった——部屋と地下室のあいだを行き来しながら、私は腹立ちまぎれに小声で悪態をついた。その最中に私は爆発した。月曜までに読まないといけない原稿を二本抱えているのに、私は洗濯していた——ジョンがやると約束した洗濯だ。それというのも、ジョンがシャワーを浴びたあと、湿ったまま浴室の床に置きっぱなしにした何枚ものタオルがカビ臭くなっていたからだ。私は顔を真っ赤にして汗をかき、その日三回目の洗濯物を両腕で抱えて部屋に戻ってくると、ジョンがソファにだらしなく座り、テレビに映る滑稽な仕草を見ておかしそうに笑っていた。私はただでさえ無性に腹が立っていたが、ソファの上の彼の横にしゃくに障る汚れた靴下が丸まっているのが目に入った。それで切れた。私はジョンに、その靴下を拾って洗濯かごに入れるように少なくとも五回は頼んだのに、靴下は人を小馬鹿にするようにそこから動かなかった。

その靴下は突然、私の苛立ちの象徴となった。私は憎々しげにジョンをにらんだが、ジョンは気づかなかった。私は怒りで震えながら、乾いた洗濯物を入れた袋をソファの上にどさりと置くと、ジョンの見ている前で、彼の衣類を一枚ずつより分けて積み重ねた。それから落ち着きはらって彼の衣類を両腕で抱えると、窓から放り投げた。

ジョンは体を起こして、私をじっと見た。ようやく注意を向けてくれた。

「なんでそんなことするんだよ？」とジョンは聞いた。心から困惑しているようだった。
それで私はなおさら腹が立った。私は両手を腰に当てて、ジョンと向き合った。
「これからは、自分の物は自分で洗濯してちょうだい！」と私はきつい声で言った。それから向きを変えると、寝室に行き、ドアを後ろ手にバタンと閉めた。そしてベッドに倒れると、しばらく壁を見詰めて寝転んでいた。私があんなことをするなんて信じられない、と考えて、自分の怒りの深さと動きの素早さに驚いていた——私が大学で男女の不平等に対して感じた、力が湧いてくる憤りとはかなり違った。暗くて、人を無気力にさせ、正直なところきまりが悪く、受け止める準備のできていない怒りだった。家事の憂うつについて読んだことはあるが、どこかよその女性の問題だと——野暮ったい主婦の問題であって、私の問題ではないと——ずっと思っていたので、汚れた皿や靴下のことで自分が泣き言を言っているのに気づいて、プライドが傷ついた。

　私はベッドに横になったまま、さっきの出来事を振り返り、これは私が負けることのできない——負けるわけにいかない——闘いなのだと決意した。ベッドを出ると、重い足取りで居間に戻った。そして「カッとなってごめんなさい」と謝った。ジョンは外から衣類を拾ってきて、たたんで重ねていた。「でも、さっき言ったことは本気だから。私はあなたの母親ではないし、使用人でもない。ここでの家事を手伝う気がないなら」と、私はそこで深く息を吸った。「一緒には暮らせないわ」
「僕も謝るよ。気がつかなかったんだ」

　そのあと状況は劇的に改善して、ジョンは自分の物は必ず自分で洗濯するようになった。

　この「洗濯事件」が起きたのはジョンも私も二十代のときで、家事のやりくりはまだ楽だった。

だがシルヴィアが生まれると、家事に関する話し合いでまったく新しい交渉をしなければならなかった。今度は必要な仕事が明らかに増え、リスクも大きかった。私たちは結婚して、子供が生まれ、家もあった。ほとんど気づかないうちに、私は赤ん坊の誕生に伴う家での人手不足をひとりで補っていた。在宅で仕事をする授乳中の母親として、赤ん坊を生んだことで増えた責任と家事――授乳、おむつの交換、洗濯、買い物、毎晩のお風呂、寝かしつけるまでのひと騒動――をあまりにやすやすと一手に引き受け、やがてそれはあっさりと習慣になった。怒りと憤りは消えなかったが、話題にするようなことではないとでも言うように心の奥に追いやった。

私たちはよかれと思ってそうしたのだが、ジョンと私は最初、ふたりの労働を昔ながらの性差別的な路線に沿って分けた。皿洗い、カウンターの布巾がけ、おもちゃの片づけ、冷蔵庫で悪くなりかけた食品の処分、請求書の支払い、トイレットペーパーの交換、そのほかの重要ではないが必要な雑多な仕事を私が受け持ち、それでたちまち一日潰れることもあった。ジョンはもっと重要度が高く、回数が少なく、どちらかというと「魅力的」な仕事を受け持った。週に二度ごみを出し、必要に応じて排水溝と溝のつまりを取り除き、月に一度、粗大ゴミを道路脇に運び、たまに電球が切れると交換した。私は疲れていて潮の流れに逆らうことはできなかったが、浸食されまいと闘った。私たちの症状は「問題による疲労」というより、慢性的な「結婚による疲労」だった。片時もじっとしていない幼児を毎夜寝かせたあと、洗われるのを待っているシンクに溜まった皿ほど結婚生活から夢を奪うものはまずない。私たちは日常生活のやりくりに行き詰まり、ジョンも私も全体が見えなくなり、互いを見失った。

ついに、ジョンは私の執筆の仕事について尋ねなくなり、私の記事が印刷されても読まなくなった。ジョンが朝、シリアルを食べるときに咀嚼する音が静かな台所に響くと、私はジョンの器を掴んで彼の頭の上で逆さにしたくなる衝動を抑えなければならなかった。石鹸や歯磨きのチューブや頭痛薬がどこにあるかジョンに聞かれても、答えなくなった。まもなく私は、その怒りが自分を永遠に歪めてしまうのではないかと心配になった。私はいつだって笑い上戸で冗談を言わずにいられなかったのに、私の顔は角張っていつもしかめ面になった。

＊＊＊

押し殺した敵意を何カ月も抱きつづけたあと、私たちには助けが必要だと判断した。当時はまだアナポリスに住んでいて、ある結婚カウンセラーを友人に勧められた。私たちが自発的にカウンセラーの診療室に赴き、自分たちには問題があると認める覚悟ができたという事実は、夫婦の状況の悲惨さを物語っている。私たちはどちらも進んでカウンセリングを受けたがるタイプではなかった。ジョンは言葉よりも数学が得意だった。私の親友は、私のことを話し好きだと言うかもしれないが、心理療法は好きではなかった。私の父はイングランド出身、母は中国出身で、どちらの文化も「弱みを見せない」「体面を保つ」といった言葉とたいていセットで語られる。私の家族は禁欲的だった。「黙って我慢するほうがまし」というのがわが家のモットーだったと言ってもいい。子供の頃、私が熱を出したり、嘔吐したり、寒けがして震えていると、父は私に子供用のアスピリンを二錠渡して「死にはしないさ」と言ったものだ。妹が十代のときに経験したパニック発作のことで精神分析医の診察を受けた際、母は話していいことといけないことを妹に指示したほどだ。

そんなわけで、カウンセラーの診察室のソファでジョンの隣に座っているのは、私にとって生き地獄のようなものだった。私は目をそらさずバッツ先生をまっすぐ見た。先生は眼鏡をかけ、こめかみに灰色のそばかすがあり、顔の表情がまったく読めず、そのせいで私は少し緊張した。気づくと私は歯を食いしばっていて、顎が痛んだ。私は努めて顎の力を抜いた。

「どういうわけで、ここにいらっしゃったのですか？」と先生は聞いた。

私は時間を稼いで考えをまとめたいと思い、息を深く吸って、吐いた。それから緊張して固まっていた肩を無理矢理ほぐした。バッツ先生は革張りのデスクチェアの背にもたれて私たちを見詰め、一時間一二〇ドルを稼ぐ人らしい辛抱強さで返事を待った。

「その」と、私はかすれた声で切り出した。ちらっとジョンを見やると、彼はじっと両手を見ていた。「私たち、助けが必要なんです」

私はとうとう言った。バッツ先生はうなずいた。凝視していた視線が揺れて、まるで爬虫類のようだった。この人は瞬きしないのだろうか？　私は私の不満の原因を筋道立てて考えながら、とぎれとぎれに話しつづけた。私の話は先生が前にも聞いたことのある内容だったに違いない——ふたりの心がどんどん離れていき、やがて互いのまわりを回っているばかりで、つながっていると感じられなくなる。私はアナポリスの安全と暮らしやすさを求めてニューヨークから逃れてきたが、予想外の孤立感に見舞われ、ますます思いやりと人とのつながりを求めるようになったのだと話した。

そのときふと、ほつれた夫婦関係を元通りにより合わせようとして、あるいは永遠に別れるために、いったい何組の夫婦がこの場所に座ったのだろうと考えた。いったい何組の夫婦が、この小さい診察室で、ソファの両端のサイドテーブルに巧妙に置かれた箱からティッシュをつまみながら、ふたりの失望について洗いざらい吐き出し、バッツ先生が暮らす三階建ての家の一階に封印してきたのだろうか。

ジョンは私が話しているあいだずっと黙っていた。彼のブロンドの髪が片方の目にひらりとかかった。今居るのがどこかほかの場所だったらよかったのにと思っているのが伝わってきた。私は長い話をだんだんはしょっていき、いち段落したところでバッツ先生がようやく口を開いた。

「ご主人に飲酒やドラッグの問題はありますか？」と先生は聞いた。

「いいえ」と私は答えた。「そういうことはありません」

「暴力を振るうことは？」

私は思い切り首を横に振った。「いいえ、もちろんありません」

「浮気をしているとか？」

「いいえ、私が知っているかぎり……ありません」。私は少しずつ気力を失っていった。

「あなたや娘さんを養う義務を怠っていますか？」

いったい何が言いたいの？「いいえ、夫は立派な父親です」と私は冷静に答えた。

バッツ先生は肩をすぼめた。「では何が問題なのですか？ご主人は感じがいいし、しかも男前だ……」

この頃には神経の高ぶりは消え、はっきり言って頭に来ていた。

「では、たとえ話でご説明しましょう」と、私は穏やかな声を保とうと決意して言った。身を乗り出し、肘を膝に置いた。ジョンが目をむく気配がした。私は夫婦げんかでもこれと同じ比喩をたびたび使ってきた。

「うちには本がたくさんありますが、全部収納できるだけの本棚がありません。でも、私が何冊か売り払おうと提案すると、夫は反対するんです。その本を読みたいからではなく、ただ本棚に並べておきたいから。おわかりになりますか？」

私はバッツ先生の目を見て、理解してもらえたかどうか探ったが、やはり表情は変わらなかった。

「とにかく、私が感じているのはそういうことです。私は、夫が読む気もないのに本棚に並べておきたがる本になったような気がするんです」

バッツ先生の表情がようやくかすかに変わり、困ったような笑みを浮かべた。

「『クレイマー、クレイマー』という映画はご覧になりましたか？」

どういうこと？「見ましたけど」

この奇妙な遠回しの質問に調子が狂い、慎重に答えた。実際、私は七歳の頃、つまり映画の中の少年と同じ頃に、母と一緒に映画館でこの映画を見たことをよく覚えていた。この映画には強い感銘を受けた。当時は離婚する両親のどちらかを選ばされることほどひどい状況を想像できなかったからだ。

「どうしてですか？」

「ああ、あなたを見ていてメリル・ストリープが演じた人物を思い出したので。それだけです。もう一度見るといいですよ」。先生は腕時計を見た。「そろそろ時間です」

ジョンはソファから勢いよく立ちあがった。

バッツ先生は私たちを裏口に案内し、ジョンと私は先生の家の脇をくねくねと進む石畳の通路を通り、芝生の上に倒れている十段変速の自転車をよけて正面の私道に出た。私たちのステーションワゴンはそこに停めてあった。太陽がまぶしくて、私は車の中の日陰に入ってほっとした。

車を私道から出しながらジョンがおかしそうに笑い始めた。

「ずいぶん頭に来てたね。『クレイマー、クレイマー』の話になったときにさ?」とジョンは言い、こうつけ加えた。「先生の言ったことはまったく的外れだ。僕は君がメリル・ストリープに似てるとは思わない。バッツ先生よりは君のことをよく知ってるよ」

私は笑顔を返した。そしてふたりで笑い出した。

＊　＊　＊

そのあと数回バッツ先生を訪ねたことは、共通の敵を前にして私たちが絆を取り戻すという奇妙な効果をもたらした（あれは先生の秘密の戦略だったのか？　だとしたら効き目はあった）。何度かカウンセリングを受けたあと、ジョンと私は、もうバッツ先生の割高な助けを借りなくてもこの難局を乗り切れそうだと判断した。それに、私たちはこちらを探るように見ている立会人の前で身動きがとれなくなり、不満を吐き出すしかなかった。さしあたって私たちの気分は楽になり、希望を持てた。私たちは間近に迫ったニューヨークへの引っ越しに心を躍らせていて、そのことも手伝って、ふたりとも努めて行儀よくしていた。ジョンは私がその日一日どう過ごしたかをしきりに尋ねるようになり、夕方にはパソコンを離れ、家族が一緒に過ごす時間をなんとか増やそうと努力するようになった。私は不機嫌な物言いや口答えを慎み、非難するのではなく、心理療法で感情を表現するときのやり方で不満を伝えた。つまり「あなたがこれこれをすると、私は……と感じる」という具合に。するとジョンは私のしていることに気づいて、同じような態度で答えた。認めるのは抵抗があるが、心理療法士は勘所を心得ているのかもしれないと言わざるを得ない。というのは、ことに私たちがニューヨークに戻ってから状況はゆっくりと改善していったからだ。

ブルックリンのアパートに移って二カ月後のある金曜の夜、私たちは夕食後にレンタルＤＶＤの店に立ち寄り、シルヴィアを寝かしたあとで見る映画を探した。ドラマの棚を見ていてたまたま『クレイマー、クレイマー』が目に留まり、誘惑に勝てずに棚から取り出してジョンに見せた。

「どう思う？　見てみる？」

「ああ、見てみよう」

夜遅く、私たちは寝室で掛け布団に潜りこんでこの映画を見た。二時間近くのあいだ、私の分身とされる妻が自分を見つけるために夫と息子を置いて家を出たあと、ダスティン・ホフマンが演じる人物が父親としての喜びを見つけるのを――フレンチトーストを焼くあの象徴的なシーンは忘れがたい――私は見守った。おかしくて感動的で、素晴らしい映画だ。私は映画を見ながらティッシュをひと箱使い切ったことを白状しよう。しかし、バッツ先生が子供を見捨てる頼りない母親に私をなぞらえたこと以上に、メリル・ストリープがほんの十五分ほどしか出演していないことにぐさっと来た。バッツ先生は私をメリル・ストリープに喩えることで、私自身のいまいましいドラマの中で、私に中心的な役割さえ与えてくれなかったのだ。

映画が終わると、私は少しむっとして、ジョンの隣で寝転んだまま手足を投げ出した。

「バッツ先生が台所で不器用な父親を演じるダスンティン・ホフマンに君を喩えたのなら、少しはわかってたと言えるけど」とジョンが先に言った。

「どういうこと？」。私はジョンの腕を叩いた。「私、料理は得意だわ」

「僕が越していったときに、君のアパートのオーブンに説明書が入ったままだったの、覚えてる？」

「あれは一〇年も前の話じゃない」

「あの部屋に二年も暮らしていて気づかなかったなんて。それから中華風クッキーの件もあったしな——」

ジョンが私の料理の不手際についてそれ以上あげつらわないうちに、彼の顔に枕を押しつけた。するとジョンも応戦してきて、まもなくバッツ先生のことも、先生の時代錯誤な連想のことも、どこかに消えた。

＊＊＊

ジョンと私は時間をかけて、たとえ些細なことに思えても、誰が皿を洗うかで毎晩もめるのは夫婦関係に深刻な影響を及ぼすことがあると学んだ。私のある友人は夫と別れたが、なぜかというと、夫は誰が見ても聡明で高い学位を持っているにもかかわらず、湿ったバスタオルをタオル掛けにかけようとしなかったからだ。

「たかがバスタオルじゃないか」と、彼女が荷物を鞄に詰めていると、夫は抗議したそうだ。「大騒ぎするようなことか」

もちろんバスタオルは大騒ぎするようなことではない。しかし社会学者なら教えてくれるだろうが、「ティッピングポイント」や「凝集効果」といった十分な資料に裏づけられた現象があり、ちょっとした違反――使ったバスタオルや脱いだ靴下――が、妥当な（すなわち、まずい）状況ではとんでもない違反行為と受け取られることがある。タオル掛けにかけてとやんわりと頼んだのに、あるいは怒って要求したのに動じる気配もなく、何年ものあいだ床に放置されつづけた湿ったバスタオルは、夫婦げんかでは戦闘準備の合図となるのだ。

家庭内が戦闘状態にあった時代に立ちあがった第二波フェミニストはこのことにそれとなく気づいていて、家庭での人間関係の重要性をただちに強調し、彼女たちの政治路線の真ん中にどんと据えたのだ。彼女たちは、家事はおもに権力と敬意の問題だと理解していた――どんな場合もとは言わないが、たいがいそうだ。家事がおおやけの場での侮辱に利用され、公共圏に入る女性に対して銃が向けられ、夫のシャツにアイロンをかけろだの「本来の居場所である台所に戻れ」だのといった言葉を浴びせられるようになった経緯を考えてみよう。料理や掃除はときには気が休まり、充足感を与えてくれることもあるが、これは年に一度の大掃除を終えたあとの達成感や、料理を手作りする楽しさの話ではなく、遺伝的運命のようなものとして提示されている家事の話だ。

これと似た「家庭での怒り」を覚えた経験があり、不満を感じているのは自分だけではないと知りたい女性には、一九七〇年に出版されたパトリシア・マイナルディの『家事の政治学』というエッセイをお勧めしたい。「参加型民主主義は家庭から始まる」とマイナルディは書く。彼女は夫に、家事の分担をどのように提案したかを説明する。共働きで、夫婦で家計を支えていたのだから当然だろう。いたって公平だ。もちろん夫は快く同意した。しかしそのあとで、夫がなんとか務めを免れようとした様子を、マイナルディは面白おかしく書いている。気に入った項目をいくつかご紹介しよう。

「家事を分担するのは構わないが、やり方を教えてくれ」

解説　僕はあれこれ質問するから、そのたびに一から全部教えてくれ。僕はあまり物覚えがよくないからな。それから、僕が家事をしているあいだは椅子に座って新聞か何か読むのはやめろ。さもないと、君が自分でやったほうが楽だと思うくらい君をうるさがらせてやるぞ。

「汚さの基準は人それぞれなのに、なぜ君の基準に合わせないといけない？　不公平だろう」

解説　僕がごみや汚れ物にうんざりするようなことがあれば、「この家はまるで豚小屋ね」だの「こんな場所にいったい誰が住めるのかしら？」だのという君のいつもの台詞を返して、君が何かするのを待つことにするよ。

「家事を分担することに文句はないが、君の時間割に合わせるのは無理だ」

解説　消極的な抵抗。家事をするにしても、気が向いたときにやる。僕の担当が皿洗いなら、週に一度まとめてやるほうが楽だ。洗濯なら月に一度。床掃除は年に一度でいい。気に入らないなら君がもっと頻繁にやればいい。そうしたら僕はやらなくていい。

まだまだ続く。しかし、マイナルディのような第二波フェミニストが、フェミニズムの政治的表現として家庭での責任に疑問を持つよう女性全般に教えた一方で、第三波以降のフェミニストは家事の問題にはより慎重になり、それほど政治的ではなくなっている。それはおそらく当然だ。私たちは母の世代が家庭で向き合ったのとまったく同じ問題の解決策を今も模索しつづけてはいるものの、今日、女性が家事で発揮する腕前は、女性自身のアイデンティティや自意識とそれほど結びつかなくなっている。

奥さんが欲しい

ニューヨークに引っ越すと、仕事面での私たちの生活は大きく変わった。ジョンは別のインターネット会社を新たに立ちあげようと、起業に向けた準備態勢に入っていた。そのため、引っ越し荷物を解いて新しい生活に慣れるのと並行して、ジョンは打ち合わせや電話会議やマンハッタンにオフィスを見つけて借りる手続きや、自分で会社を始めるときに捌(さば)かなければならない予想外のあらゆる急場にも対処していた。機器のどこかが故障したとかで、変な時間に急ぎの電話がかかってくると、ジョンはオフィスに出かけていって直さなければならなかった。夜中に目を覚ますと、ベッドの隣でジョンがノートパソコンを使っていることが幾度もあり、画面の明かりで仕事に集中しているのがわかった。このように目的に向かって一心に打ちこむことが起業の初期段階に必要だということは私も理解していて、できるだけ力になりたかったが、それは必ずしも容易ではなかった。

一方、私は教師と執筆の仕事のほかに、フリーランスの編集者としてイギリスの独立系出版社から定期的に仕事を受けるようになった。つまり、私も自宅にオフィスを構えることになり、プリンタとファクスを置き、フェデックスのアカウントを持ち、原稿の束が積み重なるようになった。ジョンがマンハッタンのオフィスに仕事場を移し、シルヴィアを一日幼稚園に預け、そのあと五時まで学童保育に通わせるようになると、昼間は仕事に専念するのがだいぶ楽になった。それでも、ふたりとも新しい仕事を始めて、いつもせき立てられていた。私はジョンの仕事にどのように合わせればよいかを見極めようと努めながら、自分の仕事で手を抜かず、シルヴィアと過ごす時間も譲るまいとして、やがて行き詰まった。私は「セカンドシフト」どころか四つのシフトをこなし、仕事のある日は一日が終わるのがたいてい午前二時頃だった。夜は平均四時間くらいしか寝ていなかったと思う。ジョンも同じだった。私たちの生活はそういう状況で、やがて慣れたが、犠牲も払った。

　友人のクリステンに電話して、私もジョンもへとへとだと愚痴を言うと、彼女はひどく驚いた。

「そんなにも疲れてるからキレずにいられるのよ。誰の手も借りないなんてとんでもない。あなたには休みが必要だし、夫婦だけで出かける時間も必要よ。今すぐメールして電話番号を教えるから、ベビーシッターを定期的に雇うか、せめて週に一度は誰かに来てもらって掃除してもらいなさい！　嘘じゃない、それが賢いお金の使い方よ」

　クリステンの言うとおりで、そういうお金の使い方はぜいたくかもしれないが、まったく無理というわけではなかった。私はなぜ人を雇わなかったのだろう？　「何もかも自分で」やるべきだ、もしくはやれるはずだという時代遅れの思い込みのせい？　その費用を正当化するだけのお金を稼いでいないという負い目のせい？　それとも私にはリベラル派の罪悪感のようなものがあり、自分ほど幸運に恵まれていない女性を搾取するような気がしたからだろうか？　理由はどうあれ私に抵抗があったせいで、フェミニズムの「不都合な秘密」とされるものがいくらか露呈した。

＊＊＊

女性が働きに出るようになれば何もかもうまくいくだろうと、ベティ・フリーダンが予測してから五〇年近くが過ぎ、共働き一家の暮らしが楽になるという見通しは嘘だということが、ほぼすべての経験的、事例的、統計的証拠によって暴かれた。要するに両親ともフルタイムの仕事につきながら、家事の一部でも人に手伝ってもらうことなく、仕事から帰ると家はきれいに整っていて、子供はきちんと面倒を見てもらっていて、健康によい手作りの料理が並び、洗い立てのシーツにくるまれて毎晩八時間眠るといった生活を確保することはできない。

「私、奥さんが欲しいわ」と、母は私が子供の頃によく冗談を言った。一九七二年の『Ms』誌にのったジュディ・サイファーズの記事の受け売りだと、あとで知った。「奥さん」とはあなたの世話をして、料理をつくり、子供の面倒を見て、掃除をし、あなたの性的な欲求を満たしてくれる人を指す婉曲表現だ。「奥さんを欲しくない人などいるだろうか?」と、サイファーズは記事を締め括る。

かつてないほどの数の女性が家の外で仕事を持つようになり、滞りなく家庭生活を送るにはどうしても助けが必要だという事情が置き去りにされているせいで、近年「奥さん」の需要は高まるばかりだ。フリーダンの助言を聞いてその気になり、お金に余裕のある人は、女性の使用人を雇って昔から奥さんに任せていた仕事――子育てと家事――を手伝ってもらっている。この流れはエリートのためのフェミニズムとして非難を浴びてきた。それほど裕福でなく恵まれてもいないほかの女性に頼るという残念な結果を招きかねないからだ。過去数十年に家事労働に対する需要の高まりとグローバル化の流れがうまくかみ合い、第三世界の女性のアメリカへの絶え間ない流入が進んでいる。そのような女性の多くは幼い子供を母国に残してアメリカに来ている。

『メリー・ポピンズ』や『ティファニーで子育てを』といったナニー（子守）が主人公の人気の物語は、ナニー業に絡む人種や階級の問題を無視している。雇い主とナニーの力関係を考えると、アメリカに来る女性の多くは低水準の条件、ことによると暴力的な条件をのまざるを得ない。法律上の配偶者にこれまで与えられてきた権利や、多くの場合、有給の従業員につくはずの手当を一切与えられずに、雇い主の私生活の内側で部内者と部外者の微妙な境界をまたいでいる――じつは赤の他人でありながら、家族の最も奥深くの活動にかかわる。このもろい取り決めの中心に、ナニーと母親と子供から成る三角形がある。ナニーを雇って外で働く母親は依存心と罪悪感がないまぜになった関係をしばしば操っていて、ひいき目に見ても容認される行動の境界があいまいだ。

私の両親はともにフルタイムで働いていたが、子供の頃、私にナニーはいなかった。しかしたまに雇うベビーシッターは何人かいたし、いろんな託児所にも預けられた。ところが私が十歳の頃、母は住みこみの「ハウスキーパー」を雇い、その人が掃除と夕食の支度をし、妹が生まれてからは彼女の世話をした。その人は中国人の中年女性で、私は意地悪にも彼女が私の隣の部屋を使うことを嫌がり、私には理解すらできない楽しそうな中国語の会話で母の気を引いたことを妬んだ。一方、妹は子供の頃にほとんどこの女性に育てられ、まるで家族の一員であるかのように彼女を慕っていた。

女性の家庭労働者――ナニー、メイド、売春婦――の窮状は、私が学生だった一九九〇年代にはそれほど注目されていなかったが、現在までのあいだにアメリカと海外の両方に見られる実際的で経済的な現実に追い立てられて、こうした労働者の雇用はますます増えている。講座をとっていた学生の何人かは、私の妹と同じようにナニーに育てられたり、使用人がいつも家にいる環境で育っていたし、たとえそういう経験がなくても、そこに絡むたくさんの切迫した問題について、大衆文化やマスコミを通じて知っていた。やがて教室での話題は、家庭労働者を雇うことに伴う感情的なしこりの話に移った。

L教授は、グローバル化が発展途上国の女性労働者に及ぼす影響についてとくに論じている、バーバラ・エーレンライクとアーリー・ラッセル・ホックシールドの『グローバル・ウーマン』を課題に指定したが、会話はアメリカ国内の事情に向かい、L教授が話の流れを導いた。

「先日、友人が涙ながらに話してくれました。雇っているナニーを働かせすぎたせいで、断りもなく仕事をやめてしまったそうです」と、L教授は切り出した。「友人は続けて言いました。『私の子供にどうしてそんな仕打ちができるのかしら？　私の子供を愛してくれていると思っていたのに』。それで尋ねました。『なぜ？　どうしてその女性があなたの子供を愛していると思ったの？』と」

「私の面倒を見てくれたナニーのひとりは、母があれこれ仕事を言いつけたものだから、黙って出ていきました」とリサが言った。「床磨きなんかもさせられて、おまけに私と弟の面倒を見ないといけなかったんです」

L教授はうなずいた。

「いくつもの仕事をさせられることはよくあるわね」と、教授は怒りをにじませて言った。「はっきりさせておきましょう。今話しているのは底辺の家事のことです。床に這いつくばり、汚物を扱う仕事です。暖炉の棚の埃を払うような仕事とは違います。そういう底辺の仕事が女の仕事とみなされなかったことはありません。つまり、それはいまだに性差別的構造の問題ですが、今では階級差別的構造の問題でもあるのです。女たちはその仕事を夫にやらせるのではなく、女性を雇ってやらせるのです」

「子供に不利なことがあるはずです」とマンディが言った。彼女はナニーの世話になったことはないと明らかにしていた。「残念だけど、ナニーに育ててもらうのは親に育ててもらうほど好ましいはずがありません。それに愛情の問題もあって事情は複雑です」

「聞いてください」とダーニが言った。「私はクリスマスに母のためにメイドを雇うつもりです。ずいぶんひどいことに聞こえるけど。母に楽をしてもらえるように、何カ月か人を雇って家の掃除を頼もうと思うんです。いけませんか?」

ダーニの問い掛けにいち早くカレンが口を開いた。

「意地悪なことは言いたくないけど、ナニーやメイドを否定するのは『養鶏業者が信用できないから鶏肉は食べない』と言う理屈に似ています。そういう職業はなくなるはずがないし、私の家族がメイドを雇うことのどこがいけないんですか?」

L教授は怖い顔でカレンを見た。

「だからと言って、この関係にできるかぎり構造の変化を起こして公正な関係に近づける機会があるのに、それを無視するしかない、ということにはならないでしょう」

「でも」とカレンは苛立った声で言った。「うちでは以前、何年ものあいだ同じ女性に掃除をしてもらっていて、家族はみなその人に親切だったし、報酬も悪くなかったし、ボーナスや手当も出していました。いったい何が問題なのですか？　思いやりを失わないかぎり……」

「いいえ！」とL教授は強い口調で言った。「『思いやり』だけでは不十分です！」

「ねえ。私の母はナニーだったわ」と、ルシアが手をあげもせずに口を開いた。これまでのやりとりにすっかり愛想を尽かしているようだ。ルシアは教室にひと握りしかいない有色人種の女性のひとりだった。

「母は賃金のことでいつもぼやいてました。どれほど多くの人が支払いをごまかそうとするかを聞いて、あきれたわ。そのうえ恩着せがましいったら……」

「ああ、それはよくないわ――もちろん」とカレンが言った。「でも、ごまかさないとしたらどう？」

授業時間が残り少なくなり、L教授が今日の教材からもう少し大きい結論を引き出そうと頭をひねっているのがわかった。

「女性を保護するためにこのような仕事を規制するもっとよい方法はあります。アメリカのシステムだけが唯一ではありません。たとえばスウェーデンを見てみましょう。あの国は母親にも父親にも出産・育児休暇を与えていて、ユニバーサルデイケアもあります。移民にはスウェーデン語を教え、奨学金で教育を受ける機会も与えられます。ですから低技能職にしかつけない、ということはありません。でも、ほかにも考えるべきことはあります」。L教授は言って、最後に教室を見回した。「かつては子育てと家事が女性をひとつに団結させていたことを思い出してください。それは求心力として、第二波フェミニズムにとって重要でした。しかし今や家事は人種や階級や移民文化によって人間関係を分断する要因となっています。女性が『男性のような働き方』を追求することで別の女性を抑圧しているだけだとしたら、本当に女性を解放することになるでしょうか？」

性の政治学

実際、女性の団結ではなく女性間の分断というテーマは私が読む本に浸透してきていて、とくに性という一触即発の問題を中心に、ますます多くの問題が女性同士を闘わせている。一九六〇年に、アメリカ食品医薬品局（ＦＤＡ）がはじめて経口避妊薬を認可し、女性はついに自分で受胎をコントロールする比較的安全で予測可能な方法を手に入れた。そのあと寝室だけでなく裁判所でも性革命が始まった。一九六五年には最高裁判所が、避妊の手段を夫婦に販売することを禁じたコネティカット州法は憲法に違反して夫婦の寝室のプライバシーを侵害していると判断した。その後「アイゼンシュタット対ベアード」裁判の判決で、このプライバシー権の適用範囲を夫婦だけでなく個人にも広げた。一九七三年になってようやく、最高裁の黒いローブをまとった男ばかりの判事は、女性の中絶権はかろうじてプライバシー権の範囲内にあり、したがって憲法の保護下にあるとの判断を僅差で下した。これはフェミニストにとって大々的な勝利であり、アメリカにおける生殖の政治学を変えた。

しかしフェミニストはこの勝利で自信をつけたものの、フェミニスト運動は総じて分裂していった。第二波フェミニストはリベラルフェミニスト、ラディカルフェミニスト、文化的フェミニストに分かれ、ポルノグラフィーという断層に沿って大きな亀裂が生じていた。

ウーマンリブ（女性解放運動）と性革命の目標は最初、避妊と中絶の合法化という問題で一致しており、ほかの意見の相違には一時的に口をつぐみ、奇妙な協力者も現れた。『プレイボーイ』誌を創刊したヒュー・ヘフナーはこのふたつの問題を巡るフェミニストの活動に資金援助さえした。しかし一九七〇年代後半には、グロリア・スタイネム、ロビン・モーガン、スーザン・ブラウンミラーを含むフェミニストのグループが団結して、積極的にポルノと闘った。反ポルノ陣営は、ポルノによって女性の品位が貶められるだけでなく、そういうイメージは実際に女性に対する暴力を生むという立場をとった。ロビン・モーガンはこれを「ポルノは理論であり、レイプは実践である」と表現した。しかし同時に、多くのフェミニストが自分の性を探求し、表現するよう女性に促し、こうした活動家は、ポルノに対する攻撃はだいたいがセックス敵視であるとみなした。ラディカルフェミニストのアンドレア・ドーキンの言葉とされる「すべての性行為はレイプである」といった発言をマスコミが繰り返し伝えたことも、事態に拍車をかけた。私が大学に入る頃には、反ポルノ陣営のフェミニストは確かな足場を築いていた。私の世代はこの問題に関して立場を決めかねていた。

私がポルノと出会ったのは小学六年生のときで、仲のいい友達が父親秘蔵の『プレイボーイ』を見せてくれた。彼女のお父さんはその雑誌をベッドの下に隠していた。私たちは放課後、友達の両親の寝室で毛足の長いカーペットに寝そべり、写真のページをめくっては両手で顔を覆って笑い声を消した。そのあいだ廊下から彼女のお母さんの足音が聞こえてこないかとひやひやしていた。私たちは早くもその年齢で、性的魅力があることと性の対象となることの境界を分析するようになり、前者を目指し、後者を避けようと努めた。性的魅力は込み入っていて複雑で紛らわしく、しかもあれは八〇年代の初めだった——ポルノ女優のジェナ・ジェイムソンやGストリングやビキニワックスの話題が一般家庭に登場する、はるか前のことだ。

中学校に進級すること——大人への階段をまたひとつのぼること——を考えると、うれしさと恐ろしさが相半ばした。七年生になった初日のことは今もまざまざと覚えている。私は手のひらに汗をかいて、その汗を始終スカートで拭いながら、染みにならないでほしいと思っていた。その前の晩、私は何時間もかけてクローゼットの服を全部試して、学年の初日にふさわしい服を探した。私の部屋の壁にかかっている姿見の前で何度もくるっと回り、ようやく映画『フラッシュダンス』の主人公が着ていたような、肩が片方ずり落ちそうな淡い緑のシャツと膝丈のデニムスカート、ハイトップスニーカーにもこもこの白い靴下という服装に決めた。

翌朝、私は自分の選択を悔やんでいた。新しく通う学校の廊下はトンネルのようで、目に染みるアンモニアと柑橘系の匂いが混ざり合っていた。そして私はたくさんの顔に囲まれていた——なじみの顔もあったが、ほとんどは知らない子だった。私は肩を隠そうと、シャツの首まわりを何度も引っ張りあげた。

二限目は生物の授業だった。私は前から二番目の、小学校からの友達ジーナの隣に座った。私たちは知らない人ばかりの中で助け合える友達を見つけてほっとして、隣同士の机を確保すると時間割を見せ合った。私の気分はましになった。あと二、三人、知っている子が集まってきて、教室はたちまちおしゃべりで賑やかになったが、先生が入ってくるなりさっと静かになった。ルイス先生は中年の男性で、くぼんだ目は眼鏡のカラーレンズに隠れて全部は見えなかった。先生の外見の何か、視線があちこち動く様子に、私は不安になった。今度はその青い目がじっと私を見ているようだった。

「君」と先生は甲高い声で言い、私を指さした。「ここに来なさい」

私はいぶかるようにジーナと視線を交わして、おとなしく立ちあがり、教室の前に出ていった。先生はまた教室を見回した。

「それから君」。今度はピーターという名の男子を指さして、前に来るように言った。

ルイス先生は私の肩に両手を置いて肌に直接手を触れ、私にもっと前に出るよう促した。私は教室の生徒たちと向き合った――ピーターの隣で。

「このふたりの違いは何かな?」と先生が聞いた。

私は嫌悪感を露わにジーナを見た。彼女は首を横に振って同情を示してくれた。三〇組の目に見詰められて、体中がほてっていた。すでに首から顔まで隠しようもなく赤くなっているのがわかった。

ジーナが手をあげて「その子の名前はステファニーです」と臆することなく言った。「それから、もうひとりはピーター」

ずいぶんあとになって大学で女性学の授業を受けて、私は私の名前を大きな声で口にしたジーナの直感に驚くことになる。大学の授業では、級友たちの前に立たされて外見だけに視線が集まり対象化されたときに、あれほど無防備に感じた理由を説明する言葉も見つけた。しかし、あのときは私も衝動的に行動した。私は自分の席に戻り、椅子に座ってから「すみません。でもこれには参加しません。意味がわかりません」と言ったのだ。

ルイス先生は両方の眉をあげて私を見た。

「それなら君は座ったままでいい。続けよう」

授業が終わる頃には、私は恥ずかしさと怒りで震えていた。

それから三年間、ルイス先生は私に罰を与えつづけた。私のあからさまな嫌悪の何かが先生の注意を引いたのだ。先生はチアガールチームの責任者で、ミニスカートをはいた女の子たちにいつも取り巻かれていた。そのうちの何人かは、放課後何時間も先生の膝に腰かけ、先生の耳に何やらささやいていた。私はそういう子たちの仲間には入らなかった。私は彼女たちと同じように自分の体を道具や武器として使うつもりはなかった。先生は教室で私たちに言った。

「僕に相談しなさい。親に言えないようなどんな話でもいい。僕なら理解してやれる」

先生は冗談のつもりで女子のブラのひもを引っ張ることもあった。

あるとき授業中に、先生の手が私の背中をシャツの上からなでおろしたので、私は後ろを振り向いて「やめてよ、この変態！」と口走っていた。どこからそんな勇気が湧いたのかわからない。

「変態の意味も知らないくせに」と先生はからかった。

私はさっと前を向き、机の上に置いたゴム製の人の心臓模型に覆い被さるようにうつむいて、先生を無視しようとした。

だがまわりでは、女生徒たちが先生の魔力に捕まっていた。彼女たちは先生がいかにすてきか、いかに話が面白く頭がいいかを語った。先生が君はきれいだと褒めると、彼女たちはキラキラと目を輝かせた。私は先生のことを嫌なやつだと思っていたが、そういう意見は間違いなく少数派だった。

ある午後、先生が廊下で私の後ろにそっと近づいてきて、「チアガールになりたくないかい？」と、息がかかるほど耳の近くで小声で言った。「応募してみるといい。僕は審査員のひとりだから」

私はロッカーの戸をバタンと閉じて、「いいえ、結構です」と答えた。

先生はにやっと笑うと突然、私に体をぶつけ、私を抱えあげて肩にのせた。先生は大柄で、身長が一八〇センチ以上あり、私は一六〇センチちょっとしかなかった。私は先生の背中を叩いておろしてと訴えたが、聞いてくれなかった。始業のベルが鳴り、私は先生のせいでつぎの授業に遅れると叫びながら、じたばたした。近くにいた生徒がじろじろ見ていたが、先生はまったく動じずに私をつぎの教室に運んでいくと、入り口でおろした。私は急いで部屋に入った。先生は廊下の角を曲がるときに振り向いて、私のスペイン語の先生に笑顔を向けて「彼女が遅れたのは僕のせいです」と言って、私を見て片目をつむった。私はむかついた。

ついに校長先生に訴えると、「気にしすぎ」だと言われた。確かにルイス先生の教え方は「一風変わっている」けれど、「きわめて効果的」だと校長は言った。今とは時代が違ったのだ。いずれにせよ私はそれ以上何もせず、できるだけルイス先生を避けた。結局、私は前に進んで、高校にも大学にも進学した。最後に聞いた話では、ルイス先生は法的レイプで逮捕されたと言う。

ルイス先生は彼なりの不適切なやり方で、イヴの時代から存在する無遠慮な形の性の政治学を私に見せたのだろう。英語、生物学、代数を学ぶかたわら、私はそのとき女性の体は力にもなるが、堕落の原因にもなりうることを学んだ――そして、スカートが短ければ短いほど堕落の程度も深くなる。私は典型的な女性のパラドックスにはまりこんでいたのだが、もちろん当時はそんなふうに考えていなかった――私たちの誰もそんなふうに考えていなかった。思春期の厳しい試練は、男女を問わず誰にとっても疑いなく困惑の種だったし、私たちはそうした紛れもない矛盾のどれひとつ指摘する準備ができていなかった。しかし交戦規則を決めようとしてあくせくしているうちに、私たちはせっかちに互いを値踏みするようになった。

私たちが成長するにつれ、女子は体の線が細くしなやかになり、意地悪くなった。一方、男子は頭の働きが鈍くなり、声が大きくなり、ますます気に障る存在になった。小学生のときに知っていたある少女は、ぽっちゃりした眼鏡の優しい子だったが、十代になると骸骨のような痩せた体にぴったりした服を着て、真っ赤な口紅を塗り、髪にパーマをかけた。彼女は教室を移動するときにひとりきりで、まっすぐ前を見て歩いた。まるで彼女が学校の駐車場で売春しているという、まわりでささやかれ広まっている噂など耳に入らないかのように堂々としていた。私は黙って彼女を見守り、いったいどうなってしまったのだろうと不思議だった。今でも不思議だ。その手の無駄話のネタには誰だってなりたくないものだ。酔った勢いで深入りしたとか、けんかの果てに別れたという話が、ウィルスのような勢いで学校中に広まった。なかには「男たらし」と呼ばれ、欲望の対象として軽く見られる女子がいた。また「色気がある」と言われ、褒めそやされる女子もいたが、実質「男たらし」と言われるのと変わらなかった――両者を分ける境界線はとても細かった。恋愛関係の中での性行為は大目に見てもらえたが、相手を選ばないセックスはそうはいかなかった。

しかし、少なくとも私の知っていた女子に関しては、たいていセックスが目的ではなかった。しょせん高校生の男子とのセックスなど楽しくもない。むしろ愉快に過ごす時間、交際相手がいるという安心感、友情、ドラマ、悪巧み、嫉妬、相性の善し悪し、優越感、そしておそらく何より、人を思いのままにできる快感が重要だったのだ。私たちの体はこうしたことすべてのための道具にすぎなかった。私たちはたとえ言葉でうまく説明できなくても、基本的なレベルでそのことを理解していた。

＊＊＊

大学に入ると、私はまもなくこうしたプロセスを表現するための支配、疎外感、対象化の言語を身につけた。私も級友も性を巡る若者らしい論争に加わったが、フェミニストの原則は大学の教室に確実に浸透しており、男女の関係の最もありふれた表現さえ問いただした。ヘンリー・ミラーの

『セクサス　薔薇色の十字架刑』にあるつぎの一節を考えてみよう。

よくバスの支度をしてくれとも頼んだものだった。躊躇する素振りは見せながらそれでもちゃんとやってくれた。ある日、バスタブに浸かっていると、彼女がタオルを用意していなかったことに気づいた。「アイダ」ぼくは声をかけた。「タオルを持ってきてくれ！」浴室に入ってきてぼくにタオルを渡す。シルクのバスローブにシルクのストッキングという格好だった。タオル架けに掛けようとしてかがんだ拍子に、そのバスローブのすそが開いた。ぼくはすっと身体を起こして前屈みになり、彼女の陰部に顔を埋めた。一瞬のことだったので彼女には抵抗する間もなかった、と言うより抵抗する素振りをする暇もなかった。たちまち、ぼくは彼女をバスタブに引き込んでいた。ストッキングもなにもかもそのままで。バスローブをするりと脱がせて床へほうった。ストッキングはそのままで――それが一層彼女を淫らな女に、なお一層クラナッハの絵のように見せていた。バスタブに寝そべり、ぼくは彼女をぐいと自分の上に引き寄せた。彼女は盛りのついたメス犬そのものになって、ぼくの身体中を噛んだりしながら、ハアハアゼイゼイ喘いで、危険に遭遇した芋虫のようにのたうち回るのだった。……その間ずっと無言だった。

（井上健訳、水声社）

ケイト・ミレットは『性の政治学』の冒頭でこの一節を引用した。『性の政治学』はもともとコロンビア大学の博士論文として書かれたが、一九七〇年に出版されてベストセラーとなった。文学に見られる性差別を明らかにするために、この本は男性作家――ヘンリー・ミラー、ノーマン・メイラー、D・H・ロレンス、そして釣合をとるために、元男娼でゲイのジャン・ジュネ――の作中の性生活を通じて、読者を方法論の旅に誘う。これらの男性作家は性について書いているだけではないと、ミレットは主張する。彼らは男性の性衝動を賛美するが、そこで女性を犠牲にしており、女性は人間より劣る存在として扱われる。たとえばミレットの本の前置きとして使われているミラーの一節に関して、彼女はこう書く。

「読者が――読者が男だとすれば――この重大な局面で語り手に代わって体験するのは、超自然的とも言える力の感覚だ。この一節は、状況、細部の描写、背景を生き生きと想像力を働かせて活用し、性行為の興奮を呼び覚ますだけでなく、弱く従順でどちらかというと知性のない女性に対する支配を、男性が主張しているのでもある。これは交合の基本的なレベルでの性の政治学の一例である」

要するに、性には政治的な側面があるということだ――これは今日、広く受け入れられているように思える部分だが、当時は画期的な概念だとみなされた。明らかに、性と政治学はイヴの時代から絡み合ってきたが、おそらく近年ほどあからさまではなかった。一九七〇年代にフェミニズムが支持されるようになってもなお、性は舞台の中央に押し出されていた――私たち女性の抑圧の証拠としてだけでなく解放の証拠としても、性はスポットライトを浴びたのだ。この性と政治学の露骨な組み合わせはとんでもない大混乱を引き起こし、私たちは今なおそこから立ち直ろうとしている。

しかしながら当時、ミレットによる文学作品を使った父権制の分析は、まだあまり研究されている分野ではなかった。『性の政治学』が出る前は、大学ではフェミニストの学者でさえ、自身の研究にこれほど徹底してフェミニストのレンズを持ちこむ者はいなかった。攻撃的な男と従順な女という範例は男女の自然な力関係と受け取られ、したがって異議が差し挟まれることは稀だった。ミレットはつぎの疑問をあえて提示した。女性はこの場面を読んでどう感じるか？　無言でもだえるアイダが男性の空想だとしたら、このような空想は女性にとってどういう意味を持つのか？

「映画で男が女を捕まえ、女は一旦は身を引こうとするものの、そのあとで男の腕にしなだれかかるという、よくある場面を見たことがある人は何人いますか？」と、授業で『性の政治学』について討論しているときに、アンジャが質問した。「その話を書いたのは誰でしょうか？　私が知りたいのは——その場面は性的興奮を引き起こすのかです。たぶんそうなんでしょう。でも、その場面は女性の主体性を奪っているように思えます。だって、嫌だと言えばいいじゃないですか？　つまり、その話は男性が無理強いしているのか、それとも女性は心から望んでそういう行動をとるのか？」

ヴァネッサという別の学生が、物憂げに脚を組み替えた。真っ黒な長い髪が波打って片方の目にかかった。

「嫌だと言っても本気でない場合と、本気で嫌だと言っている場合の区別はつくと思います」と、彼女はゆっくりと自信ありげに言った。「たぶんアイダは、ロマンチックな恋愛の罠にはまることなく楽しい性体験をしてるだけでしょう。それを性差別だと批判すれば、問題が善悪という別の領域に移るだけです。つまり、社会制度が欲望を生むからと言って、その制度を信用できないわけではない。こういう場面を、女が男の言うなりになり、そのことで男がいい思いをしていると、どうして私たちはいつも解釈するのかな？　たぶん一部の女性はこうしたイメージから力を得ていて、このような理想の女性像を諦めたがらないでしょう」

ヴァネッサはたった今「嫌だと言っても本気ではない」と言ったの？　誰からも反論が出ないとしても、せめて抗議の声があがるのを私は待った。しかし誰も彼女と議論しようとしなかった。私はうめき声をこらえた。またここに舞い戻るなんて信じられなかった。女性が性的魅力を発揮することで力を得られると感じるなら、それは限定的な屈折した力でもあり、他人の目を通して自分を判断するように強いる力だ。フェミニストは昔から「女性の力」に関するこのちょっとした情報操作に気づいていて、それを退けてきた。ヘンリー・ミラーの『セクサス』のこの場面、理由があってミレットが『性の政治学』の冒頭に引用した場面で、ヴァネッサがこのような影響の責任をアイダに押しつけるのは滑稽だと、私は思った。ミラーはわざとアイダから声を奪っている。ここでアイダの欲望を語るのは的外れだ。語り手の快楽が最優先されており、アイダは利用される体にすぎない。ミラーの小説のつぎのページは、左記のようなやりとりで、語り手と彼が征服した相手との関係をさらに詳しく説明する。

「あなたは私のことなんて、そんなに好きじゃないんでしょう？」とアイダが聞く。

「これは好きだよ」と私は言って、強く突いた。「ここは好きだ、アイダ……君の最高のものだ」

教室でこの場面に気後れしているのは私以外にいないようで、私はうろたえた。突然、私の世代と彼女たちの世代のあいだの距離が果てしなく遠く思えた。教室で性と権力について語りながら、私はこの世代が、準備万端の性衝動という考えにいかにどっぷり浸ってきたかに気づいた。

だが正直なところ、私でさえ影響を受けていた。最近、出来心で土曜の午後のバーレスクダンス教室を覗いたのだ。友人が夢中で話すのを聞いて、少しばかりみだらな楽しみを味わえるかもしれないと考えたからだ。しかし友人はセクシーな気分になれても、私にはくだらなかった。ニップルタッセルが出てきたときは、野球帽のひさしで顔を隠して、そそくさと退散したくなった。その午後の時間に気づいたことがある。性的な興奮はさまざまな形や言語使用域（レジスター）で表現される――タッセルを振り回したりお尻を揺らしたり小さい三角水着を身につけることは断じて私の得意分野ではなかったし、得意になりたくもなかった。

それでも、性的魅力の一形態として、こうした奔放な女というセクシーさの形を受け入れさせようとする圧力は執拗だ。ストリッパーやポルノ女優は女性に力を与えるエンパワメントのお手本としてもてはやされ、彼女たちのスタイルを真似ないまでも、認めるように女性を煽る。ジャーナリストのアリエル・レヴィは著書『男性優越主義の女』で、猥褻を愛好する女性の台頭を解説する。「女らしい女」よりもタフで抜け目なく、はるかにいけている男性優越主義の女は、男と仲良く連れ立ってストリップクラブに行き、『プレイボーイ』を愛読し、女性を対象化するそのほかあらゆるいつもながらの儀式に、男性優越主義者の中でも最高の男とともに参加するのだ。しかし男性優越主義の男と違って男性優越主義の女は、眺める側であると同時に眺められる側でもある。

「とすると、あなたはビデオやヴィクトリアズ・シークレットの下着のカタログに出てくる女らしい女とは違うけれど、男性が女らしい女を好意的に評価するのを認めること、またあなた自身も好戦的な姿勢や知恵の下に同じ性的エネルギーとセクシーな下着を隠しているかもしれないことを併わせて示すのがあなたの務めである。猥褻への情熱はその下のあらゆる土台を隠すのだ」とレヴィは書く。

性的に「解放されている」と見せることは、多くの若い女性のあいだで最優先事項となっているように思える。昨今の大学新聞は「性問題の専門家」の学生を取りあげる。彼らは大学卒業後に性に関する助言を提供することで一生のキャリアを築いていく。若いブロガーらはキャンパスでの性体験やデートでの思いがけない出来事について書き立て、あらゆる関係の親密で、たいていは気が重くなる詳細を明かす。こうした「性体験の打ち明け話」は本やコラムの執筆依頼、悪評をものともしない媒体の仕事など、金になる話につながる可能性がある。しかし、猥褻の不当な利用はこれまでもずっと儲かる商売だった。新しいのは、一部の人がフェミニズムの名を借りてその機会に乗じているらしいことである。

実例を使った授業

画面では、ありえないほど鮮やかなブロンドに巨乳の女性が、男優に体をすり寄せてあえいでいる。脱色した髪が男性の腹で揺れて、日焼けした肌と強烈な対比をなしている。まもなく動きが激しくなった。学生たちは神経質な笑いを漏らした。教室にいる女性のほとんどは虚勢を張って、互いにささやき交わし、ときどき画面に向かって意見を言った。ほかの女性たちは唇を引き結び、気まずそうにしきりに手を動かしていた。エリザという女性は真っ赤になって目を覆い「見ていられません」と断った。

私たちはポルノについて話し合うために、ポルノを鑑賞することになった。前に「フェミニストのテキスト講座」をとった大学時代は暗黒時代だったかに思えてきたが、あのとき私たちはポルノに学問的に取り組んだ。教授は特定の描写——メイプルソープの写真、『プレイボーイ』誌の見開きページ、殺人ポルノ映画——について画像ではなく言葉で手短に説明し、学生たちは芸術やその他の表現手法とポルノを分ける境界線をどこに引けばよいかを討論した。しかし、そのような境界線にはもはや誰も興味がなさそうだった。

ダーニは、彼女のコレクションから『ストラップオン・セクレタリーズ』のビデオを持ってきた。タイトルが示すとおり、始まって数分のうちに主演女優は張形を身につけて、男優に背後から挿入していた。さいわい、その先は長く見つづけずに済んだ。L教授がビデオを止めたとき、私は頭が少しくらくらし始めていた。まわりの学生たちは浮かれていた。

これがエンパワメント？ 私はこれまで何度も反復してきた質問をまた繰り返した。これがフェミニズム？

まさか、とミシガン大学で法学を教えるキャサリン・マッキノン教授なら言うだろう。その日の課題だった『ポルノグラフィ 「平等権」と「表現の自由」の間で』という薄い本で、マッキノンは、ポルノは言論の自由の保護下に置くべきではないと主張する。彼女はポルノが実際の虐待の延長線上にあると考える——猥褻な行為、その後、猥褻な素材が繰り返し、女性を自分の体から引き裂く。「やがてあなたが経験することは、あなたにとってもはや現実ではなくなり、見ている途中で止めることのできない映画のようになる。これは女性版『芸術を模した生活』であり、ポルノ作家が書いたテキストとしてのあなたの生活である。……もはや耐えられなくなると、あなたは自分の体を離れてほかの誰かを創造し、その誰かにあなたの体を乗っ取らせるようになる。あなたは人に気に入られようとし、こびへつらい、人の真似をし、強引なほど受け身で寡黙な自己を育てる——つまり、女らしさを学ぶのだ」

マッキノンは、とくに乳首にたらされる溶けた蝋や血やボンデージについて書くとき、少し力が入りすぎかもしれない。それに彼女の言葉は『ストラップオン・セクレタリーズ』の場合、あまり関連性がない。この映画で人工ペニスを振り回すのは女性のほうだ。しかしそれでも、暴力的であろうがなかろうが、張形を使おうが使うまいが、ポルノはやはり女性を対象化しているのではないか？　ビデオテープを持ってきたダーニは、照明が灯ってからしきりに何か言いたそうにしていた。「正直なところ私はマッキノンをまったく好きになれませんでした。実際、ポルノで演じる女性はたいてい、同意した大人として参加しているわけです。なのにそれは悪いことだと意見するなんて、いったい何様ですか？　空想と現実は別なのに、マッキノンはそれをまったく無視しています」。ダーニは考えながらそこで間をおいた。「だいたい、この討論は少しばかげています。それに、ハンバーガー店で最低賃金で働くしかないかもしれない女性にしてみれば、ポルノはお金を稼げるチャンスです」

何人かの学生がうなずいて、同意を示した。

ダーニが話すあいだ、私は彼女をじっと見ていた。肩まである髪をポニーテールにまとめ、鼈甲柄の眼鏡をかけて、流行の図書館司書風だ。たまにチェックのスカートにハイソックスをはいて、挑発的どころか臆病そうだった。しかしたいていはスウェットの上下を着て、ぼろぼろのバックパックのストラップを、皮肉のつもりか、それとも楽だからか、両肩にかけて背負っていた。『ストラップオン・セクレタリーズ』のビデオを持っているタイプには見えなかった。だから、授業の初日の自己紹介で、彼女がタイムズスクエアに近いSM部屋で時給二五〇ドルで女王様役として働いていると告げたときの、私の驚きを想像してほしい。ほかの学生たちはこれを聞いて興奮し――時給二五〇ドルですって！――ふたりの学生が、どうやって応募するのか、黒いレザーに身を包むほかにいったい何をさせられるのか、といった細かい質問を始めた。ダーニは急いで、女王様は娼婦とは違うことをはっきりさせた。つまり、客と性行為はしていないということだ。彼女は鞭で叩いたり、必要ならば尿をかけたりして客を苦しめるだけだ。両親は、娘が割のいいインターンシップをしていると思っているそうだ。ダーニはこうしたことを淡々と語り、学生たちは笑って賞賛の気持ちを示した。

するとダーニは真剣な表情になった。

「すごく勇気のいることだと思うんです――そういう男の人たちには家族がいて、責任ある仕事についていて――そのうえで、大変な危険を冒して性的欲求を探っているんですから」

これを聞いて、私はもう少しで笑い出すところだった。私は勇敢だと思う行為を即座にいくつか思い浮かべることができる。たとえば戦場で写真をとること、老婦人を襲おうとしている強盗を組み伏せること。でも、妻子が待つウェストチェスターの家に帰る途中でタイムズスクエアの風俗店に立ち寄ることは、勇気ある行動とはあまり思えなかった。私は別の意見が出るのを待ったが、少なくとも口に出しては誰も議論しなかった。彼女たちはみな目を輝かせているように見えた。ダーニは開拓者であり、ヒーローだった――昼は女性学を専攻し、夜は女王様として働き、しかもそのことに誇りを持っていた。学生たちは最前線からのダーニの報告を、まだ聞き足りない様子だった。「あなたはまさにポストモダン現象ね！」と、L教授が叫んだ。「女性学を専攻しながら、女王様として働くなんて」

「不思議なことに、女王様役はたいてい女性学専攻の学生です」とダーニが答えた。

もちろん、そうだろう。

教室の学生たちはダーニの課外活動の話に興奮したのだから、実際にその活動に参加したときの様子は想像がつく。それからの一時間に、私はポルノのよい面をたくさん知った。ポルノがいかに「性生活についてのコミュニケーションの道を開いているか」や「正常さの境界を緩やかにしているか」といった話だ。しかし興味深いことに、教室にいる誰ひとり、討論のあいだに対象化という言葉を口にしなかった。まるで対象化は所定の事実であり、たとえば性交そのものと同じくらい正常なことだとでも言わんばかりだ。大学生の頃、私の世代はプライベートな空間やアイデンティティをどれだけ手に入れても足りなかったが、今の世代は公共への開示の時代に育っており、そこでは人生はテレビで延々と放映される壮大なリアリティ番組として眺めることができる。彼らの思春期はフェイスブックのような場で展開し、そこに写真やコメントや心の奥に抱える考えや感情さえもさらけ出し、それを誰でも見ることができる。おそらく今は多くの女性が率先して自分を対象化しており、対象化について叫んでも、もはやかつてと同じような感情を呼び覚ますことはないのだ。

私はすでに十分長く生きてきて、現在のポルノ文化を前向きに提示するのが難しくないことは知っている。女性もポルノを利用しており、レズビアンがダイク（男役）という言葉を取り戻したように、女性たちはポルノのプロセスの支配権を握り、比喩としても文字どおりにもペニスを身につけるのだ。だが、私は腹の底ではそのような流れを信じていない。そういう状況はあちこちで見かけるし、明らかにもてはやされているが、私にはこうした商品化された性のどこにも、女性が力を得ている姿を見つけられなかった。

「ポルノは実際のセックスとは違います」と、学生が両者を混同しそうになるたびに、L教授は何度も思い出させた。「そのことはわかりますね？」

最後に、教室の後ろからタマラがふいに声をあげた。カーリーヘアの痩せた女性で、めったに発言しないが、発言するときはいつも説得力があった。

「私はマッキノンが気に入りました」。柔らかい声に強情さが感じられた。「彼女は空想と現実の関係をややこしくしています」

タマラが話す声は断固としていたが弁解がましく、私は今の若い女性がいかに、与えられたものをとるかとらないかの選択しか許されない、いわゆるホブソンの選択に向き合っているかを理解した——女は誰だって人から魅力的だと思われたいものだ。しかし少なくともこの教室では、現在の選択肢を考えると、学生たちは、ポルノ女優やストリッパーが性的な自信を派手に見せびらかすのを崇めるか、それともポルノは性差別だと触れ回る、より保守的なマッキノンを支持するかしかない。九〇年代に「フェミニストのテキスト講座」を受けたときにも授業でマッキノンを読んでいて、あれ以来、性を敵視しながらポルノを支持するかつての二項対立を信用することなく、ポルノを批判する本がたくさん出版された――レヴィの『男性優越主義の女』もそのひとつだ。ああいった本はどこに行ったのだろう?

タマラは自分の主張の正しさを証明しようとして、衝撃的な調査をおこなった。マッキノンは『ポルノグラフィ 「平等権」と「表現の自由」の間で』で一九八四年の『ペントハウス』誌の見開きページに言及している。その写真で、何人かのアジア系女性が「束ねられて吊されていた」。モデルのひとりは両脚のあいだに太いロープを通され、まだ子供のようだった。この号が発行されてまもなく、ノースカロライナ州でアジア系の八歳の少女の死体が見つかった。彼女は性的暴行を受け、写真と同じように吊されていた。マッキノンは、ポルノは性的暴力が起こる環境を生むという主張の裏づけとしてこの事件を用いている。私が学生だったときも授業で戦慄を覚えながらこの見開きページのことを話し合ったが、実際に写真を見たことはなかった。タマラはパソコンのキーを叩いて、さっきポルノビデオが流れたばかりの画面にその写真を映し出した。写真は明らかにリンチの場面を表現していて、女性たちは無防備な裸のまま吊され、死んだようにうつろな表情をしていた。

学生たちは画面の写真を見た。暗くて表情はよく見えなかった。タマラが画面の左に立ち、成り行きを見守っていた。

するとダーニが大きな声で言った。「それほどひどくないわ。もっとひどいかと思ってた」

＊＊＊

古代ギリシャ人が最初に心身問題を突き止めて以来、人類はこの問題を理解しようと努力してきた。女性はこの心身の分裂によって大変つらい思いをしてきた。女性の体は大衆文化によって強奪され、別の形に変えられ、しばしば声と欲望を奪う形で本人に反映される。ポルノグラフィーという言葉自体は「娼婦のことを書く」という意味のギリシャ語から派生した。この言葉には性的なことを書くという意味はなく、セックスの相手をして稼ぐ人を指すことに注目してほしい。今日この言葉をいかに取り繕おうと、ポルノグラフィーは元来、金儲けの手段として、男性によって男性のために生み出されたのだ。確かに、ポルノ産業のおかげで金銭面で恩恵を受けている女性は多いが、時給で赤の他人に体を差し出して性的快楽を装うことは、女性の欲望とはまったく無縁な経済上の選択である。

ならば、ポルノはどうして女性のエンパワメントを代表するようになったのか？　言うまでもなく、すべてのポルノが同じわけではない。あらゆる趣味に合わせたポルノがひととおり揃っており、なかには自称フェミニストのポルノ映画製作者がつくった映画もある。たとえば、キャンディダ・ロイヤルはおもに女性の視聴者の要求に応えている。一部の女性が心から楽しんでポルノを鑑賞し、性生活に楽しく取り入れ、それが彼女たちにとって力になっていることも知っている。しかし、私が今考えているのは、男性が操るポルノによってつくられたセクシーという言葉の狭い定義に自分を押しこめていると思われる、その他大勢の女性、あるいは少女たちのことだ。彼女たちはワックスでむだ毛を処理し、アメリカ中の寝室であえいでオーガズムを装い、誰かに「色気がある」と思われることに束の間の勝利感を味わうのがせいぜいだ。教室で目にした昨今のポルノ礼賛の状況は、性生活において本当に若い女性により大きな声を与えているのだろうか、それとも正反対の結果を生んでいるのだろうかと、私は考えずにいられない。

私が学生だった頃、ポルノにはとうてい今のような幅広い人気などなかった。ときどき寮の誰かの部屋に集まってポルノを鑑賞するという話は聞いたことがある。たいてい『シンドラーズ・フィスト』や『スパームズ・オヴ・エンデアメント』といった映画を脱構築する目的で、哲学専攻の学生たちが主催していた。私はそういう催しに一度も参加しなかった。自分の立場を表明するためではなく、興味がなかっただけだ。私が大学を卒業する頃には、ポルノに対する強硬路線の態度はすでに和らいでいた。女性たちは七〇年代フェミニズムの禁欲的な重圧とみなしたものを遠慮なく退け、自分の性的関心をひけらかしたがり、女も男と同じように低俗で好色になりうることを証明しようとした。それは悪いことではなく、女性は自分の快楽の主導権を握ることを望んでいたのだ。しかし、私の知る女性のうち、自分がいかにセクシーで力を与えられているかを証明することに強い関心を持つ人たちが、実際は最もセックスを楽しんでいないことに私は気づき始めた。彼女たちは、ポルノが押しつける性的魅力の型に自分を合わせることに一生懸命なあまり、どうすれば性的に興奮するかを自分で考えようとしないのだ。

純粋な性欲、頭がくらくらする化学反応は、厄介で、ばつが悪く、唐突で、気分が浮き立ち、最高の瞬間には軽やかなダンスを踊っているようだ。ポルノは照明やカメラや技術が頼りだ。しかし二十一世紀のアメリカでは、そういう区別はますますぼやけ、セックスとポルノの区別が難しくなっているようだ。マッキノンはポルノという行為を、女性を自分の体から引き離し、まるでテレビの中で起きているかのように、自分の身に起きていることを距離をおいて経験させるものだとして、非難した。今では、その等式は左右が反転し、ふたりの人物の性体験は、その行為がテレビに映るのを見るまでは——すなわち、誰でも視聴できるようにふたりの体験が放映されるのを見るまでは——、これでいいと思えないのかもしれない。

ポルノに関する授業を受けて、次世代——とりわけ私の娘の世代——の女性のことが心配になった。人を従わせようとするこの手のみだらな性的魅力をほかの何よりもますます持ちあげようとする文化の中を、彼女たちはどうやって渡っていくのだろうか。若い女性の多くはあからさまな性の対象という役割を受け入れさせようと強いる圧力に耐えられないのではないか。若い女性にとって自分の欲望はあまりに複雑で、捉えどころがなく、未発達であり、若いうちはそういう役割を担えないだろう。すでに多くの少女たちが、愛想を尽かされたときに自分の体のことで悩み、自分の肉体を粗末に扱うという闘いを始めており、お菓子づくりが上手でも正当に評価されない文化では、必要な励ましも得られない。すべてはセックスアピールのためだ。

L教授の「フェミニストのテキスト講座」の授業がこのように意見がまとまらないまま終わり、私はフェミニズムが、私のためでなくとも娘のためにもっとまっすぐな道を進むことを強く望みながら教室を出た。教室では性の政治学、性の支配力、性の明るい見通しについて話し合った。私たちは身体的行為のあとにいつまでもうるさくつきまとう言外の意味にこだわったが、性の情熱や快楽にも、その核心にある欲望にも、まったく触れなかった。

CHAPTER ＊4

欲望

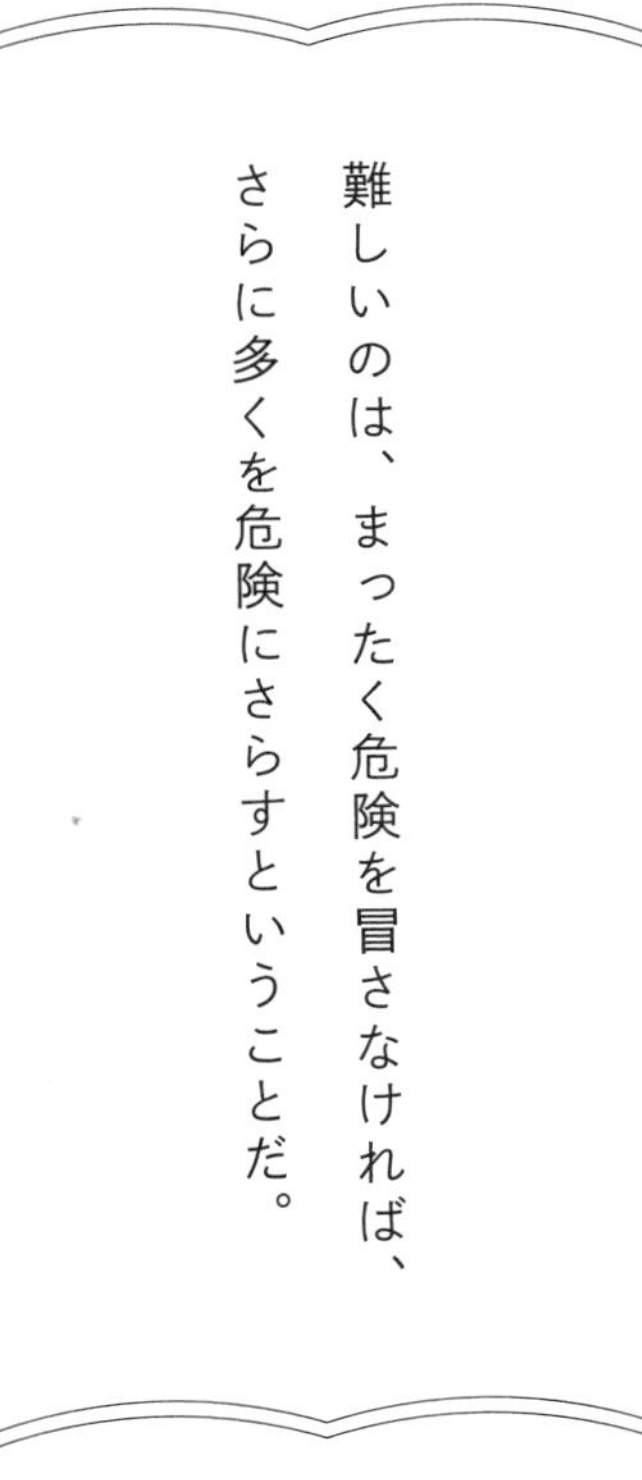

難しいのは、まったく危険を冒さなければ、
さらに多くを危険にさらすということだ。

エリカ・ジョング

Erica Jong

飛ぶのが怖い

キャンパスに春が来た。木立の枝で若草色の新芽が膨らみ、学生たちはロウ図書館前の階段に腰をおろしてくつろぎ、青々とした芝生に脚を投げ出していた。シャツを脱いだ三人の少年が、バトラー図書館の向かいの長方形の広場でフリスビーに興じていた。Tシャツを腰に結び、まだ日焼けしていない肌が青白い。ひと組のカップルが離れた場所でキスをしている。両手は互いの体をなで、まったく人目を気にしていない。私も教室までの道のりを時間をかけてぶらぶらと歩いた。暖かい風が脚にまといつき、素足に日差しが心地よかった。私たちはみな結託して、気温の急な上昇と、満開の桜とライラックの香りがもたらしたお祭り騒ぎを楽しんでいるようだった。

春の熱病のせいだが、私はつぎの課題に指定されたフランスのフェミニスト、エレーヌ・シクスーの哲学的な論文を読む代わりに、シラバスを離れて、エリカ・ジョングの『飛ぶのが怖い』に没頭した。この作品自体も女性の欲望を探究するために女性が手がけた初期の性愛小説として広く認められており、画期的なフェミニストの名作だと見当をつけた。それに『性の政治学』とポルノの授業のあとで、口直しが必要だった。私はフィクションだけがもたらしうる、人生の機微の写実的な描写を渇望していた。一九七三年に出版された『飛ぶのが怖い』は、悪びれずに自分の欲望に従う——恋愛をし、セックスを楽しみ、しかも自分の経験を語って生きる——ヒロイン、イザドーラ・ウィングを登場させた。『飛ぶのが怖い』では、「フェミニスト」と「面白さ」が同じ文の中で楽しそうにつながっていて、やや神経質だがこれまでになく効果的な、性衝動に駆られた女性の登場人物に道を開いた。

「ほら」と、私は教室のある三階までリノリウムの階段をサンダルでのぼりながら、自分を元気づけた。「私は私なりのやり方で、フェミニストをたどる旅にしがみついている」。それでも私は、授業が始まる前にせめてシクスーの論文にざっと目を通しておくべきではないかと考えながら、こっそり教室に入った。

席につくと、学生の多くはまさにシクスーの論文に目を通している最中だった。私たちは春の熱病に浮かされていただけでなく、自他ともに認める学期半ばの停滞期に入ったのだと感じた。学期が進むうちに、若々しい顔立ちで服装も颯爽としていた学生たちがスウェットの上下を着てくるようになり、目の下には隈ができ、コーヒーの入った魔法瓶をわしづかみにしていた——授業中、居眠りしないための必需品だ。しかし、私たちはH教授のおかげで討論から注意をそらさずにいられた。H教授は英語学が専門で、社会でフェミニズムが勢いを増していた一九六八年に大学に入学している。

H教授は教室で交わされるすべての会話を優しい思いやりによって導き、プロジェクトやアイデアに関して学生同士が協力し合うだけでなく、週に一度の討論を教室の外でも続けるように促した。「私はみなさんが団結することを支持します」と、教授は一度ならず言った。H教授にとってフェミニズムは、この言葉のあらゆる意味において、単なる研究課題ではなく「運動」だった。教授はとりわけ、私たちが報いある人生を生きるための青写真を見つける手助けをしようと決意しているようだった。

私とほぼ同世代だったT教授やL教授と違い、H教授は一九六〇年代から七〇年代にかけての時代に生きていた。のちの世代が本やテレビの連続ドラマでしか知ることのできない第二波フェミニズムの出来事のいくつかを実際に目撃しており、ほかの教授にときどき現れた冷笑的な態度が見られなかった。ほかの教授はその一〇年に起きたおもな出来事――公民権運動、ベトナム戦争、ウッドストック・フェスティバル――をすらすらと挙げることはできても、何年も隔たった場所からは、怒りと希望が融合して燃えあがる様子を十分に伝えることができないようだった。私たちは蛍光灯が灯る教室にこもって、これまでよく知らなかった運動の批判的分析に不器用に取り組んだ。必要だったのは、私たちのためにその時代をよみがえらせてくれる人で、H教授はまさにその役割にうってつけだった。

とは言え、H教授が取り組もうとしているのは難しい仕事だった。講座の課題図書はますます難解かつ抽象的になり、たまに矛盾が生じ、理論の奥へと深く分け入っていくと、H教授でさえ討論を盛りあげるのに苦労していた。フェミニズムの第一波と第二波は、目標――教育の機会、参政権、経済的平等――に関してあまり複雑ではなかったが、その後、目標はよりあいまいになり、捉えにくくなった。一九七〇年代のラディカルフェミニズムとリベラルフェミニズムは、女性の抑圧を解剖することを狙ったポスト構造主義およびポストモダンのフェミニズムに道を譲った。その結果、H教授が果敢に両者をつなぎとめようとしたにもかかわらず、討論はどんどん日常生活の経験からかけ離れていった。

この日の午前の授業で、H教授は黒板につぎの言葉を書いた。

ファルス　　ファルス中心主義　　ファルスロゴス中心主義

教授は翻訳した。ファルスとはペニスが象徴する抽象的な力である。ファルス中心主義とはファルスに対する文化的崇拝である。ファルスロゴス中心主義とは言葉そのものがファルスを指向する性質である。言語学には「サイン（記号）」すなわち書かれた単語（たとえば、ペニス）があり、つぎに「シニフィアン（記号表現）」（ペニスそのもの）があり、最後に「シニフィエ（記号内容）」（ペニスという概念）がある。

ジークムント・フロイトが女性の問題の根本原因は男性器であると確認した有名な一件以来、ペニスは文字どおりにも比喩的にも、女性の欲望を取り戻そうとするフェミニズムの闘いに直接結びつけられてきた。女たちは何が欲しいのか？　もちろんペニスだ――もちろん女にはないからだ！　果たして、ペニス羨望という根拠のないいい加減な仮説が、これまで約百年ものあいだ多くのフェミニストの学者をひどく立腹させてきた。

しかし、精神分析医がみなフロイトの説に賛成したわけではない。フロイトの評価を見直したとりわけ著名な学者に、フランスの精神分析医ジャック・ラカンがいる。彼はペニス崇拝に対してより言語学的に取り組むことを主張した。ラカンは、人類は言語を使うようになって深い分裂に遭遇したのだと信じた。彼はこの過程を、人類が「言語に入る」とき、と表現する。その結果、外在性の感覚、つまり疎外感が生じる。言語はつねに比喩的であり、欲求の表現とその答えの受け取りのあいだに隙間が生じるため、言語は不十分な表現様式となる。ラカンにとって、私たちの欲望はつねにフランス語で言うjouissance、すなわち快楽のためである。この言葉はオーガズムを意味すると同時に、私たちが言語に入るときに生じる「分裂」を癒やすことで私たちを完成させる、恍惚とした至福の交合の状態を意味する。しかし、この欲望は願望的思考にすぎない。女性はペニスそのものが欲しいのではなくそれに伴う力が欲しいのだとフロイトは言う――女だけでなく男も同じである。男性にはペニスはあってもファルスはない。誰も本当のところファルスを持たず、私たちはみな――男も女も――「ファルスを探せ」という果てしないゲームに熱中するのだ。

教室を満たす実物と想像上のファルスの話に心をかき乱されるだけでは足りないとでも言うように、ここでシクスーが登場した。彼女はポスト構造主義のフェミニストで、フェミニストの戦場として言語そのものを選んだ。一九七五年に発表した論文『メデューサの笑い』(最初にフランス語で出版された)で、シクスーは女性に「みずから行動することで、自分を――世界や歴史の中に置くように――テキストの中に置く」ことを盛んに勧めた。シクスーの散文は力強い。彼女は女性に書いて、書いて、書きまくれ! と告げる。かつてフロイトが主張したように女性が暗黒大陸だとしたら、私たちは闇の力を存分に発揮するべきだと言う。フロイトが言ったように、女性がメデューサの役を与えられるとしたら、すなわち「去勢――子供の心の中で母のセクシュアリティの発見と関連づけられる――および去勢の否認のイメージをもたらす最高の魔除けの役」を割り当てられるとしたら、シクスーはその推論を逆転させるよう女性に命じ、メデューサをまっすぐ見据えれば、彼女は美しく、しかも笑っていることがわかるだろうと言う。

「この神話を取りあげて、私たち自身に挑戦し、別の解釈を受け入れさせることには、力を与えてくれる何かがあります。これは言語にも当てはまります――たとえば、フランス語のvolerには飛ぶと盗むというふたつの意味があります」。H教授は今や興奮していた。「フェミニズムは舗道の隙間に生える草だと考えてみて――そのまま育てていけば、やがて舗道にひびが入ります。シクスーが言っているのはこのことです。彼女は『言語そのものを変えよう――舗道のひびを探ってみよう』と言っているのです」

H教授はひと息ついて、二〇人の顔がぽかんと見返す前で、つぎはどう話を進めようかと考えていた。

「シクスーは私たちに、前向きな女らしさを身につけるように促しています――彼女はここで一種のマニフェストを書いたのです。シクスーは基本的に言語そのものに不平等が埋めこまれていると考えます。だから、体にもとづいて書くこと――体を取り戻し、逆転させた談話の先に進むこと――を女性に求めるのです。彼女は白いインクで書こう、母の乳で書こうと言っているのです」

冗談でしょう、と私は不機嫌に心の中で思った。女らしさの前向きなモデルを見つけ出すことには大賛成だ――私はそれを求めて母校の門をふたたびくぐったのだ――しかし、母乳で書くとは……。いったいどういう意味だろう？

教室の窓はあいていて、誘うような風がまた入ってきた。甘い花と排気ガスの匂いでむっとする。窓の外を見ているうちに思考がさまよい始めた。ノートで扇ぎながら、私は頭の中で母乳という半透明のインクで書いてみた。私はそのイメージから引き出した身も蓋もない推測でつまづいた。第一に誰にも読めないだろう、それに、一日、二日したら悪臭が立ち始めるのではないか？　私は鼻筋に皺を寄せて、口から出かかった忍び笑いをこらえた。

一方、H教授は期待するように学生たちを見て、私たちが理解しているか確認した。私は心から理解したかった。私はどちらかと言えばH教授を敬愛していて、なんとか教授を喜ばせたかった。それはもちろん、私が母親との関係にいくつも問題を抱えていたからだ。しかし、私は途方に暮れていたことを否めなかった。みんなも途方に暮れていた。

私の考えを読んだかのように、ひとりの学生がだしぬけに言った。

「正直なところ、女性学の授業で学べば学ぶほど、ますます混乱してきます」。そう言うと、彼女は両手に顔を埋めた。

H教授は辛抱強く笑顔を浮かべ、首にゆるく結んだ藍緑色の絹のスカーフを直した。

「では、今学期中にその混乱を解消できるかやってみましょう」

＊＊＊

それからの数日、私はシクスーを読もうとしたが、手こずった。論文が抽象的で難解だったからだけでなく、途中でたびたび生活に邪魔されたからだ。私は「フェミニストのテキスト講座」を受けるあいだ普段どおりの生活を続けると決めていた――言わば、理論と実践の隔たりを詳しく考察するためだ――それでも、ソファでくつろいで本を読んでいる最中に、しょっちゅう何かの用で呼ばれたり急な仕事が発生したりして、読書を中断せざるを得なかった。シクスーの途中で子供を寝かしつけ、フロイトを後回しにして食料を買いに行った。私は理論と実践を結びつけようとあがいて、その結果、一種の認知的不協和に陥った。シクスーは私に「ここから逃げ出して、空間的秩序を揺さぶり、混乱させ、家具を並べ替え、物や価値を置き換え、それらをすべて壊し、構造を空っぽにし、妥当性をひっくり返すことに喜びを見出す」よう迫ってくる。だが、私は夕食をテーブルに並べることさえ満足にできなかった。

その週の金曜の夜、混雑するソーホーのレストランでジェニーとターシャに会うことになった。そのときは三人とも同じ市に住んでいたが、ターシャは赤ん坊と幼児を抱えていて、夫や子供を交えず三人だけで集まれる時間はめったにとれなかった。だが、その日は特別だった。ジェニーは何カ月ものあいだ結婚カウンセリングを受け、何度か和解を試みたあと、一年ほど前に夫と別れると決めた。ふたりはしばらく別居していたが、その日ようやく離婚が成立したのだ。ターシャと私はジェニーの到着を待つあいだ、食事の前にバーカウンターで近況を報告し合った。

「ジェニーの様子はどう?」と私は聞いた。

「話したときは元気そうだったけど、どうかしらね」

そのとき、ジェニーがドアから入ってきた。黒の細身のパンツにシルクのシャツを着て髪をカールさせ、入念に化粧していてすてきだった。ジェニーは私たちを見つけると笑顔を浮かべ、手招いた。

「どうやら、心配しなくてもよさそうね」とターシャが言って、スツールからおりた。

突き出しのパンのかごが空になる前にすでに、私たちは二十代に戻ったようにキャアキャア笑い、前菜が終わる頃には、話題は恋愛とセックスに移っていた。ジェニーは二週間前にパーティで出会った映画プロデューサーとの恋愛について話した。ふたりは何日か前から遠慮がちなメールをやりとりするようになり、しばらく待機状態だったが、彼のほうから会いたいと誘ってきたそうだ。ジェニーは興味はあると認めたが、離婚のあとで少し臆病になっていた。

「家を出たのは私だけど」と彼女は言った。「いろいろあって私の自尊心はまだかなりずたずたなの。私がもっと色気のあるましな女だったら、そんなに仕事ばかりしないでと彼を説得できたかもしれない、なんて考えてばかり」

「だめ！」。ターシャと私は声を揃えて叫んだ。

「そのプロデューサーの人、期待できそうじゃない」とターシャが言った。「その人と出かけて、楽しみなさいよ——そうしたって罰は当たらない！　あなたにとっていいことだと思うわ」

「そうするつもり」とジェニーは言って、悪だくみの相談でもするかのように身を乗り出した。「だけど聞いて。新しい人の前で裸になることを考えるとぞっとするわ」

ターシャと私はうなずいた。ジェニーが気後れするのは理解できたが、それでも私たちは彼女をけしかけた。ジェニーは私たちの分身であり、性の可能性を探究する冒険者だった。

「私がむだ毛を処理しない最後の女だったらどうしよう？」とジェニーが聞いた。

「そうじゃないといいわね」とターシャが言った。

「まじめな話」と、私は言ってワインをごくりとのんだ。「ジップレスファック。あなたに必要なのはあれよ」

ジェニーはうれしそうにキャアと叫んだ。

「エリカ・ジョングね！　中学生のときに読んだわよ！」。彼女は椅子の背にもたれ「ジップレスファックか」と繰り返して首を振った。

私も『飛ぶのが怖い』を読んだのは中学生のときだ。斜めに開いたジッパーの向こうに均整のとれた裸の背中が覗く表紙に惹かれ、ある土曜日、図書館でその本を借りた。たぶんジャッキー・コリンズのロマンス小説のような性描写を求めていたのだろう。あとで掛け布団にもぐってページをめくってずいぶんがっかりした。私は十四歳で、口数の少ない夫を捨てて、不正直なエイドリアン・グッドラヴと一緒になるべきかどうかを巡るイザドーラの回りくどい自問自答を受け止める心の準備がまだできていなかった（この本で私が気に入ったのは、イザドーラが最初は好感を持った夫の寡黙さについて説明するくだりだ。「何年かして、自分がヘレン・ケラーになったような気がするなんて、最初からわかるはずがないでしょう?」）。この作品は性描写の大胆さを売りにしていたし、扇情的な表紙にも期待したが、語りが多く、行為の描写が少ないことにすぐに気づいた。

しかし、二〇年後にもう一度この本を読んでみて私は釘づけになった。現代の女性が抱える、豊富な選択肢を巡る不安をさらけ出し、検証するイザドーラの思索は、私にも身に覚えがあった。今になって私は理解することができた。ジップレスファックに関しては、ジョングはあまり考えずに、彼女をこれほど有名にした行動で示している。ジップレスファックがこう呼ばれるのは、抱擁に至るとき「ジッパーは薔薇の花びらのように開き、下着はタンポポの綿毛のようにひと息で吹き飛ばされた」からだ。舌は絡み合い、液体になる。あなたの魂はそっくり舌から流れ出し、愛する人の口の中に流れこむ」。ジップレスファックは最初から最後まで作品の背景につきまとう、われらのヒロインが思い描く悩ましいファンタジーだが、それはけっして完結しない。実際、ここで描かれるセックスは二次的だ——女性の欲望という風景全体の比喩である。飛ぶこと、高く舞いあがることへの憧れは、欲望の影の部分、すなわち恐れによってのみ阻まれる。まるでイカロスのように太陽に近づきすぎることを猛烈に恐れ、そのあと傷つき壊れて真っ逆さまに地上に戻ってくるのだ。地上に留まっているほうが安全だ——だけど待って、素晴らしい世界が空の上で私たちを待っているとしたら？　だから、私たちは旋回しながらのぼっていき、相反する欲望によっていろんな方向に引き離されるのだ。

ターシャは『飛ぶのが怖い』を読んだことがなかったので、ジェニーと私はあらすじをかいつまんで教えた。イザドーラは一度離婚して再婚した、大学院を中退した女性だ——彼女は魅力的で神経質なところがあり聡明、『セックス・アンド・ザ・シティ』の主役キャリー・ブラッドショーの原型を思い描くといい。作家の仕事に行き詰まり、精神分析医との結婚も新鮮みが薄れ、イザドーラは、ウィーンでの会議に出席する夫に同行したときに出会った男性に惹かれていることに気づく——その土地がフロイトの生まれ故郷なのは偶然ではない。まもなく、イザドーラはふたりの男性のあいだで身動きがとれなくなる。どちらかひとりに決めることさえできれば、その人がきっと彼女を生涯幸せにしてくれるはずだ。実際、イザドーラは心の中で真剣に苦悶し、自分がどういう人生を送りたいのかを考える。アッパーウェストサイドの妻か、はたまた自由奔放な詩人か？　七〇年代の女性であるイザドーラは、白馬にのった王子様がこうした心の迷いから救い出してくれるのを待つのは愚かだと理解しているが、自分を止めることができない。彼女は夫のベネットと恋人のエイドリアンのどちらを選ぶべきかさんざん迷い、狂った振り子のように行ったり来たりする。そして最後には、ぼかしているが、ようやく恐れることなく自分の頼りなさと向き合う。

「女性にとって状況はそれほど変わっていないと感じることがあるわ」とジェニーが言った。彼女はひと息ついてから切り出した。「それで、あなたたちに話すことがあるの」

私たちは彼女に注目して、待った。

「私、ロサンゼルスに引っ越すことにした」

「ちょっと待って」と私は言った。「もう一度言ってよ――なんですって？」

「テレビの放送作家になれないか、試してみることにしたの――知ってのとおり前からやりたかったし――それに、今やらなきゃ二度とできないと思って。何カ月かしたらここに戻ってくるかもしれないけど、やるだけやってみようと思う」

ターシャはグラスを置いて「すごい」と言った。

「離婚してから自分のことでいろいろと気づいたの」とジェニーは言った。「再婚したいわけじゃないし、子供も欲しくない。私は再婚して子供を生みたいんだと自分に言い聞かせようとしたけど、でも、違う……もちろんパートナーは欲しいいし、甥や姪の愉快なおばさんでいるのは好きだけど――でも、私は結婚や子育てに向いてないのよ」

「そういうことならもっとワインが必要ね」と私は言って、ウェイトレスを呼んだ。

ジェニーは立ちあがって、伸びをした。「ちょっと外で煙草を吸ってくる」

「ジェニーがこの街を出ていくなんて信じられないわ」と、ジェニーが席を離れたあとでターシャが言った。

レストランの窓越しにジェニーを見ると、そばにいる喫煙者から火を借りていた。ジェニーがその男に何か言うと、相手が笑った。

「変かもしれないいないけど」と、ターシャが言った。「ちょっとだけ彼女がうらやましい」

「そうね」と私はうなずいた。「私も」

＊＊＊

食事が終わると、ジェニーはマンハッタンに残り、ターシャと私はブルックリンに向かう地下鉄にのった。ジェニーの発表を聞いて、私はおかしな気分だった。通りでターシャと別れたあと、私は家に帰る前にフローズンヨーグルトの店に寄ることにした。店は自慢げで得意顔のティーンエイジャーと大学生で混み合っていて、私がとっくに忘れてしまっていた貪欲な恋の駆け引きが進行中だった。明るい照明の下で私がフローズンヨーグルトをスプーンですくっているあいだ、スピーカーからロックが響いていた。セックスや愛撫の快楽を発見するあの興奮を私がまた経験することは二度とないだろうという考えが頭をかすめた。その洞察に私は面食らった。私は急に年をとって、まわりの若者たちの目に見えていないように感じたが、それは一瞬の出来事だった。

確かに妊娠、出産、授乳と身体を酷使したことは私と体との関係だけでなく、セックスとの関係も変えた。セックスは今でも重要だが、十代後半から二十代にかけてのようにもはや生活の中心的要素ではなくなった。

シルヴィアが生まれてまもなく、私はアッパーウェストサイドの書店で本の朗読会をおこなった。私より少し若い友人が挨拶に来て、娘の誕生を祝ってくれた。

「それで」と、彼女は私の耳元で聞こえよがしに言った。「旦那様とはいつ再開するんですか?」

彼女はとても若く生き生きとして見え、興味津々のようだった。その質問に私は不意をつかれた。「ああ、少なくとも二、三週間先ね」と、私は身震いしそうになるのを抑えながら答えた。さんざんいきんで三五〇〇グラム超の赤ん坊を生んだあと、日に何度も授乳していた頃で、そんなことなどこれっぽっちも考えたくなかった。

「あら」と、彼女は同情するようにほほ笑んだ。「ずいぶん先なんですね……」

もっとあとでもいいくらいだった。

その夜、私はジョンの友人ふたりとタクシーに相乗りして家に帰った。彼らは家でシルヴィアを見ているジョンの代わりに応援に駆けつけてくれたのだ。私たちは後部座席に並んで座り、車はまもなく雨に濡れたブロードウェイを滑り出した。

「元気そうだね」と、エドが私のほうを向いて言った。「ジョンから聞いたんだが……」。声が次第に小さくなった。

私とエドのあいだに座っていたポールが、エドの脇腹をこっそり肘で小突くのが見えた。

「何を聞いたの?」。私は怪しんで、前に身を乗り出してエドの顔を見た。

「おいおい」と、ポールが首を振ってつぶやいた。「いったい何考えてるんだ?」

「教えてよ」

「別に悪いことじゃない」と、エドは言いかけたことを懸命に取り消そうとした。「ただ……君が子持ちのご婦人に見えるって」

「どういうこと?」と、私は金切り声をあげた。

「ジョンが使った言葉は違ったかもしれないけど」とエドが言った。

ポールはまだ首を振りながら、小声で言った。「おい、やめろ、黙れったら」

私たちはそのあとあまり話さなかった。私がタクシーをおりて急いでアパートに戻ると、ジョンは居間の真ん中に立ったまま、シルヴィアの頭を手で支え、腹ばいの姿勢で腕にのせていて、細い手足がだらりとぶらさがっていた。ぐっすり眠っていた。ジョンは唇に指を当てた。私はそっと近づいていき、シルヴィアの柔らかい髪にキスした。その日、私は何も言わなかった。

しかし二日後に黙っていられなくなった。

「本当なの、ジョン?　私が子持ちのご婦人に見えるですって?」

「そんなふうには言ってない!」

「じゃあなんて言ったの?」

「こう言った。君はお母さんに見えると。もちろん君はお母さんだし、それでいいんだ」

私は一瞬、混乱した。ジョンの言うとおり——私は母親、正確には授乳中の母親だ。つまり、起きている時間はたいてい赤ん坊とくっついていた。これほど必要に迫られて誰かといつも触れ合っていた経験はそれまでなかった。母親業はセックスについての一切の考えだけでなく、セクシーな気分になる見通しさえも、当分のあいだ私の心から追い払ってしまった。マスコミは色気を失わない母親のことを書き立てるが、少なくとも私にとって最初は母親であることと性欲とは矛盾しているように思えた。シルヴィアが生まれて最初の一年間、親になるための心身面の要求が地滑りを起こして、私の欲望はほとんど埋もれていた。しかしだからといって、お母さんに見えると言われ、私の性的な自我をそれとなく否定されては、たじろがずにいられない。私は自分のそちら側が永遠に失われるのではないかと心配になった。安堵したことに、それは取り越し苦労だった。私は年齢の印と母親の印を美しい名誉勲章として受け入れ、欲望を感じることのできる女性、求められる女性として、ふたたび自分の体に宿った。イザドーラの言葉を借りれば、「すてきな体。これは私のもの。私はこれを大事にしようと決めた」ということになる。

＊　＊　＊

ようやく腰を落ち着けてシクスーを読んだあとで、私のエリカ・ジョングとの密会は幸運な出来事だったと判断した——ふたつの本は相性がよかったのだ。シクスーは女性に、自分の声を見つけ、自分の欲望を捕まえるように迫る。

「快楽と現実が取り巻く矛盾をはらむ領域で、あなたは自分で自分の立場を決めなさい」と彼女は促し、さらに続ける。「私が書くとき、私たちがそうなれるかどうかはわからなくても、何も除外せず、条件もつけずにあらゆることを書く。そして、私たちがなるであろうあらゆるものは、やむにやまれぬ思いに駆られ、たゆまず夢中で愛を探しつづけることを私たちに求める。私たちが互いに満たされないことはけっしてない」

シクスーが、女性はなぜ書くべきか、飛び立つべきかについてのマニフェストを作成したのだとしたら、ジョングは『飛ぶのが怖い』で、それと並行する心の旅を記録した。イザドーラには、自分の欲望が完全に自分のものなのか、それとも女性の性に対する男性のイメージの反映なのかわからなくても、それでも彼女は書き始めた。たとえためらいながらでも、自分の欲望の台本を自分の言葉で書いたのだ。

ドーラ

欲望。欲望とは何か？　ある日の授業でこの疑問と向き合ったとき、H教授は黒板の前に立ってこう書いた。

要求—欲求＝欲望

私たちはここでラカンに戻った。一見したところラカンが示す等式は、欲望――性的欲望という特殊な欲望だけでなく――の気まぐれで謎めいた性質にはそぐわない、安心感をもたらす数学的な清潔さがある。欲望は結局のところ人間の経験全般に及ぶ。ほかの衝動と連動してさまざまな共時性の中で浮き沈みする。動物らしいその性質をさらに複雑にするように、私たちの「本質的」欲望は、文化的期待、社会の圧力、宣伝広告によってつくられた多くの「人工的」欲望と層を成す。いくつもの背景音楽が流れているように、日常生活を通じて大小の欲望が脈打っている。私たちはそれに耳を傾けることもあれば、無視することもある。しかし、ある欲望が別の欲望と衝突すると問題が生じる。休暇に旅行したいが貯金もしたい。職場での昇進を望んでいるが子供と過ごす時間も増やしたい。配偶者のことは気にかけているし家族を傷つけたくないが、同僚とどうしようもなく恋に落ちた。言いたいことはわかってもらえるだろう。欲望が交差すると、その騒ぎの中で自分が何を望むべきかではなく本当は何を望んでいるのかを理解するのはいっそう難しくなる。しかし、ここに意外な展開がある。ラカンの教えは、要求はつねに欲求に勝るべきだ、そうしないと、達成された欲望は欲望ではなくなると主張する。

フロイトにはもちろん女性の欲望について独自の考えがあり、性的抑圧と性的機能不全がヒステリーやエディプスコンプレックス、さらにはペニス羨望まで、多くの精神疾患を引き起こしていると訴えた。フロイトが女性のヒステリー症を取りあげた古典的研究『症例「ドーラ」』は、私が大学生のときの「フェミニストのテキスト講座」でも討論したが、その後も、おもにのちのフェミニスト批判の背景を提示するために、大学のシラバスに採用されつづけている。イザドーラを主人公とするジョングの『飛ぶのが怖い』でさえ、フロイトを非難する作品と位置づけられている。私はフロイトの著作の多くを高く評価しているが、学生時代には『ドーラ』がまったく好きになれなかったし、今も好きになれないことがわかった。

『ドーラ』は、二十世紀初頭にフロイトが診療した十八歳の女性アイダ・バウアー、別名ドーラの精神分析の記録である。ドーラは八歳のときから「神経系」のさまざまな症状を経験しており、その中にはうつ病の発作、片頭痛、慢性的な咳の発作があり、きわめて象徴的なことに、咳のせいで何週間も声を失うことがあった。ドーラはすでに数え切れないほどの治療や検査に耐えてきており、父親のバウアー氏は娘にフロイトの精神分析を受けさせた。

バウアー氏がフロイトに説明したところによれば、娘の最近の発作は女学生らしい空想が原因だった。ドーラは家族ぐるみで親しくしているK氏の湖畔の家に滞在した際にK氏が性的な誘いをかけてきたと、あからさまに非難した。K氏ははっきりと否定し、性的に道を踏み外しているのはドーラのほうかもしれないとほのめかした。娘の不安定な精神病歴のことがあり、ドーラの父は自分の娘よりも友人の言葉を信じ、この一件に片をつけたかったが、彼女はそうさせてくれなかった。ドーラはK氏の不適切な振る舞いを理由に、K一家との交際をやめるよう父に求めた。父は拒み、ドーラの話は想像の産物だと決めつけると、彼女は感情的になり自殺すると脅した。それで慌ててフロイトの診察室を訪れたというわけだ。

「お願いです」とバウアー氏はフロイトに頼んだ。「娘に言い聞かせてやってください」

フロイトはドーラのヒステリーを治療することに同意すると、「利口そうで魅力的な顔立ちの少女」が詳細な質問に答え始め、芝居がかった大げさな話をつなぎ合わせるあいだに、彼は独自の計画を思いついた。フロイトはドーラの症例で、彼女が六歳のときに父が病気になり、父の看病に当たっていたことに注目する。ドーラはあとで父の病気が梅毒だったことを知った。退廃的なウィーンで蔓延していた性病である。父が病気になったことで、父娘の関係は格別近くなった。一方、ドーラの母は冷たくよそよそしい女性だとフロイトは記す。母親は「主婦精神病」――フリーダンの「名前もない問題」のフロイト版とも思える――、すなわち汚すのが心配で誰もくつろげないほど執拗に、女性が家をきれいにする疾患にひそかに苦しんでいた。

ドーラはついに、父とＫ氏の妻が浮気していることに気づいた。だが、ドーラはＫ夫妻と子供たちのことが相変わらず大好きだった。そんな折に湖畔の家で例の事件が起きたのだが、Ｋ氏が不適切な振る舞いに出たのはそれが最初ではないと、ドーラはフロイトに打ち明けた。ドーラが十四歳のとき、Ｋ氏のオフィスにふたりきりでいると、Ｋ氏にいきなり掴まれてキスされたと言うのだ。彼女は嫌悪感を覚え、Ｋ氏を押しのけて逃げた。フロイトはその行動を、ドーラが本心を押さえこんだのだと解釈する。フロイトにとって、拒絶の言葉は実際は拒絶を意味せず、潜在意識下の欲望をぼかしているにすぎない。

「性的に興奮した場合におもに、もしくはもっぱら不快な感情が湧く人はヒステリー患者であると、私は問題なく考えてよいだろう」とフロイトは書く。

フロイトは症例研究の焦点であったドーラの病歴、ならびに彼女が繰り返し見た二種類の夢をさらに掘りさげ、夢と彼女が語る話から明らかな象徴を集め、彼が考えるドーラの症状の凝集分析をまとめた。

あるときドーラは、父は性的に不能なのだと話し、フロイトは、ならばどうしてK夫人と浮気ができるのかと尋ねた。ドーラの答えはフロイトが期待したとおりの内容だった。フロイトは書く。

「わたしは性的満足を得る仕方はべつに一つではないことを十分よく知っています」と言うのだった。……さらにわたしは、「それはつまり、性的交渉のため生殖器以外の器官を使うことがあるという意味でしょうか」と尋ねた。彼女は「そうです」と答えた。そこでわたしは、つぎのように問いを進めることができたのだった。「そう答えるからには、あなたは今まさしく、病気で敏感になっているあなたの体の部分（喉、口腔）のことを考えていますね」と。ドーラは、自分はさすがにそこまでは考えていなかったと言い張ったが、……しかしわたしは、つぎのように補足しなければならない状況にあった。「発作的に生じるあなたの咳のきっかけとなっていたのはいつも、喉のむずむずする感じでしたが、あなたはそうした咳を用いて、あの二人のあいだに交わされた《口を使った（ペル・オース）》性的満足の状況を想像していたのです。あなたは彼らの恋愛関係について四六時中気にかけていたわけですから」。この説明をドーラは黙ったまま受け入れていた。この説明を行ったすぐ直後から咳は消失した。これはもちろん、さもありなんことではあったが、……」

（渡邊俊之訳、草野シュワルツ美穂子訳、岩波書店）

さて、私は心の働きは奇妙で謎めいていると認めることは厭わないが、それでもドーラの咳を、父親がフェラチオを受けている姿をひそかに想像したせいにするのは容易ではない。フロイトならそう主張するだろうが、気の毒なドーラの意識下の痛々しい愛情からは誰も逃れられなかった——ただし、おそらくドーラの母親だけは例外だ。ドーラは父とK氏とK夫人の三人を思い詰めるほど愛していた。フロイトのことさえ愛していた。文字通り六角関係だった。精神分析医と患者がふたりきりで話をするあいだ、ドーラはもちろんフロイトの巧妙な分析に抵抗した。しかしそのように否定しても、彼女は基本的に抑圧されており、抗議すること自体がその証拠だという、フロイトの確信を補強しただけだ。

ドーラが何を言い、何をしたにせよ、フロイトはこの女性を内なる情熱の温床、水と火、怒りと報復の温床であると述べ、とうとう彼女はわずか三カ月後にいきなり受診するのをやめることで、フロイトの言葉によれば「復讐」を遂げたのだと説明する。フロイトは論文のあとがきで、ドーラはK氏と対決し、性的な関係を迫ったことを認めさせてK氏にも仕返ししたことを読者に知らせる。若い患者がそれまでもずっと真実を語っていたという新事実は、フロイトにとって重要ではなかった。年が自分の倍以上も上の家族の友人に抱きつかれて、ドーラが心から嫌悪した可能性をフロイトは考慮せず、真実を語っているにもかかわらず父親に頭のおかしな嘘つき呼ばわりされては、自暴自棄になることもありうると認めようともしない。また——『ドーラ』は未完成であり、ある症例研究の一断片にすぎないとフロイト自身が断っているにもかかわらず——ドーラのヒステリーの原因を見事突き止めたと確信し、また友人の物理学者ヴィルヘルム・フライスに宛てて書いているように、ドーラの症例は「私のピックロック〔錠前をあける道具、つまり問題の解決につながる事例〕のコレクションにすんなり収まった」と信じていることも、腹立たしい。

それでも認めるべき点は認めよう。フロイトはタブーを明るみに出し、単刀直入な言葉で性行為と生殖器について語ることに関して大きく前進した。また、さまざまな形の性交についてもっと遠慮なく考えるように人々に勧めてもいる。『ドーラ』で、フロイトは他人の性習慣を批判しないようにたしなめる。

「人は誰しも自身の性生活において——あるときはこっちの方向に、またあるときは別の方向に——正常さの基準として課された細い線をいくらか逸脱しているものだ。倒錯は、この言葉の感情的な意味において野蛮でも堕落でもない」と書いている。

性に関してこのようにいくらか進歩的な考えを持っていたにもかかわらず、フロイトを女性の性の擁護者として持ちあげることは、私にはできない。とくにシクスーとラカンを読み、フロイトの著作に対する彼らの批評を読んだあとではなおさらだ。おもに私の目に入るのは、女性の声、ならびにその延長線上にある女性の欲望の表明に関してフロイトの理論が残した有害な遺産である。今なお、女性の欲望についてのフェミニストの議論は、フロイトが解き放った悪魔を黙らせるための闘いを余儀なくされている。かくして、私たちは授業でどう猛に闘おうと試みた。

「ドーラにも能動的な性衝動があって、男性の欲望の対象となるだけではないことを、フロイトは否定しようとしていると思います」とジリアンが言った。「でも一方で、ドーラのヒステリーは、

K氏に身を委ねなかったけれど、本当はそれを望んでいたという事実に起因するとも言っていて……」

「どうしてフロイトはまったくの父権制の産物にすぎないとみなされないのでしょうか？」と、セーラが巧みな表現で質問した。「いずれにせよすべてが前後関係の問題ではありませんか？ たとえば、古代ギリシャ人は女性の性衝動を信じていましたが、彼らは正反対の方向に向かい、女性の性衝動を貪欲さの表れとみなすようになりました。姦通は女性の思いどおりにならないこととされて、責任を負わされることさえありませんでした」

「とすると、女性は貪欲なのですか、受け身なのですか？」とH教授が聞いた。

「私たちはただのブロブ〔役立たずという意味、「ブロブ」というゲームとかけている〕です」と、セーラがあいまいに言った。「私たちは吸収するだけです」

何人かが忍び笑いし、何人かが不満の声を漏らした。H教授は笑顔を浮かべて言った。

「あなたの言うとおりよ、セーラ。フロイトは、対象として組み立てられた女性が自身の物語をどうやって自分のものにしていくかを問うことを怠っています。対象はどのように物語を語るのか？ ヒステリー症はその症状を通じてどのように物語を語るのか？ 優秀な精神分析医は――少なくとも最近は――患者に無理強いせずに患者の物語を語らせようとします。だから物語を語る苦労は何年もかかることがあるのです。つまり、ドーラの物語がどういうものかわかっていると、フロイトはすでに確信しているらしいのに、彼女はどうして物語を語れるでしょう？ ドーラは実在の人物だということを忘れないで――彼女の本名はアイダでした。しかし、フロイトの『ドーラ』は、女性の欲望についての父権的な仮定にもとづく模範テキストであり、今なお文化的に信頼できるとされているのです。では、女性はいまだに、このように押しつけられた仮定によって組み立てられているのでしょうか？」

学生たちは無言だった。H教授は私たちが黙っているのを満足げにただ見ていたが、目的は達成したと確信して、私たちを少し別の方向に導いた。

「すべてを知ろうとするフロイトの欲望は、挿入する力だと思いますか？」

今度は先ほどより確信がなさそうに、セーラが手をあげた。

「でも、ドーラがフロイトに挿入しようとしていたのだとしたらどうでしょう？　だけどもちろん、この比喩には腹が立ちます。抱擁する、と言ったほうがいいですか？」。セーラの口元が笑顔ともしかめっ面ともとれる形になった。「ああ、だめだ――また役立たずに戻った！」。何人かの学生がまたうめいた。「ごめんなさい」と、セーラはいたずらっぽく目を光らせて謝った。

H教授はセーラの意見を考慮した。

「たぶん、ドーラは挿入されることにも挿入することにも抵抗しているのでしょう。結局、挿入されるのは受け手、追従者、相手方にさせられることです。では、これまでと違う新しい道具をどうやって見分ければよいでしょう？　女性はどうすれば自分の物語を語るための主観性を要求できるでしょう？」

「でも、私たちの言語も語彙も、核心部分は父権制の産物です」とセーラが言った。「どうすればそれを避けられますか？」

「確かにそうだけど、方法はあります」とH教授は言った。「たとえば、現代ヨーロッパのもうひとりのフェミニストであるリュス・イリガライは、私たちはなぜフロイトと同じようにファルスから始めなければならないのか、と問います。ことによると最も重要な断絶は去勢（精巣の除去）ではなくへその緒の切断なのかもしれません。私たちが戻りたいと望むのが子宮での共生状態だとしたらどうでしょう？　私たちが陰唇を唇とみなし、ファルスではなくそこから始めるとしたらどうでしょう？」

この会話のあいだ、私はクラスの唯一の男性であるジェイムズの様子をこっそり窺（うかが）っていた。私が学生の頃は、「フェミニストのテキスト講座」を受講する男子学生の話などほとんど聞いたことがなかったが、大学一年時の写真名鑑に、予定している専攻として冗談半分に「女性学」と書いた男性は何人かいた。彼らがあまり気乗りしないのももっともだった。当時は父権社会を構成する白人男性に対する風当たりが強かったからだ。何年かして父権制の定義に微妙な違いが生じると、より多くの男子学生が女性学を履修するようになった――もちろん数は多くなかったが、教授たちは、授業毎にたいていひとりかふたり男性がいると報告していた。研究生のジェイムズの存在はむやみに注目されることはなかった。H教授は一度も、ジェイムズに男性の視点で話すように求めたことはないし、彼も進んでそのような発言をすることはなかった。

私にわかるかぎり、ジェイムズはこれまでのやりとりに動揺しているようには見えなかった。ジェイムズは話し方が穏やかな筋肉質の痩せた若者で、授業での討論にいつも貢献して熱心に発言し、自身のジェンダーにあからさまに言及することはなかった。そのとき彼は集中して話を聞いていた

——首を少し傾けて、長めの黒い髪が肩にかかっていた。感心するほど無表情で、気詰まりな様子もなく、見たところ性的に刺激されている様子もなかった。ジェイムズが手をあげると、H教授はためらうことなく彼を指した。

「唇から始めるのはいい考えですね。実際、こうした言葉遊びの中で隙間、つまり可能性が生まれるのだと思います。たとえば唇は自己に言及していて、換用できます。だから、たぶん唇から始めることで声に重要性を与えることになります。おそらく、こうした言語の父権的構造のいくつかを解体するのにふさわしいやり方です」

ジェイムズが何を言っているのかさっぱりわからなかったが、それはたいしたことではなかった。彼の思慮深さは、フェミニズムは女性ばかりの孤立した空間だけに見られるのではなく、母親、姉妹、妻あるいは娘を通じて男性にも作用し、男性が抱く女性についての考えに影響を及ぼすことを私に思い出させるのに十分だった。かつて男性に支配されていた職業でただ成功することで、女性が父権制の構造を少しずつ崩してきたあいだでさえ、多くの男性も女性の声に耳を傾け、女性の志を支え、女性を役立たずとしてではなくひとりの人として見ることを学ぶことによって、同じように父権制の構造を崩してきたのだ。そのあと私は父のこと、夫のこと、男友達と男性の同僚のこと——父権制を私たちの共通の敵とみなしているはずのたくさんの男性のこと——を考えて、古臭い女対男の分裂がこの講座にはまったく見られないことを喜んだ。何しろ、私の好きなフェミニストの何人かは男性なのだ。

もうひとつの声

シルヴィアが生まれたとき、ジョンと私はできるだけ気づかれずに、苦心してジェンダーニュートラルを心がけ、しばらくはうまくいっているように思われた。娘のお気に入りのおもちゃは木製の道具箱ともぐら叩きに似た幼児向けのゲームだった。彼女は叱られる心配もなく泥遊びをし、レゴで要塞をつくり、遊び場で蜂の死骸を拾ってきた——どれも「男の子」の遊びというお決まりのばかげたカテゴリーに分類されてきた遊びだ。そのあと四歳頃になってピンクのお姫様期がひそかに訪れ、いつでもどこでもピンク一色、お姫様一色になった。

「ママ、好きなお姫様は誰?」と、シルヴィアはいたってまじめな顔つきで聞いたものだ。この質問は避けようがないのだと気づいて、私はようやく諦めた。

「ベルが好き」と私は答えた。「だって、ベルは本を読むのが好きだから」

私はできるかぎり現状を覆すのに役立ちそうな意見を添えるよう心がけたが、どっと押し寄せる商業主義の大波に向かって犬かきしているようなものだった。

「マレフィセントも好きよ」と、一〇〇回くらい『眠れる森の美女』を見たあとで、私は朗らかに言った。「だって個性的だもの。それに黒いマントと角のある髪もすてきだわ」

もうひとつのソファに座っていたジョンは、吹き出すまいとこらえていた。

「ママ」と、シルヴィアがため息交じりに言った。まるで物わかりの悪い子供を相手にしているかのように。「あれは悪の女王なのよ」

「そう、あれは魔女だよ、ステファニー」とジョンが言った。さっきからずっとこのやりとりを楽しんでいる。「もっとよく見ないと」

「ねえ、ジョン」。私はわざと甘い声で言い返した。「あなた、映画を見終わったらプリティ・プリティ・プリンセスのゲームをやりたいって言ってたわよね」

シルヴィアはパパにお姫様のドレスを着せられるのがうれしくて、手を叩いた。それから私の隣に寄ってきて、お気に入りの場面を再生した。腰のくびれた髪の長いオーロラ姫が森でかわいい動物たちと歌を歌っているところに王子様が通りかかる場面だ。

「マレフィセントは誤解されてるだけかもしれないわよ」と、私はむなしくつぶやいた。「オーロラ姫の戴冠式に招かれなかったのはあの人だけだもの──傷ついたのよ!」

私はディズニー映画の悪役の肩を持ち、気の毒な夫にお姫様ごっこをさせてこう言うしかなかった。だが、フェミニストの母親はほかにどうすればよかったのだ?

＊＊＊

お姫様熱は、シルヴィアが通う幼稚園のクラスで女の子のほぼ全員に広まっていた。うろたえて心配そうな親から、進んで認める親まで、親たちの反応とは無関係に、女の子たちはいつまでもお姫様を軸にした連帯感でつながっていた。女優のマーロ・トーマス(『フリー・トゥー・ビー…

ユー・アンド・ミー』の作者でもある）が活躍した時代に育った私は、ガーリーカルチャー（女子文化）とそれが象徴するもろもろを黙認するのは嫌だったが、ビニールの羽のついたハイヒールをはき、スカート丈が床まであるふわふわのドレスを着て、髪にティアラを飾り、歯を見せて笑いながら、危なげな足取りで見せに来る娘を前にして、男も女もジェンダーに関係なく育てるべきだという揺るぎない信念にしがみついているのは次第に難しくなっていった。

私の五歳の娘はブルックリンのリベラルな環境にいるにもかかわらず、幼稚園から帰ってきて「もちろん、あの子はお姫様が好きじゃないわ。だって男の子だもん。トラックで遊ぶのが好きなの」といったことを口にした。私は困ってしまった。

そのあとで私はふたたび『もうひとつの声』を手にとった。この本は幼稚園に通う女の子同士の、友達とつながる手段としてのお姫様を理解するのにいくらか役に立った。一九八二年のこのベストセラーで、ハーヴァード大学の心理学者キャロル・ギリガンは、男性と女性は主として二種類の思考様式を使うと述べた。つまり、女性は一般に、世界を密接につながった人間関係のネットワークとみなし、男性はどちらかというと世界を階層制の組織として見る傾向があると言うのだ。ギリガンの意見では、いずれも等しく正当なものごとの見方ではあるが、男性の道徳性発達のモデルは科学および教育の研究における基準となり、女性のモデルは価値を貶められて無視された。ギリガンは長年にわたる研究のあいだに、若い女性が「声を失うことならびに内なる分離や分裂が生じることと闘うことで、内面のかなりの部分が人間関係から締め出されて」、精神の発達を危うくしていることに気づいた。

『もうひとつの声』は、差異の政治学を強調する第二波フェミニズムの時期のひとつの傾向であり、これと相対するのが承認の政治学で、そこでは女性は男性と同じ、すなわち同等に優秀であると信じられた。このグループの第二波フェミニストらは男女の類似点に注目するのではなく、差異――たとえば女性には協力するという性質がある――に注目し、そうした差異を退けるのではなく、尊重するように要求した。

あいにく、出版後にこの本がもたらした副産物は、このアプローチが裏目に出る可能性があることを明らかにしている。ギリガンは、男女の思考様式の違いは生物学ではなく社会化によってもたらされるものである可能性が高いときわめて慎重に指摘したものの、差異の概念はやがて、申し合わせたように不平等を生む発端となった。一九九九年、ヴァージニア州立軍人養成大学に対して女性の入学を認めるべきだという圧力が強まると、大学側は最高裁でギリガンの著書をたびたび引用し、女性の性質に適さない、競争が激しく敵対的な環境に若い女性を置くことは、本質的に実施が難しいどころか残酷ですらあると主張した。ギリガン自身は差別撤廃を支持して原告側に有利な証言をしている。『ニューズウィーク』誌もこの本を利用して、働く女性は職業的成功の「精神的代償」を払うことになるという主張を擁護した。時代に逆行する俗な心理学書はギリガンの著書を引き合いに出して、女性にとって自立は不健康だという主張を支持した。またそれに続く時期に、いわゆる「火星人の男」と「金星人の女」についての理解を促そうとして、便乗して解説を試みる輩が大勢現れた。

ギリガンの本が論争に巻きこまれた経緯を考えると、この本は私が記憶していたほど政治的でなく、むしろ文学的であることに気づいて、うれしかった。シクスーとフロイトの難解な象徴主義のあとで経験主義の著書を読むのは爽快だった。彼女は最初にローレンス・コールバーグが立案した研究を検証するところから始める。この研究は道徳規範同士の衝突を提示し、調査の参加者がその衝突を解決するのに使った論法を探ることで、青少年の道徳性発達を測るために使われてきた。

つぎはそのテスト問題である。ハインツという名の男が妻の命を助けるために、貧しくて買えない薬を盗むべきか否か迷っている。ハインツは薬を盗むべきか？

十一歳の利発な生徒、ジェイクとエイミーがこのテストを受けることになった。ジェイクは自信たっぷりに、もちろんハインツは薬を盗むべきだと答えた。人の命は財産よりも尊いからだ。ジェイクの答えはまったく筋が通っており、彼には道徳性発達の段階を評価する基準のひとつである、道徳と法律を区別する力があることを示している。その結果、ジェイクは高得点をとる。これに反して、エイミーはより責任を回避する答えを返した。「場合によります」と彼女は言う。ギリガンの所見によれば、ジェイクと違ってエイミーはこのジレンマを、人がかかわる計算問題ではなく、時間が経過しても続く人間関係の話と捉えている。エイミーは夫が妻を案じる気持ちと、妻がこれまでと同様これからも夫を必要とすること——違法な問題解決によって夫が刑務所に送られることになれば、応じられなくなるかもしれない必要——の両方を勘案して、そのつながりを断つのではなく維持する方向で薬屋に対する責任を果たそうとする。彼女は、夫が薬を買うお金を借りられないか、それとも後日薬代を払う取り決めを薬屋と交わせないかと考える。

ギリガンが言うように、ふたりの子供はこの問題を別の角度から理解している。エイミーは、ハインツが薬を盗むべきかどうかとは考えず、そもそも薬を盗むべきだろうかと考えている。実際、このふたりにはまったく異なるふたつの道徳の問題が見えている。ジェイクは論理的推論によって解決できる、人命か財産かの葛藤を確認し、一方エイミーは「自分で繕わなければならない人間関係のほころび」を見ている。

この問題を捉える代替の考え方として、エイミーの見方は筋が通っていると私には思えたが、調査に携わった研究員らはどうやらそう思わなかったようだ。聞き手が何度も質問を繰り返し、また会話が堂々巡りしていることからわかるように、エイミーは「間違った」答えを返しつづけるうちに自信を失い、声が遠慮がちになっていく。とうとうエイミーは、コールバーグの道徳性発達の段階でジェイクより丸一段階低い得点をとり、研究者らの指摘によれば、エイミーの答えは「この世界における無力さ、道徳や法の概念を体系的に考える能力の欠如、権威に挑むことや一般に認められている道徳的真実の論理を検証することへのためらい、人の命を救うために直接行動しようと考えるのを怠り、またそのような行動をとれば影響を及ぼせたかもしれないと考えるのを怠ったこと」がもたらす感情を明らかにしている。エイミーは本質的に「認知的に未熟」だと言うのだ。しかし、エイミーはけっしてそのような子供ではない。ギリガンはこう主張する。「女性的」な世界の見方、すなわち彼女の言う「ケア倫理」は、「男性的」な見方である「正義倫理」と同様の信用を与えられるべきなのだ。

＊　＊　＊

学生の頃、私はギリガンのジェンダーにもとづく分析をはねつけたかもしれないが、親になってみて果たしてそれでよかったのだろうかと思っていた。シルヴィアが幼稚園に通い始めた最初の日のことを思い出した。新入生の親は子供が新しい環境にすぐなじめない場合に備えて、その日は教室の隅で静かにわが子を観察しているように言われた。私が子供用の木の椅子に腰かけていると、シルヴィアはどうすればよいかわからず、かたわらに立っていた。彼女はとても気詰まりな様子で、私は同情して胸が締めつけられた。教室にいるほかの女の子たちはシルヴィアを品定めしていた。私にはわかったし、シルヴィアも気づいていた。彼女はじっとしたまま成り行きを見守っていた。一方、男の子たちは笑い声をあげながら床の上で取っ組み合いをしていて、シルヴィアには無関心だった。

まもなく、先生がおやつにしましょうと声をかけ、年長の女の子のひとりに、誰かひとり選んで準備を手伝ってもらいなさいと言った。私は、これは園児同士が仲良くなるための大事な行事なのだと察した。ほかの何人かの女の子たちが、選ばれるのを期待して緊張していた。

その女の子はざっと部屋を見渡したあと、シルヴィアに目を留めて「シルヴィア、手伝ってくれる?」と聞いた。

「ええ」と、シルヴィアは落ち着いて答えると、ようやく私のそばを離れた。

この合図はもちろん優しさの現れなのだろうが、受け入れてもらえるか拒まれるか、いずれの可能性もあり、思いのほか言外の意味を帯びていた。輪の中に招き入れるこの行為は、五歳児と六歳児が集まる環境に私が期待していたよりもはるかに吟味され、計算されているように思えた。このやりとりを見守るあいだ、私の意識は彼女を待ち受ける中学校での場面に飛び、つぎに高校、そして世にも恐ろしい社会での駆け引きのことを思った。みぞおちの辺りがむかついた。私もかつては女の子だったのだ。

その夜、シルヴィアが寝入ったあとで、私はその日の出来事の一部始終をジョンに詳しく話した。ジョンはソファで隣に座り、辛抱強く聞いていた。そのあと、私が何にそんなにカッカしているのかわからないと言った。ジョンは学校に通っていた頃、たえずメンバーが入れ替わる仲良しグループや仲の悪いグループ、「友達のふりをした敵」の存在に気づいたことがないと言う。しかし、私はそういった企みの存在を思い知らされていた――自分でも嫌になるくらいよく気づいた。女子が、嫌われた子を陰険なやり方で傷つけるために、いかに結束したり、声をひそめて悪口を言い合うかを、私は見てきた。この戦略は専門家が「関係性攻撃」と呼ぶもので、あらゆる点でたとえば鼻っ柱をぶん殴るくらいの破壊力を及ぼしうると教わった。女子は幼い頃から同輩の集団によって判断されることの重大さを学ぶ傾向があり、ギリガンが指摘するように、やがて大人になり、いつの間にか世界を人間関係の複雑なネットワークとみなすようになるのだ。

＊＊＊

女性はもともと人間関係をより人道主義的な見方で見る傾向があるのか、それともその方向に社会化されるだけなのかに関係なく、その傾向のせいで――私たちのように、社会から追放されることを恐れて――欲望を表明できなくなることが多い。大人になる過程の男女のこうした違いを証明するために、ギリガンは成長物語を扱ったふたつの文学作品を比較する。

ジェイムズ・ジョイスの『若い藝術家の肖像』で、主人公のスティーヴンは個人の自由を求めて人間関係を断ち切る。一方、『私のカトリック少女時代』のメアリー・マッカーシーにとって「子供時代との別れ」とは、人間関係を維持するために自由を捨てることを意味する。ギリガンの説明によれば、スティーヴンは人とのつながりの問題に苦悩しており、メアリーは真実の問題に悩んでいるが、実際のところ、それぞれの足りない部分が互いの姿を映し出している。男性は「汝自身を知れ」というソクラテスの言葉に従うことで、他者――女性を含め――のこともわかるようになると考える。反対に、女性は他者を知りさえすれば、自分のこともわかるかもしれないと信じる。こうした本質的に異なる人間関係へのアプローチを考えると、「男と女は、女性の経験を言葉にしないことにおいて暗黙のうちに共謀しており」、その沈黙のまわりに関係を築くのだと、ギリガンは書く。

どうやら、この無言の共謀はずっと続いているようだ。今では、女性はほとんどの大学で人数でも学業でも男性を上回っており、「フェミニストのテキスト講座」にいる女子学生は、男女で異なるコミュニケーション方法や女性がいかに黙らされているかに関するギリガンの説に反論するだろうと、私は思っていた。それどころか女子学生は男子学生によって、教室の中でも外でも脇に追いやられているようにいまだに感じると、多くの女子学生が認めた。男子学生は女子学生より話す機会が多く、声も大きく、しかもたいていの女性にはない威厳があると、私は教わった。

「気がつくと、私はいつも謝ってばかりいます。誰かと出会い頭にぶつかったり、たとえわざとぶつかってきたとしても」とシンディが言った。「どうすればこの状況を変えられるのかわかりません」

「わざとぶつかってくるって？」と、セーラが口を挟んだ。

「わざとは言いすぎかな」と、シンディが慌てて否定した。「でも、わかるでしょ、ふとした弾みでぶつかってくることがあるのよ」

「興味深いです」とジェンが言った。「ほかの授業で、女子学生はよく『間違っているかもしれませんが……』と断ってから本題に入ります。女性は意見を言うとき、すまなそうにしすぎだわ」

ギリガンが提案するように、自分の権利と、公言した責任との衝突とみなされるものの中に、女性にとって深刻な実生活への影響があるという点に、学生たちは同意した。恨みを募らせながらも、どうやらしつこく信じられているように、女性の最高の徳——道徳的な善——が、人のために進んで犠牲を払う自発性にあるとしたら、女性は、ギリガンの表現を借りれば「自分は身勝手だと思いわずらう」ことなく、また欲望を完全に覆い隠すことなく、大人の意思決定に近づくことができるのだろうか？

女性が人生の選択にどう対処するかをもっと深く探るため、ギリガンは中絶を考えている二九人の妊婦の意思決定を追跡する調査をおこなった。女性の人種と経済的背景はばらばらで、年齢は十五歳から三十三歳まで幅があり、全員が避妊をしなかったか避妊に失敗して、図らずも妊娠していた。ギリガンは女性の生殖選択がかかわる状況を意図的に選んだ。その理由は、「女性が誰も傷つけることなく自分を取り戻し、道徳の問題を解決しようとする中で、かよわい女の声で解決しようとするのはまさにこのジレンマ——思いやりと自主性の衝突、徳と力の衝突——だからである」。インタビューの中で「身勝手」という言葉がしょっちゅう繰り返されたことは、自分の欲求を他者への気遣いと関心の範囲内に閉じこめようと奮闘するときに女性が感じる緊張を示していると、ギリガンは報告する。

この観察に私はなるほどと思った。たくさんの成人女性の知人と同じく、私もいつものように欲望を「身勝手」と決めつけたことが、いったい何回あっただろうか？　これに気づいたのはじつに素晴らしいことだった。「身勝手」は女性にとって便利な言葉だが、男性が自分のことや欲望について同じ言葉で非難するのはめったに聞いたことがなかった。ジョンや私の男友達が、働きすぎることについて、あるいは夜、友人と遊びに出かけることについて「身勝手」だと感じると釈明する場面を想像しようとしたが、悪いことをしているという意識や後ろめたさ、あるいは罪悪感さえ感じたとしても、身勝手という言葉を口にする姿は想像できなかった。しかし、身勝手だからという理由で自分の欲求を無視すれば、有害な影響があるかもしれない。皮肉にもギリガンが指摘するように、自分の欲望を犠牲にして他者への気遣いを口にする女性は、守ろうとしている人間関係の中に必ず破壊的な距離を生む。というのは、彼女は実質、仮面を被っているからだ。同様にひとりで行動する男を演じている男性は、人間関係のシステムの中に居るときにやはり偽りの生活を送っている。とすると理想的なのは、仕事と家族のより有意義な関係をつくるために、正義倫理とケア倫理のふたつを統合することである。

翌朝

ようやくここまでたどり着いた。講座は男女の差異の政治学に注目する第二波フェミニズムをあとにして、第三波フェミニズムへと急ぎ足で向かった――私はこの第三の波にのって大人になった。第一波、第二波と違って第三波フェミニストは、確かに差異はあるがそれは女性のあいだでのことだと主張し、それゆえアイデンティティの問題を検討し、この分裂の中でどうやって政治を形成するか考察することに取り組んだ。

第一波、第二波と同じように、第三波フェミニズムも侮りがたい引き波をもたらした。私たちは授業でこの揺り戻しの結果生まれた著書のひとつを読んでいた。ポストフェミニストのケイティー・ロイフによる『翌朝　セックスと恐れとフェミニズム』は、私が大学を卒業した一九九三年に出版されて物議を醸した。この本が出たとき、ロイフはプリンストン大学大学院の博士課程に在籍しており、女性は性的主体性のない、無力でか弱い存在だとするフェミニストらによっておもに画策された「性被害者の集団ヒステリー」が全米のキャンパスの注目を集めている、と主張した。とくにロイフは「夜を取り戻せ」のような催しを非難して、ねつ造されたドラマの中での練習、偽物のレイプ文化の象徴にすぎないと語る。「夜を取り戻せ」とは、大学のキャンパスで起きている性暴力に抗議して、毎年おこなわれているデモ行進と集会である。ロイフの反論は私と同世代のたくさんのフェミニストのあいだに激しい憤りを招いた。だがあれから何年も経って、授業で学生たちがこの本について語るのを聞いていると、ロイフの宣言に対する彼女たちの反応は無関心に近かった。ポストフェミニズムの時代を代表する私だけでなく、新しい世代の多くも変化していたようだ。

「私も『夜を取り戻せ』の運動はあまり好きになれないと言うしかありません」とヴァレリーが言った。「彼らの言葉の選び方はかなり感情的だと思います。それが好きな人もいるんでしょうけど」「被害者意識にどっぷり浸ることに異存はありません」と、リサはこの催しに関する立場をはっきりさせた。「でも、男の人はかなりうんざりするでしょうね」

「そうとも言い切れません」とセーラが反論した。「実際『暴力に反対するコロンビア大学男子学生の会』は『夜を取り戻せ』の催しで重要な役割を担っています」

「まさか！」とヘザーが割りこんだ。「暴力に反対する男子学生の会は、メンバーが五人しかいないけど」

「『夜を取り戻せ』は何年も変わり映えがしないのが気に入らない」とヴァレリーが言った。「進化してないのよ」

「そうとも限らないのでは」とセーラが言った。「あのグループはデモ行進自体に男性を参加させるべきかどうかを前から話し合っているし、セクシビションの活動もある」——（あとでネット検索して、セクシビションとは『夜を取り戻せ』の主催者が年に一度開催している楽しいお祭りで、ペニスをかたどったクッキーやストリッパーやセックストイによって、同意にもとづくセックスを祝う」催しだとわかった）——「彼らはセックスにではなく暴力に反対なのだというメッセージを丁寧に伝えていると思います」

「とにかく、もっとまともな団体があるわ」とジェンが言った。「『ナイトライド』は知ってるでしょ？電話すると警備バンが拾ってくれて寮まで送ってくれるの。でも送ってもらえるのは女子学生だけで、男子学生は使えない」

「ナイトライドはいいわよね！」とリサが言った。「よく利用する。でも不安だからじゃなくて、たいてい歩くのが面倒だからだけど。それに、ほかに人がのってることはめったにないし」

　この討論を聞いていて、私でさえ同意するしかなかった。ロイフがフェミニズムを酷評したことは、今の「ドゥーミー（do me）」フェミニズム〔性についてオープンに語るように女性たちに促し、女性が複数の相手と関係を持つことが容認される社会を目指す運動〕の時代にはかなり九〇年代っぽい。しかし、ロイフの本が性暴力に対する不安をけなしていることを別にすれば、「フェミニストのテキスト講座」のカリキュラムから性暴力のテーマがすっかり抜け落ちているらしいことが気になった。統計を見ると、一九九三年以降、レイプ件数は約六割減っているにもかかわらず、米司法省がおこなった二〇〇七年の調査によれば、この国ではいまだに二分にひとりのペースで性的暴行の被害に遭っており、大学生はそれ以外の人の四倍、被害に遭いやすい。教室にいる女性たちがキャンパスでは安心だと話すのを聞いて私はうれしかったし、性被害防止のための取り組みが、必要なサービスではなく便利なサービスとして捉えられていることもうれしかった。一方で、この新しい世代の意見によって、かつては対立する立場だったロイフのポストフェミニストの叫びが、新たな規範となってしまっているのではないかと危惧した。

「私はデートの相手にレイプされたことはあるかと、人に聞かれたことがある」と、ロイフは『翌朝』に書いている。「複雑に入り組んだ夜のこと、何杯ものワインのこと、なじみのないベッドやなじみのあるベッドのことを思い起こすと、イエスと答えるしかない。レイプの定義がこのように広範囲にわたるのであれば、男女を問わず、どこかの時点でデートの相手にレイプされたことのない人が何人いるだろうかと思う。いつだって、人は互いに相手を威圧し、操り、丸めこんで、あらゆることをさせようとするものだ」

ロイフにとってこうしたことはすべて男女間の欲望という危険なゲームの一部であり、少なくとも九〇年代には、大学当局とキャンパスのフェミニストは、自分たちが立ち入るべきではない場所に不作法にも立ち入ろうとしていたのだ。

＊　＊　＊

私が学生だった頃、女性は生涯を通じて四人にひとりがレイプの被害に遭うという統計が頭を離れなかった。しかし、のちにロイフのような懐疑論者がその数字は大げさだと主張した。私は被害に遭ったことはない。しかし、これまででとくに恐ろしかった出来事で、その恐怖を味わった。

十四歳の年のある夏の夜、友人と私が近所を歩いていたとき、酔っ払って騒々しい中年の男がたくさんのった車があとをつけてきた。彼らはあいた窓から卑猥な言葉を叫んだが、私たちは無視した。彼らの声は郊外の街の静かな夜を台無しにして、コオロギの鳴き声さえかき消した。男たちから離れようとして、私たちは人家のあるほうに向かって歩いた。そうすれば男たちはそのまま車を前に進め、そのうちいなくなると思ったのだ。私は車が加速して走り去るときの、タイヤのきしむ音が聞こえるのを待った。ところがエンジンは止まり、四つのドアが銃声のような音を立てて閉まった。あの音は一生忘れないだろう。

「走ろう！」私は友達に向かって叫び、ふたりとも夜の闇の中で腕を振り、脚を前に出した。その日降った大雨で草が濡れていて足が滑った。四人のうちのひとりが私のすぐ後ろに迫っていて、男の息が首にかかるのが感じられるほどだった。男の伸ばした腕が私のTシャツをかすり、もう少しで捕まるところだった。

「今夜はおまえたちにとって最悪の夜になりそうだな」と、男は走りながら息を弾ませて、震える声でどなった。私は叫んだ。少なくとも叫んだつもりだった。そしてアドレナリンの力を借りて身をかわした。友達も同じくらいの速さで走っていて、別の男に追いかけられていた。私たちは逃げ場を失った。そのとき通りの反対側に明かりの灯った家が見えたので、私たちはそこを目指して走った。私はあえぎながらドアを力いっぱい叩いた。肺に火が点いたようで、喉の奥に金属の味がした。

肩越しに後ろを見ると、通りの向こうに男が三人立って、様子を窺っていた。

バスローブを着た女性が玄関に出てきた。その人は網戸の向こうで不安そうにしていて、廊下から差す黄色い光が顔の片側を照らしていた。

「お願いです！」と私たちは頼んだ。ふたりとも声がうわずっていた。「どうか中に入れてください。あそこにいる人たちが追いかけてくるんです」と言って、私は通りの向かいを指し示した。

その女性は外の暗闇を覗き、それから怪しむように私たちを見た。とうとう彼女は私たちの慌てぶりは演技ではないと判断し、ドアの掛け金を外して中に入れてくれた。私たちは安心した途端に体が震え、中に倒れこんだ。

「こんな夜遅くに出歩いてはだめでしょう」と、その人は厳しい口調で言った。

数分後に迎えに来てくれた父にも同じことを言われた。私の電話で、父はベッドで寝ていたところを起こされたのだ。だが父の怒りは不安な気持ちを隠すためだった。家に着くまでのあいだ、ハンドルを握る父の指の関節は真っ白だった。私は車の窓から顔を出して男たちを探したが、姿は見えなかった。

家に帰ると私は掛け布団の下で体を丸めた。そのときになってもまだ恐怖は去らず、何時間も震えが止まらなかった。私はどうなっていただろうと想像した。彼らが物陰に隠れて私たちのあとをつけ、私の家がどこにあるか知られていたらどうしようと心配した。私はベッドを出ると、ドアと窓の施錠を全部確かめた。その夜、私はそう簡単には忘れられない教訓を学んだ。

大学で、私はレイプという行為を分析することを学び、それは昔から男が女を支配するために用いてきた手段であると理解した。スーザン・ブラウンミラーは一九七五年の画期的な著書、『レイプ・踏みにじられた意思』で、レイプはセックスが目的ではなく、抑圧と支配が目的だと説明した。この本は学生時代に受けた「フェミニストのテキスト講座」の課題図書で、教授は何回かの授業をレイプとセクハラについての討論に当てた。レイプについてはあらゆる場所で語られており、その大半は顔見知りによる犯行あるいはデートレイプに集中していて、私がもう少しで被害に遭うところだった、定義がより明確な知らない人による草むらでのレイプではなかった。

ウィリアム・ケネディ・スミスの強姦事件の顚末がテレビで明らかにされ、同じ時期にクラレンス・トーマスの公聴会とボブ・パックウッド上院議員に対する性的虐待疑惑があった。ボスニアで虐殺が起きた時期の、女性に対する組織的性暴力のことは言うまでもない。女性の体はとくに攻撃されやすい領域だということが強調された。全米のキャンパスで、性暴力の容疑者をいつどのように罪に問うべきかを巡って学生と大学側がぶつかり、キャンパスでの性的関係はぴりぴりとした空気に包まれた。女子学生はトイレの壁にレイプ犯とされる人物の名前を書きなぐった。大学当局による、まして裁判所というおおやけの場での判事や弁護士による詮索するような質問と向き合わずに、有罪を宣告するためだ。

現在、私たちは性暴力についてこれまでとは違うやり方で語っているように見えるはずだ。不道徳なセックスとデートレイプを分ける線は細いというロイフの主張は、何よりもまず「グレーレイプ」と呼ばれる概念を生んだ。『ワシントン・ポスト』紙の記者ローラ・セッションズ・ステップはこの言葉を「同意と拒絶の中間に位置し、両当事者とも誰が何を望んだのかはっきりしないことが多いため、デートレイプよりも紛らわしいセックス」と定義する。この定義そのものが警鐘を鳴らす――「誰が何を望んだかはっきりしない」とはどういうことだ？　女性は性的に解放されているとみなされ、酒を伴う行きずりの関係を求めるものだとされる文化の中で生きていて、自分はレイプの被害者かもしれないと思っている多くの人が、自分の身に何が起きたのかを説明する言葉を失っている。彼女たちが自分を襲った相手を告訴することは稀だ。彼女たちは自分自身を疑い、自分の欲望を疑い、自分の行動を疑う。その記事でインタビューを受けていたある女性は、どのように「嫌だ」と言い、どのように「やめて」と言い、どうしてあとになってレイプされたと感じたのかを語っていた。それでも彼女は「自分は自立した強い女であって被害者ではないと考える」がゆえに、それをレイプとは呼ばない。このシナリオは、とりわけ憂慮すべきポストフェミニズムの遺産であるように思える。

＊＊＊

レイプに関するこうした幅広い社会の関心はさておき、私はロイフの本を二度目に読んだあとで、より個人的な別の感想を持った。『翌朝　セックスと恐れとフェミニズム』の再読はタイムカプセルをあける行為に似ていて、私が生きた特定の時期の記録を読んでいるようだった。ロイフは著名なフェミニスト作家アン・ロイフの娘で、マンハッタンにある名門女子校に通い、その後、ハーヴァード大学とプリンストン大学で学んだ。ケイティ・ロイフはどちらかというと、フェミニズムの闘争から生まれた真っ赤な果実だった。彼女は世界を相手に闘おうと身構えていたはずだが、本のページから現れてくる女性は、たまに無力感を覚えるほどの自信のなさに浸っている。ロイフは成人してまもない頃の情緒不安を経験するうちに、慰めを与えてくれるかもしれない画期的な出来事を待ち望むようになる。一九六〇年代から七〇年代にかけての快楽主義で気楽な時代への郷愁を募らせ、その時代を、巷にオーガズムがあふれ、誰もエイズやレイプの心配をしていない性の黄金時代とみなす。彼女は、母が生きた五〇年代、はっきりそれとわかる大人の烙印を押しつけられたあの時代のことさえ感傷的に語る。少なくとも、早婚を期待されることは「いかに現実離れしていようと、いかに空虚であろうと」ある種の安心感をもたらした。一方、彼女にとって、未来は不確かさで曇ったままだった。

ロイフは明らかに、この世代の視野の狭さ、過去に対するせつない郷愁にいささか悩まされているようだが、もっとよく見れば、未来への不安をごまかしているにすぎない。私も景気が悪くなるばかりの時代に大きな借金を抱え、また私も大学を卒業したあとの何も決まっていない未来のことを考えて、ロイフにかなり近い感情を抱いていた。私の個人的な人生がたどる道は、遠い未来に向けて上向きに進むはずだが、はっきりした目的地は決まっていなかった。私はこの不確かな状況の中で、同世代の人々とともにあがいていた。この危機感は私たちの時代に特有だった。もちろんほかのどの世代でもそうだろうが、歴史は私たちの人生の中を行進していき、そのあとに社会的、文化的な試練が残され、私たちはその中を孤独に進んでいかなければならないのだ。私たちは、一九六〇年代から七〇年代にかけての政治の大変動に続く時代、最も親密な人間関係を定義し直した前代未聞の社会的、性的変容の時代に育った。親は離婚し、家族はばらばらになり、子供たちはその余波に対応しなければならなかった。母親たちは家の外に働きに出て、怠け者の父親たちは家を出て、そこで人生が終わった。避妊の手段が手に入れやすくなり、性行為の大きな危険のひとつである妊娠の可能性が取り除かれた一方で、エイズの蔓延が新しい危険となった。そのため、私の世代はおそらく、愛とセックスと恋愛の難問が障害となっていた。私たちは、甘いロマンスと筋書きどおりのセックスとのこの味気ない隙間に宙づりで取り残されたのだ。

ロイフの本は、レイプとは無関係に、孤独に人生を終えることに対する彼女の不安を描写し、哀調に満ちた調子で終わる。

「今から一〇年後に、私の友人はみなパートナーを見つけているだろう。ふたりずつ並んで大人のためのノアの箱舟に乗船し、わたしはあとに残されて、心配そうに空を見あげるのだ」

ロイフは高校の卒業式を思い出す。学校当局が南アフリカに投資していることに抗議して、学生たちは卒業式用の白いドレスに黒い腕章をつけていた。

「ときどき、高校時代のわかりやすさが懐かしくなる。白いドレスに黒い腕章、コピーして配った地下新聞、毎月のように新しい怒りに震えていた」

女性が不当な扱いを受けていることにやきもきしているからといって、私はロイフを責めるつもりはないし、フェミニズムを責めつもりもない。フェミニズムは平等のため、また女性に声と選択肢を与えるために闘っている。キャンパスでの性暴力についての教育は、男女が互いに欲望を伝え合うことの重要性を教えるのが狙いだ。若者の矛盾する行動、キャンパス文化、人間性をフェミニズムの失敗のせいにするのは実際のところ見当違いだ。

「欲望と不安とフェミニズムと野心がぶつかり合い、そこに現れたのがこの奇妙な新しい雑種、カバーガールのように垢抜けたラディカルフェミニストである」とロイフは書き、彼女の同輩に言及する。フラタニティ（男子学生クラブ）のパーティで半裸で踊り、一方で「夜を取り戻せ」のデモや集会で声が枯れるまで叫びつづける女性たちのことだ。しかし、フェミニズムの恩恵を受けていながら、それによって提供される選択肢が多すぎると抗議する女性たちにも、同じことが言えるだろう。

ジェンダートラブル

学期末が近づき、授業は十分に盛りあがっていた。授業前の数分と、前半の一時間が終わったあとの短い休憩時間に、学生たちは気楽に雑談し、テーブル越しにくだけた会話が飛び交った。その学期のあいだに、私はその年、コロンビア大学で学んでいた西アフリカ出身の大学院生プリシラと格別仲良くなった。初日から、私たちはふたりともソファに引き寄せられ、話の輪の少し外側に座っていた。だが、プリシラは滑らかで自信にあふれた声で、たびたび率直に意見を述べた。彼女はフランスのフェミニストの著書をフランス語で読んでおり、翻訳で抜け落ちる言葉の微妙な意味合いを拾いあげた。いつも一部の隙もなく身だしなみを整え、上品で、ムスクとバニラの匂いがして、木綿のシャツはきれいにアイロンがかかっていた。私はたいていジーンズとTシャツという格好で、隣にいるといつもラフすぎるような気がした。プリシラも私と同じように熱心に授業に耳を傾け、いつも快活で、休憩時間には最近読んだ本について討論した。プリシラにとって、フェミニズムとは第一に女性のために平等な経済的機会と教育の機会を確立することであって、学期末に向けて授業のテーマとなっているフェミニストの精神分析や、それ以上にわけのわからないラディカルレズビアニズムのことではなかった。プリシラと話すことで、私は欧米のフェミニズムが時折はまりこむ無節操さに関して全体を眺め渡すことができた。

「この理論は私にはわけがわからない」と、プリシラはフランスのフェミニスト、モニック・ウィティッグの主張についての感想を述べた。

ウィティッグは、「女性」という神話から逃れる方法はただひとつ、「性別二元論」から離れてレズビアンになることだと言う——性的な意味においてだけではない。ウィティッグは等式から男性を完全に除外することを求める。

「私の国ではそういうことを論じたりしないと思う」

「少し抽象的よね」と私は小声で返した。「それがどうして現実的な解決策なのか、よく理解できないわ」

父であれ、夫であれ、息子であれ、多くの女性の人生に大切な男性がいるのに、その男性を使い捨ててよいもののように表現すれば、そう主張する女性がフェミニズムの集団から追い払われるだけだ。しかし男性のいない生活を選ぶことに多くの女性は納得しないだろうという事実を別にすれば、ウィティッグの提案は図らずもより大きな論点を示している――授業では論じなかったが、女性が犠牲を払うとき、抑圧の中で堪えてばかりいるわけではないという点である。女性は抑圧された結果ではなく、愛や責任感や共同体の一員であるという意識から行動することもある。それは男性も同じだ。

その週末、私はジョンとシルヴィアとともに外に夕食を食べに出かけたが、食事の中ほどでシルヴィアが皿を押しやった。

「おなかがいたい」と娘は言った。

少し前まで、ジョンが変な顔をしてみせると笑っていたのに、変化があまりに急で怪しかった。野菜を残すために「気分が悪い」と言い出すのは彼女の常套手段だったので、ジョンが意地悪な警官を演じて、料理を残したらデザートはお預けだと告げた――これはいつもなら魔法のように効いた。ところが予想に反してシルヴィアは抗議せず、椅子から飛び出してトイレに駆けこんだ。私が急いであとを追うと、娘は便座に腰かけて泣いていた。ジョンが勘定を済ませて娘を抱え、家まで数区画の距離を運んだ。そのあいだ私は娘の髪をなでていた。

「ママ」。シルヴィアはジョンの肩に頬をのせてべそをかいた。「吐きそう」

家に着くと、私はそれからの数時間、シルヴィアのベッドの横で椅子に座ったまま、彼女のもつれた髪を顔から払ってなでつけ、熱っぽい額を濡れタオルで拭いた。ジョンはベッドの反対側に座り、嘔吐に備えて料理用の大きなボウルを膝にのせていた。娘は水を少しのむほか何も口にしなかった。発作的に咳をしてかゆいところを掻きむしるが、そのあと疲れて元気なく横たわり、目は半開きでどんよりしていた。子供が病気になることほど胸が締めつけられる状況はそうそうないと、私は思う。ジョンと私は娘をかばうように彼女の体を包みこみ、ひと晩中一緒に見守り、ようやく寝かしつけた。夜明け頃、私たちもようやくまどろむことができた。翌日も夜は同じように、シルヴィアのベッドに三人で丸くなって寝た。やがてウィルスは自然に消えて、シルヴィアはまた公園に行きたいとせがみ、アイスクリームはダブルにしてとねだるようになった。

授業でラディカルレズビアニズムについて細かく討論するあいだ、私は教室の隅に座り、愛という名の大きな白い象が部屋にいるのを感じた。それはパートナーや子供に対する女性の愛だけでなく、家族に対する男性の愛でもあった。私はゲイ同士の結婚を強く支持していて、誰しも愛を語り、讃える機会を否定されるべきではないと信じている——しかし、政治声明としてのラディカルレズビアニズムには感銘を受けなかった。フェミニズムが女性の経験という織物を大きく織りあげることを目指すなら、人生の最も豊かな糸である愛やロマンスや子育てを、どうして無視できるだろう?

＊＊＊

私はすでに十分うんざりしていたが、そのあとで崖から真っ逆さまに混乱の中へと落ちていった。ジュディス・バトラーの『ジェンダー・トラブル　フェミニズムとアイデンティティの攪乱』を読んだのだ。バトラーはイェール大学で学んだポスト構造主義の哲学者である。彼女は基本的に、フェミニズムが「父権制」に頼っていること——すなわち、男性の主体としての力は女性を客体（対象）

とみなすことに依存する、とするボーヴォワールの考え——を取りあげて、その意見を覆し、抑圧的なのは「男性」そのものではなくこの「性別二元論」の考え方であると主張して、その概念をさらに洗練させている。バトラーが見るように、世界は男性のみ、女性のみで成り立っているとするこの構造化された見解は性差別を助長する。なぜなら、私たちはジェンダーを模倣する様式化された行動をとらなければならないからだ。先輩のフェミニストらと同じく、バトラーは、ジェンダーは社会的・精神的役割であるという考えに同意する一方、フェミニストが変えようのない生物学的分類として受け入れた性もやはり社会的に構成されていると大胆に主張し、一〇〇人の生産児のうちおよそ一・七人は、解剖学的に見てはっきりと性を示す特徴がないことを考えるとなおさらであると述べる。「男性」「女性」という考え方は、オリジナルのないコピーであると彼女は言う。

だとしたら、男と女というこのような分類をやめて、代わりに性をスペクトルとして考えようと、バトラーは提案する。両性具有、トランスジェンダーといった用語は、私の学生時代にはまだはやっておらず、まず言葉の定義を理解しなければならなかった。バトラーの説明によれば、両性具有とは「染色体、生殖器、生殖腺、あるいはホルモンのレベルで、性的二形というプラトンの理想から外れた」個人を指す。バトラーは科学から政治的要素を省いたうえで、ジェンダーの割り当てを混乱させる生理学的な事例を指摘する。たとえば男性は女性化乳房によって胸が大きくなり、女性は多毛症によって髭が生える。

皮肉なことに、『ニューヨーク・タイムズ』紙の科学欄に書いているナタリー・アンジェが『WOMAN　女性のからだの不思議』で説明するとおり、アンドロゲン不感受性症候群に苦しむ「女性」は、理想的な女性——背が高く快活で従順——に見える一方で、染色体は男性のものであり、子宮がない。

それから選択という要素がある。はっきりといずれかの性に生まれた人でさえ、適切な手術と薬の助けを借りて別の性に転換することができる。これはある学生がすでに証明したとおりで、バーナード・カレッジに女性として入学し、男性として卒業することができるのだ。「ジェンダートラブル」のこうした例を考慮して、バトラーは、世界を男と女にきっちり分けるのは不可能であり、したがって性差別の根底は丸ごと崩れると主張する。この主張は、教室で討論されているあいだは十分に説得力があるように聞こえる。問題は、ポストモダニズム理論は理論でしかないという点だ。またポストモダニズムは、あらゆることは問い質されるべきであるという指針を中心に据えており、易しい理解や応用には貢献しない。

大学でなら、私はこういう頭の体操を楽しめただろうが、今は——バトラーの説を日常生活のあらゆる場面に当てはめようとしているうちに——話についていけなくなり、女性の人生を具体的に改善するうえでのフェミニズム論の見通しについて、まったく不快な気分になっていた。学生たちも大方、同じように感じているようだった。

「私はバトラーの意見には賛成しません」とコートニーが言った。「人口の五十一パーセントが子供を生めるという事実は、でたらめな偶然にすぎないのでしょうか?」

彼女は腕を組んで椅子の背にもたれていた。学期の最初から、コートニーは教室のうるさ型の態度をとってきた。彼女は髪が黒く、私に構わないでとでも言いたそうな強いロングアイランド訛りがあり、鼈甲柄の眼鏡越しにクラスメートを見詰め、その視線は私に反論してみなさいよと誘っていた。教室にいる学生の多くは、コートニーと同じく、女性学ではなく経済学を専攻していて、私はそのことに励まされた。昔「フェミニストのテキスト講座」をとったとき、講座はおもに女性学専攻か社会学または政治学を専攻する学生で埋まっていたが、今は専攻が全分野に及んでいた。

　だが、フェミニストの価値観が分野を超えて主流となり、より広い学問的関心を持つ学生に受けたとしても、フェミニズム論そのものはまったく正反対の方向に向かい、より難解になっているようだった。これまでの授業の精神分析と言語学の理論も十分厄介だったが、これに比べればたいしたことはなかった。

　バトラーの著書は世界中で一〇万部以上売れた学術書であり、フェミニズム論で人気のようだ。一九八〇年代後半に、啓蒙主義の考えならびに普遍の真理は存在するという信念に挑戦する流れとしてポストモダニズムが登場した。その後、ポストモダン運動の中で、とりわけ総体としてのシステムを眺める、関連する思想であるポスト構造主義が育った。このふたつの用語は関係があり、一部重複するが、ポストモダニズムはより大きい概念とみなされる。最終的に、ポストモダニズムとポスト構造主義はクィア理論を生んだ。この理論はクィアという言葉を使っているが、性的アイデンティティとはあまり関係がなく、むしろ一般的な規範を「疑問視する」こととかかわりがある。授業では少し時間を使って、この専門用語を整理しようと試みた。

「クィアであることはノーマルと相対する立場です」とセーラが言った。「つまり、合法で支配的な立場の対極です」

「ノーマルの何がそんなにいけないの？」とグレタが聞いた。「私は性的な意味でクィアです。でも、結婚して子供を生んで専業主婦になりたい。全部手に入れたいんです」

「私はそういうことは望んでません」とブレインが言った。「結婚という制度はやがて本当に廃れると思います」

「でも、統計を見るとそんなことはなさそうだけど」とリサが言った。「これまで以上に結婚する人は増えてるし。それにやたらと派手な結婚式も」

「グレタ、あなたが言ったことに戻るけど――クィアが従来のライフスタイルをも取りこむとしたら、誰でもクィアになりうるわ」とヘザーが言った。「それはゲイをゲイとして扱わないことにならない？」

バトラーとその理論の難解さに対する苛立ちが湧いた。哲学専攻の研究生であるエミリーはここで本領を発揮して、体中に生気をみなぎらせて、いきなりバトラーを擁護した。

「第一に、すべての女性が子供を生めるわけではなく、とすると彼女たちは二元構造のどこに入るのでしょう？　私にはわかりません――私たちがとかく生物学を必要不可欠とみなしがちだという事実には欠陥があります。生物学は本質的に、それ自体がディスコース（談話）です。実際、科学的啓蒙主義は、そもそも社会が生物学を見る見方を変えました。つまりそれまで、男女とも同じ生殖器を有しており、違いは体の外側にあるか内側にあるかだけだと信じられていました。ですからジュディス・バトラーは、われわれがジェンダーを構築する土台となる自然の性別はすでにジェンダーを反映しており、両性具有者やトランスジェンダーの存在によって、性別二元論はさらに問題視されることになると言っているのです」

「よくわからないんだけど」とシンディが言った。「男が女装しても、やはり男なんじゃない？」

「ポストモダニストは、面と向かってあなたは間違っていると言ったりします」と、H教授は冷淡に答えた。「こういうふうに考えてみましょう。トマトとは何か？　トマトは果物だという事実を認めるのは、まだためらいます。『いいえ、そうじゃない。トマトはサラダに入れるんだから当然、野菜でしょ』と私は考えます」

私の隣でプリシラが手をあげた。

「私の国では少し事情が違います。女性の中に髭が生え、胸毛があり、男のような太い声の人がいますが、そういうことは人々に受け入れられていて、その女性は結婚して子供を生み、そのことを誰も気にしません」

コートニーは勢いよく首を振って「まだ納得できないわ」と低い声で言った。こうした問題を考えることに難問に取り組む面白さはあるが、私もやはり苛立ち、だったらなんなの？　と考えていた。

H教授はコートニーの前で果敢にその難問と向き合い、ポストモダン理論の可能性と、この理論がアイデンティティの多様性を受け入れていることを示そうとした。バトラーおよび彼女と同種の人々にとって「ここにある」ということはない——安定した自己というものは存在しないのだ。私たちのアイデンティティは、私たちが主意主義の要素を必然的に含む表象に加わるとき、つねに構築の過程にあり、この主意主義は個人が主体性を行使できる場である。すなわち、H教授が言うように「ドアの外に出ていくとき、私たちはジェンダーを『演じて』いる」のだ。

「なるほど、ドアの外では皮肉をこめて女子らしく振る舞うことができるわけですね」と、リサが軽口を叩いた。

「そのとおりです」。H教授は面白がっていた。「でも、それはポストモダニズムに対する重要な批判のひとつでもあります。皮肉は、変化をもたらすことなく感情を発散させてくれます。『ジェンダー・トラブル』が出たとき、この本はかなり世間を動揺させました。カテゴリーなしでどうやって運動を進められるのか？　女性は特徴に幅のある体にすぎないというバトラーの主張を支持するなら、男性というカテゴリーも取り除くことになり、あとに残るのはありふれた人間らしさだけです」

「言わせてほしいんですけど、これをフェミニズムの未来と見るのは難しいです」とヘザーが言った。「女装するために二〇〇ドル払う男性がいるとして、私たちが彼らに類型化された女性らしい振る舞い方を教えるんですか。今が二〇年後の未来で、このポストモダンの戯言をすべて通り過ぎたあとだったらよかったのにと思います。私の人生には関係ないです」

「確かに歯がゆいわね。とくにこのポストモダンの世界で運動を盛りあげようとしているときはなおさら」とH教授は言った。「ポストモダニズムは政治を妨害していて、政治的行動主義を廃れかけた時代遅れなものに見せていると大勢の人が言います。しかし裏返してみると、この理論はより大きな寛容さと幅広い定義をもたらしました。これらの定義の範囲内で、より巧妙な手段によって」

エミリーが手をあげ、H教授はうなずいて発言を促した。

「私は理論が大好きで、理論は世界を変え、あらゆるものごとを変えられると思っています」と、彼女は苛立たしげに言った。相変わらず、できるかぎりバトラーの評判を守ろうとしていた。「私はこの理論に賛成です。でも、私たちはジェンダー化された世界にたまたま住んでいて、女性というカテゴリーはある程度、必要でしょう。とすると、少なくとも当面は、『女性』がとれる行動の範囲を広げることを目指すべきだと思います。私たちはたぶんこれまでとは違う新しいやり方で、その役割を演じる必要があるのかもしれません」

私は、エミリーが理論と実生活のあいだに橋を架けたことが気に入った。H教授も同じらしかった。

「そうね。だからこそ、一部のフェミニストは『戦略的本質主義』を選んだのです」と、教授は説明し、文学理論家のガヤトリ・C・スピヴァクの著作に触れた。

「相違点を理解することは重要です。戦略は理論の構築には向かず、むしろ状況に対処するために使われます。『男性』と『女性』というカテゴリーは強力——絶対的——で、あっさり廃止するわけにはいきません」。教授はここでコートニーを見てうなずいた。「私たちは最も重要で有益なものごとを批判して、それを別の視点から見なければならないのです」

授業後半の一時間が終わりに近づき、学生たちはさっさと教室を出てポストモダニズムを忘れてしまいたくて、そわそわしていた。あるいは自分がそんな気分だったからそう思ったのかもしれない。私はすでに本を鞄に入れながら、椅子の端に移動しようとしていた。それで、H教授が授業の終わりを告げたときには、私はすでにドアに向かっていた。

＊＊＊

その週末、ジョンと私は車でニュージャージーターンパイクを南下し、州間高速道路95号線にのってメリーランド州に向かい、私が育った家から父が引っ越すのを手伝った。シルヴィアは車のシートでよく眠っていた。犬は鼻を鳴らしながら通り過ぎる車を一心に見ていた。

真夜中近くに父の家に着いた。家の正面に車を寄せると、劣化した舗道でタイヤががりがりと音を立てて止まり、ジョンはエンジンを切った。

「おやまあ」と私は言った。

照明で明るく照らされた二〇〇〇平米はある前庭に、段ボール箱やいろんな大きさの洗浄液のボトル、バックホーをはじめとするさまざまな重機が所狭しと並んでいた。わずかな隙間もなかった。荷物を運ぶためのコンテナがドライブウェイをふさいでいた。ひどい有様だろうと想像はしていたが、予想を超えていた。

父は買い物が趣味で、電動工具や電動装置を集めていた。大きければ大きいほどよかった。両親が離婚したあと、父は地下室を作業場にして、金属旋盤、丸のこ、ボール盤といった道具を運びこんだ——今度はそれを全部新居に運ばなければならない。父は機械を組み立てたり修理したりするのを楽しんでいた。私が子供の頃はほぼずっと、アボカドグリーンのさびたＢＭＷが、前庭に並べたコンクリートブロックの上にジャッキで持ちあげた状態で居座っていて、毎週末、父はエンジンをいじくり回し、部品を外しては元に戻していた。私は父の隣で芝生の上に脚を組んで座り、工具箱からレンチをとって渡した。私たちはそのBMWがふたたび走る日のことを興奮気味に語り合った。言うまでもなく、近所の人たちには私たちの情熱は理解されず、迷惑行為だと警察に通報され、ある晩、夕食時に警官が来て、目障りなガラクタの山を片づけるようにと告げた。その車はとっくの昔に廃車置き場に運ばれていたはずだったかもしれないが、父は警官の指示に従わなかった。

ジョンと私が前回、訪ねたとき、父はジョンを裏庭に連れていき、買ったばかりのエアー式薪割り機を見せびらかした。そのあとふたりはプラスチックのゴーグルで飛んでくる木っ端から目を守り、楽しそうに薪を割って午後を過ごした。シルヴィアと私はときどき二階の居間の窓からふたりを眺めた。騒音がうるさくて、声を張りあげなければならなかった。

「まるでおもちゃを手にした少年ね」と、私は首を振りながら叫んだ。黙っていられなかったのだ。三〇年暮らした家を父は売りに出し、フロリダで新しい仕事を見つけた。ワシントンの冬の寒さと一年中温暖な気候とを交換したのだ。この郊外の住宅街に住む隣人は、父とディーゼルエンジンを積んだピックアップトラックを見かけなくなっても、それほど寂しがらないだろう。もっとも間に合うように家が片づけばの話だけど。

ジョンは目を見開いて「お義父さんは月曜日に家を明け渡すんじゃなかったっけ？」と聞いた。

私はうなずいた。「そうよ、本当に終わるのかしら」

ちょうどそのとき、家の裏手から人影が現れた。またひとつ箱を抱えている。その人影はぎこちない動きで街灯の明かりの下に歩いてきた。白いTシャツに短パンをはき、腰をコルセットで支え、両方の膝に包帯を巻いていた。

私は車をおりると、シルヴィアが目を覚まさないようにドアをそっと閉めて、六十一歳になる父のところに歩いていった。ジョンもあとからついてきた。

「お父さん、信じられないわ」と私は言って、箱を運ぶのを手伝おうをした。「何もかもひとりで運んでるの？」

父は箱を下におろすと、額の汗を腕で拭った。父はうなずいて、周囲を見渡した。

「やめとくべきだったな」

父はその日、朝六時からずっと荷物を運んでいたらしい。ジョンがシルヴィアを肩に抱かえて、みんなで家の中に入ると、父が弱音を吐いた理由がわかった。家の中は外以上に混沌としていた。それで、私たちはそれから丸二日かけて、数十年で溜まった物を運び出した。時間はあっという間に過ぎ、感傷に浸っている暇はなかった。家具や本や雑多な小物は遠慮なく救世軍に運ばれるか、ゴミとして捨てられた。ジョンは父がウォーターベッドを分解するのを手伝い、その最中に鉛のように重いフレームを足の親指に落とした。親指はたちまち真っ赤に腫れあがり、やがてみにくい青あざになった。私たちはベッドは後回しにして急いで台所に向かい、私は氷嚢をつくった。父はジョンの足指の骨が折れていないか確かめるため、つま先を押した。ジョンは痛みに唇を歪めていた。

一方、シルヴィアは私たちのまわりをうろついて質問を山ほど浴びせ、私はなんとか娘を追い払おうとした。
一、二分後、彼女は廊下を走っていって、パパの親指をつぶしたベッドのフレームを見に行った。寝室からシルヴィアが「ママ！」と叫ぶ声がした。

「どうしたの？」

「変な匂いがする」

父はジョンの親指の骨は折れていないと宣言して寝室に戻り、私も父についていった。合成繊維が燃える刺激臭が鼻につんときた。原因はすぐにわかった。まだ熱を持っていたウォーターベッドのヒーターが青いカーペットを黒く焦がしていたのだ。私たちは大きくあいた穴を見ながら、そこに突っ立っていた。あまりのばからしさに笑い声が喉まで出かけたが、なんとか我慢した。

「くそっ」と、悪態などついたことのない父が小声で吐き捨てるように言った。それから父は、カーペットの溶けた繊維からヒーターを剥がす作業にとりかかった。

その夜十時には、ジョンと私はほとんど動けなくなった。重労働で身体中が痛かった。ずいぶん前に私の荷物を運び出して空っぽにして以来、以前の私の部屋を占領しているクイーンサイズのベッドに、私たち夫婦はシルヴィアと一緒に潜りこんだ。家族三人でベッドに寝転んでいると、その部屋はもう少しでなじみのある場所に感じられそうだったが、何かが違った。嵐の前線が近づいていて、激しい雨が屋根や窓に叩きつけた。

「大変な一日だったな」とジョンがつぶやいた。

「そうね」と私はささやき声で返した。「親指はどう？」

「さっきよりましだ」

シルヴィアは私たちのあいだで手足を広げていて、私は考えごとをしながら娘の頬にかかった髪を払いのけた。私はもう少し話そうとしたが、ジョンのほうから早くも低いいびきが聞こえてきて、私もいつの間にか眠っていた。

翌日も同じような肉体労働の持久走が続いたが、やがて奇跡的にどこもかもきれいになり、コンテナのドアは閉じられ、父はもはや立ちあがることさえできなかった。それでも台所の窓から手を振って、私たちが最後にこの家から走り去るのを見送ってくれた。

「おかしな気分だろうね、ずっと住んでいた家の荷造りをするのは」。しばらく走って木立やビルを通りすぎ、果てしなく続く高速道路に入るとジョンは言った。

私はふいに過ぎ去った時間にのみこまれて、小声で同意した。私たちがニューヨークに引っ越す前に、アナポリスからニューヨークまで同じ高速道路を走ったときのことを思い出した。あのときジョンと私はろくに口も利かず、言葉で語られない思いによって車内の空気はぴりぴりしていた。孤独感が増して、ニュージャージー州の荒んだ工業地帯を走るあいだ私は窓の外を見詰めていた。車はやがてホランドトンネルの渋滞に掴まり、まったく進まなくなった。私は隣にいるジョンを見た。彼の横顔とハンドルを握る両手がダッシュボードの光に照らされていた。あれから私はどれだけ変わっただろうと考えた——私たちふたりともどれだけ変わっただろう。

私の中にいる語り手は分岐点となった出来事をひとつ示したいと思うが、実のところ、私たちは日々を構成し、人生を構成するいくつものごく短い瞬間を通してゆっくりとゆるやかに変わっていき、互いに近づいていったのだ。必ずしもそうなるとは限らなかった。私自身やほかの人々の経験から、たとえ一方がそうなることを選ばなくても、こうした短い瞬間が私たちを引き離したかもしれないことはわかっていた。私たちはお互いを選んだのだ。ジョンの顔をじっと見ていると、対向車のまぶしいライトに照らされて周期的に表情が浮かびあがった。そこには長年かけて明らかになった、私が知っているジョンの姿、彼の優しさや愛が照らし出された。男と女、妻と夫、母親と父親、私たちは互いにいろんな存在でありつづけてきたが、そうした役割の下では結局、ステファニーとジョンというふたりの個人にすぎなかった——そして一瞬、ポストモダン理論は、性別もジェンダーもなく、スペクトルに沿ったアイデンティティの幻があるだけだという主張によって、この基本的なことがらを主張しようとしていたのだろうかと考えた。

バグダッド・バーニング

最後の授業で、H教授は私たちを予期せぬ方向に導いた。従来どおりのテキストを使わずに、リヴァーベンドという匿名の若いイラク人女性によるブログの投稿をまとめた本『バグダッド・バーニング　イラク女性の占領下日記』を課題に選んだのだ。リヴァーベンドは九月十一日の同時多発テロに続くアメリカによる占領期間にバグダッドに住んでいて、そこから情報を発信した。

「どうやらこれは私にとっての始まりらしい」と、リヴァーベンドはブログへの最初の投稿に書いている。「私は自分がブログを始めることになるとは思わなかった。……ブログを書いてみたいと思うたびに『でも、いったい誰が読むの』としか考えられなかった。だけど、私には失うものは何もない。……私自身のことを少しだけ教えよう。私は女性で、イラク人で、二十四歳。戦争に生き残った。それだけわかれば十分だろう。いずれにしても、最近は重要なことと言えばそれくらいだ」

この控えめな書き出しから、コンピュータで武装したひとりの女性が、世界中の何万人という読者に向けて自分の考えや経験を打ち明けた。その結果、イラクやイラク人女性、そしてこの戦争に対する多くの人々の見方が変わった。リヴァーベンドは紛争と、それに続く混乱の中で足場を固めた宗教原理主義者の両方によって引き裂かれた国で、若い女性として生きるのがどういうことかを内側から語る。彼女はある投稿で書いている。

「黒いターバンを巻き、頭のてっぺんからつま先まで黒づくめのうさんくさい怪しげな男たちが、案内所の門の辺りに立って、中学校の構内に入っていく女子生徒や教師をじろじろ見ている。色が黒く険しい顔つきの男たちが立ちどまってこっちをじっと見ては、にらみつけ、ときどきヒジャーブをまとっていなかったり、スカートの丈が短い女子生徒をひやかす。地域によっては、女子の服装が『適切』でないと酸性の液体をかけられる危険もある」

辛辣さと希望が交錯する『バグダッド・バーニング』は、フェミニストの理想と真正面から向き合うのではなく、日常生活を語ることでフェミニストの理想を控えめに紹介した最初のテキスト――そう呼んでよければ――である。リヴァーベンドは明らかに女性だったが――サブタイトルは「ガールブログ」だ――投稿は幅広い話題に及んでいる。リヴァーベンドはテレビでイラクについて語る政治家を再三厳しく批判し、政治家の言葉と彼女の現実とを比べてみせた。彼女はイラクの新しい体制のもとで女性がいかに抑圧されているかを説明し、車を運転でき、働いて平等な賃金をもらい、好きな服を着て、自分の価値観と信念に従ってイスラム教を信仰できたかつての日々がどれほど懐かしいかを語った。一方で、雨のこと、苔のような雨の匂い、雨の冷たさがもたらす安堵、屋内のうだるような暑さが耐えがたくなると弟と一緒に屋根の上に逃げ出したこと、電気が止まった長い時間のこと、停電の闇の中で果てしなく広がる夜の時間のことも綴っている。

リヴァーベンドはフェミニストだと名乗ってはいないが、授業では彼女の言葉をフェミニストのレンズを通して考察した。彼女は結局、フェミニストの物語を語っていたのか？　それとも、これはたまたま女に生まれた個人の物語にすぎないのか？　誰かの物語に「フェミニスト」のレッテルを貼っても構わないのだろうか？　もし構わないとしたら、ひとりの女性の物語を整理して理論や哲学や運動に役立てる目的はなんだったのだろうか？

「これまでに学んだはずですが、フェミニズムは白黒つけられる問題ではありません」と、H教授が学生たちに思い出させた。

実際、私は何よりもそのことをこの講座で学んだ。すっきりとした結論はないし、A＋B＝Cという等式では表せないし、絶対確実な処方箋もない。ソファに座って冒険するあいだに、私は本を読み、考え、人の話を聞き、討論しながら、その過程で出てきた明確さ、理解、真実の短い瞬間をたくさん寄せ集めた。二年以上前、私は女性、妻、母親という新しい役割をなんとかこなそうとしている最中に自分を見失うのではないかと恐れ、この三つのアイデンティティの折り合いをどうつければよいかの答えを求めて書店を訪れた。あのとき床に脚を組んで座っていた自分の姿が今も目に浮かぶ。それは文化的イメージをさんざん浴びせられたことで形づくられた人格であり、自分で考案した人格でもあったが、私はずいぶん無理をしていた。私は自分を見失っていたのかもしれないが、フェミニズムの名著を再読することで発見と再発見への道が開かれた。

私はメアリ・ウルストンクラフトやシャーロット・パーキンス・ギルマンのような第一波のフェミニストに自分を重ねようとは思わなかったし、ボーヴォワールのようなそれ以前のヒロインに対抗しようとも思わなかったし、はたまたロイフのようなポストフェミニストと和解しようとも思わなかった。自分の信念だけを頼りに障害を乗り越え、これほど強固に守られた文化の境界を越えていった女性たちに刺激されて、気分が浮き立つこともあったし、また別の場合にはしゃくに障り、とまどい、正直なところたまに退屈したこともあった。ときには第二波フェミニズムの分裂や第三波フェミニズムのあいまいさと格闘し、また別のときには、学生時代なら喜んで分析したであろうポストモダン理論を、日常生活の枠の中で眺めて腹を立てた。それでも理論的に緻密なこれらのテキストは、自分の信念や反応に疑問を持ち、それらに挑戦する重要な機会をもたらしてくれた。

＊＊＊

私は最初、リヴァーベンドの『バグダッド・バーニング』は今回の旅を終える場所としてはちょっと変わっていると思っていた——この本ははっきりとテキストであるとさえ言えないし、書き手さえはっきりとフェミニストとは言えないではないか！——が、私の「フェミニストのテキスト講座」の冒険を締め括るには申し分のない作品かもしれないと思うようになった。

リヴァーベンドは勇敢に決意して自分の声を見つけ、それを公共の場に投げかけて、自国で見聞きした不公平を伝えた。仮想空間では、彼女は世界中の読者と直接受け答えし、ほかのブログやウェブサイトにリンクを貼ることができた。彼女は縦横に広がる作品を書きつづけた結果、新しい世代の女性の一員となった。こうした女性たちはインターネットを駆使して自分の声を拡大し、社会問題の認識が広まるように働きかけ、リヴァーベンドを支持しようと待ち構えるオンラインコミュニティをつないでいる。「フェミニストのテキスト講座」の正統な著者はみな、彼女に拍手を送ったはずだ。

前進と変化の様子を記したこの希望に満ちた手記で、H教授は授業を締め括った。しかし、教授はまだ私たちを解放してくれなかった。残りのわずかな時間に、教授は私たちへの最後のアドバイスとして、教室から外の世界に向かう際の行動のきっかけとなる言葉を贈ってくれた。

「アイデンティティは経験によって形成され、知識の僕（しもべ）となることによって形成されます。つぎのことを覚えておいてください。『ここにある』とはプロセスであり、物語です――言うなれば対話です。つねに思いがけない物語を語ろうと努めてください」

私はこの聖域を離れ、教室の外にある私生活にすっかり戻ってから時間が経っても、H教授の言葉を忘れないだろう。歴史は私たちひとりひとりに独特な愛情の印と傷とを残していくが、女性であることによって提起される基本的な問題の多くはずっと変わっていない。時代や場所や状況が違っても、女性は誰もが、あらゆる時代を通じてアイデンティティの境界の折り合いをつけなければならなかった。その中で私たちは共通点を見つける。確かに、私たちの反応はそれぞれ違うかもしれない。ブラジャーを燃やす行為は、プッシュアップブラを身につけることとは似ても似つかない。しかし、いずれも女性のエンパワメントの表現と考えることができる。両者の違いだけでなく類似性にも学ぶ点はある。フェミニストが書いた著作を読み、改めて再読することの本来の価値は、そうすることで、自分の人生と別の女性の人生を突き合わせて比べ、型にはまった予測可能な考え方から想像力を解放し、ほかとは違う私たちの世代によって私たちに割り当てられたさまざまな台本をより深く理解する、貴重な機会が得られることにある。フェミニズムは思いがけない物語を語る余地を私たちに与えてくれる。おそらくそれが最大の贈り物だ。

前向きに生きる

私は「フェミニストのテキスト講座」が終わってそれほど経たないうちに、同窓会の催しで母校のキャンパスを訪れた。カレッジウォークを歩いてジョンとシルヴィアとの待ち合わせ場所に向かっていると、T教授の授業で一緒だったローワンが歩調を合わせて隣に来た。彼女は色鮮やかなインド製のスカーフを首に巻いていて、メタリックの糸が日に輝いていた。一年以上前に彼女を最後に見たときから髪が伸びていて、光沢のある茶色い帽子を被っているようだった。

「ねえ！」と彼女は言った。「元気？」

私たちは並んでキャンパスを歩きながら近況を報告し合った。ローワンはもうすぐ大学を卒業し、そのあと一年働いて、旅行したあと、大学院に出願するつもりだと話した。専攻を女性学にするか英語学にするか、まだ迷っていると言う。彼女が将来について話すのを聞いているうちに、私は彼女の年齢だった頃の自分を思い出した。

「もうすぐ大学を卒業するなんて信じられないわ。あまりに速すぎて」。ローワンは笑顔を浮かべ、古びた革のトートバッグから煙草を取り出した。それから私を横目で見た。「あなたが大学に戻ってきて女性学の本を読んだのはとてもすてきだと思って、それを伝えたかったの。私だって本を読むのも討論も好きだけど、ほかにやることが多すぎて、あまり楽しめなかった」

ローワンが煙草に火をつけるあいだ、私たちはコロンビア大学のロウ図書館の階段の下で立ちどまった。たまたまアルマ・マーテルの像の前だった。その像は大理石の手に知恵の杖を掴み、両手を空に向けて、永遠に何かを迎える姿勢をとっている。真向かいにはバトラー図書館があり、広大な正面の壁には歴史上の偉大な思想家の名が刻まれている。ホメロス、ヘロドトス、ソフォクレス、プラトン、アリストテレス、デモステネス、キケロ、ヴァージル、ホラティウス、タキトゥス、アウグスティヌス、ダンテ、セルヴァンテス、シェイクスピア、ミルトン、ヴォルテール、ゲーテ――ちなみに全員男だ。アルマ・マーテル――「恵の母」を意味するラテン語――とバトラー図書館の西洋の正統派思想家への敬意を表した壁のあいだにローワンと立っていると、男子学生と女子学生の流れが途切れることなくカレッジウォークを行き交い、私はふいに死者も生者も全員が仲間となって壮大な対話を交わしている場面を想像した。はるかむこうの鉄の門のそばで、ジョンとシルヴィアが待っているのが見えて、私は手を振った。

「いずれ」とローワンが続けて言った。「私も年を重ねて子供ができたときに、同じことができればと思う」

この聡明でひたむきな若い女性に対する親愛の情が湧いた――この二年間に出会ったすべての学生に対しても同じ情が湧いた。

「ぜひそうしなさいよ」と私は答えた。「そうすると約束して。私もたぶんいつかまた同じテキストを読み返すわ」

私たちは笑顔で別れの挨拶をした。彼女が立ち去るのを見ていて、私の旅は終わったのだという悲しい思いに胸が痛んだが、本当は始まったばかりなのだ。

＊　＊　＊

デンマークの哲学者サーレン・キェルケゴールはこう言った。

「人生は過去にさかのぼることでしか理解できないが、前を向いて生きなければならない」

しかしながら、心は回想することで運命にいたずらすることがある。キャンパスを取り囲む鉄門のそばのベンチで待つジョンとシルヴィアのほうに歩きながら、私の記憶は最後にもう一度、卒業写真と同じくらい鮮明な映像に戻った。

大学を卒業した日だ。ギイギイときしむ金属フレームの椅子に三時間座りつづけ、シャンパンを四杯のみ、何度も祝福のハグを交わしたあとで、私は寮の部屋に戻っていた。窓はあいていて、春の穏やかな涼しい風がささやき交わすように出たり入ったりしていた。借り物の卒業式のガウンはすでに返し終え、荷物は段ボール箱に詰めて、黒いペンで書いた札をきちんと貼ってあった。壁のポスターだけがそのままだったが、まだそれを剥がす気になれなかった。がらんとした部屋の壁がむき出しになれば、あまりに殺風景で、いよいよ最後という気持ちになる。ポスターを剥がす代わりに、窓枠に腰かけて煙草を深く吸い、ゆっくり吐きながら、煙が空に消えていくのを眺め、匂いがほとんど消えてからまたひと息吸った。私は指のあいだの煙草の感触を楽しんだ。人混みの中にいるときは煙草は手強そうな印象を与えるが、自分の部屋でひとりきりのときは、ちょっと手を止めてひと息つくための言い訳にすぎない。窓の外の空気は煙草の灰と雨の湿った匂いがした。

私が座っている場所からは、葉の茂る樹幹や、ブロードウェイを走り抜ける車や、ハドソン川のきらめきや、模型のようなニューヨークの街の壮大な広がりが見おろせて、特別なめまいを感じた。それは人があまりに重大な人生の出来事を通り過ぎようとしていて、そのときその場で起きていることを吸収し切れないときに起こる種類のめまいだった。そんなとき、人はその感情にただ浸るしかない。下を見おろすと、街の騒々しい混沌がうまく和らげられて、四角形と格子に分割されているように見えた——それは扱いやすそうで、征服できそうにさえ見えた。

私は煙草の火を消してコーラの缶に入れ、深呼吸した。未来は私を待っている。もちろん心の中は不安でいっぱいだったが、希望と夢もあった。私はようやく覚悟を決めて窓枠から立ちあがり、壁からポスターを剥がした。破らないように気をつけたが、もちろん破れた。部屋を出る前に最後にもう一度、窓の外の景色を見ようとしたが、そうするまもなく父がエレベーターから私を呼び、二重駐車してきたから急げと言った。だから、私は振り向いて窓の外を見ることなく、ポスターを丸めてぎこちなく脇に抱え、急いで部屋を出た。後ろでドアがバタンと閉じた。

外に出ると、街とキャンパスを分ける鉄の門のそばに、年をとった私が立ちどまって振り返っていた。あの日、私はあの十六階の寮の部屋に若い自分を置いてきたのだと思いこんでいた。彼女のことを考えるたび喪失感が湧き、心の目に感情の稲妻が光るのが見えて、彼女を失ったことを嘆いたものだった。これからはもう嘆くこともない。

シルヴィアが駆けてきて手を伸ばした。私は腰をかがめて彼女を抱きあげた。しばらくするとジョンも追いついて、片腕を私の腰に回し、もう片方の腕をシルヴィアに回した。

若かったかつての私と大人になった現在の私は、同じ線上のふたつの点にすぎないことが、今はわかる。彼女は私、私は彼女であり、私たちはともに、ほかの女性たちが広げた別の人生の地図を使って道を前に進んだり後ろに戻ったりしてたどりつづけ、現在の場所に至ったのだ。

今いるこの場所に。

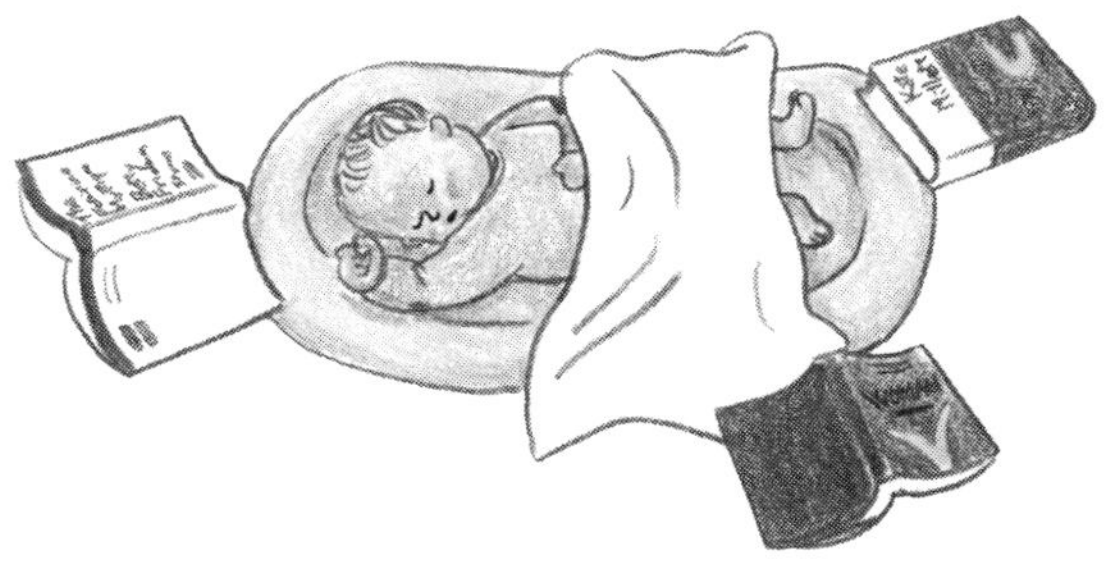

著者あとがき

ロラン・バルトはかつて伝記のことを「主題となる人物についてまとめた偽物」だとあざけった。実のところ、本書に引いた授業中の場面は教授と学生のあいだで交わされた実際のやりとりだが、仮名を使い、個人を特定できないようにぼかした。また、場合によって何人かの特徴を合わせて架空の人物に仕立て、匿名性を維持した。私は最初「フェミニストのテキスト講座」をひとりの教授のもとで一年で終えるつもりだったが、よんどころない事情でそれがかなわなかった。代わりに、私はこの講座を二年かけて、コロンビア大学とバーナード・カレッジの両方のキャンパスで、四人の教授のもとで受けることになった。学生もだいたい四つのグループに分かれる。その結果、混乱を避けるためにときどき談話に手を加え、同時に実際に起きたことの真実性を保つように配慮した。バルトの意見に反して、私はこうした意図的な微調整が物語の本質から私たちを遠ざけるのではなく、むしろ近づけると確信している。

また、私が経験したことは、バーナード・カレッジとコロンビア大学でたまたま受講した授業の範囲内に限られることも指摘しておかなければならない。すでに述べたとおり、授業は学期ごとにかなり様子が違った。私は学問としてのフェミニズム全般についても、とくにバーナード・カレッジとコロンビア大学についても、なんら意見を述べてはいない。

また、この点についてもうひとつ手短に補足したい。私は本書でとりあげた著書に対して、批評家もしくは学者の態度で臨んだつもりはなく、ヴァージニア・ウルフの言う「一般読者」として向き合った。一般読者は「何より……直感に導かれて、手に入れた雑多な要素から、なんらかの全体――女性の描写、ある時代のスケッチ、執筆という技の理論――を自分でつくりあげる」。私の考えや意見もまさにそういう種類のもので、何人もの教授や博士課程の学生が嬉々として私の解釈をこきおろすだろうこと請け合いだ――おそらく当然そうなるだろう。私がバーナード・カレッジに戻ったのは、哲学的な興味――哲学が、人が生き方をどう選ぶかを扱うかぎりにおいて――だけでなく文学的な興味によるものでもあったが、女性の役割ならびに女性がなす選択を議論することはそもそも政治的だという意味で、政治的な興味も認められるだろう。いずれにせよ、この本を実態――きわめて個人的な研究――を超えるものとして捉えないでほしい。

フェミニストを自認する私は、自分が女性として愛と罪悪感、混乱と苛立ちに引きずられ、四つ裂きにされたと感じた人生の特定の時期に、特定の場所で向き合った困難を理解する方法として、フェミニストの著書に目を向けた。したがって、私が置かれた状況の流れから、本書のために選んだ本が決まった。残念なことに、この二年間に読んだ本の数が多すぎて、本書では素晴らしいテキストをたくさん割愛することになった――それらの価値がほかと比べて劣るとか、文学的な価値がないと考えたからではなく、主たる焦点から私を遠ざけ、より論争になりそうな方向、あるいは理論の領域に話が向かうと考えたからだ。

本書は基本的に本を読むことについて語った本であり、私が心から望むのは、本書で取りあげた本の一部でも全部でも、読みたい、あるいは再読したいと思ってくださる方が現れることである。

謝辞

私は早い時期から本書を応援してくれたふたりの親友に恵まれました。ニーナ・コリンズは衰えを知らない情熱と励まし、ならびに（私をよく知るひとりとして）私の物語に対する鋭い考察によって、背中を押してくれました。またロブ・マキルキンは素晴らしい編集手腕で本書をさらに読みやすくしてくれただけでなく、知恵と愛嬌とプロジェクトへの熱い貢献のおかげで、私は前に進みつづけることができました。この本を信じてくれてふたりともありがとう。それ以上に、長年にわたるふたりの友情に感謝します。

この本は素晴らしい出版社と出会いました。パブリック・アフェアーズ社の皆さんから受けたあらゆる力添えに感謝しています。編集者のクライヴ・プリドルの才気あふれる提案と気の利いた見出し、ニキ・パパドプロスの思慮深い知的な意見、そしてコピーエディターのアネット・ウェンダの細かい気配りに、ことのほか感謝しています。彼らの助言はどれも、この本を限りなく豊かにしてくれました。また、スーザン・ワインバーグ、テッサ・シャンクス、ケイ・マリー、メリッサ・レイモンド、リンゼイ・フラッドコフにもお礼を申しあげます。

本の中にときどき自分たちのことを登場させる娘を持ちながら、何ごとにもこだわらない愛情豊かな両親、そして、ソファでいつまでも続くおしゃべりにつきあってくれて、おまけにチョコレートや焼き菓子のお土産を忘れなかった妹のキャロラインにも感謝しています。

この本を書きあげるのに要した何年ものあいだ、執筆が順調に進むように私を見守り、(私が泣きたい気分のときにも)笑わせてくれたたくさんの友人たちにも感謝しています。とくにジェニー・リー、ターシャ・ブレイン、クリステン・バックリー、ニコール・ハラ、バーバラ・メッシング、ハル・ニエドウィツキ、ヒューゴ・サンドストロム、ジェイソン・アンソニー、ジル・グリンバーグ、スーザン・グレゴリー・トマス、ロレンツォ・ドミンゲス、そしてアーネスト・カッツにお世話になりました。

また、ライアダン家のリン、ジョン、ジェイムズには、ことのほか感謝しています。

私が講座を受講することを寛大にも認めてくださったバーナード・カレッジとお世話になった先生方、私を快く歓迎してくれた学生の皆さんにもお礼を申しあげます。実を言うと、私はキャンパスに戻ってみて、すでに知っていたことを再認識しました。バーナード・カレッジは特別な場所です。大学三年のときにこの学校への編入を決めたことは、おそらく私の人生で最高の決定のひとつでしょう。それを後悔したことはありません。

ジョンの揺るぎない愛と、言葉で言い尽くせない忍耐と、素晴らしいユーモアのセンスに感謝し、この旅のあらゆる場面で私と一緒にいてくれたことにお礼を言います。

そして最後に、私の人生の道しるべであるシルヴィアに感謝します。いつもあなたらしさを失わずにいてくれて、ありがとう。

訳者あとがき

本書の原題はReading Womenである。著者のステファニー・スタールは科学者の両親の元に生まれ、家庭より仕事を優先させるキャリア重視の母と、母よりも子育てに熱心な父に育てられた。その後、ニューヨークのリベラルアーツ系女子大学バーナード・カレッジで女性というジェンダーの尊さを学び、仕事で成功するという大きな野心を抱いて一九九三年に社会に出た。しかし結婚して子供が生まれたあとで行き詰まる。仕事も子育てもベストを尽くそうとがむしゃらにがんばって疲れ果て、やがて夫婦の関係がぎくしゃくし始める。自分を見失いかけたとき読書家のスタールが解決策を求めて向かったのは、書店だった。

スタールは女性学のコーナーで学生時代に読んだことのあるベティ・フリーダンの『新しい女性の創造』を見つけ、棚から取り出してざっと読み通したときに啓示のようなものを経験した。社会に出て自由に羽ばたこうとしていた学生時代の情熱を思い出し、母校バーナード・カレッジの教室にもう一度、身を置いてフェミニストの著書を再読することで、生き方を見詰め直すことはできないかと思い立つ。そして持ち前の行動力でその計画を実行に移し、ふたたび母校の門をくぐり「フェミニストのテキスト講座」を聴講した。

本書はこの講座で使われた課題図書および著者が個人的な興味から読んだ関連書について解説しながら、自身の私生活や生い立ちの話を交えて、女性の生き方を探ったエッセイである。ボーヴォワールやヴァージニア・ウルフといった大御所から日本ではあまり知られていない作家まで、フェミニストの作家らによるノンフィクションおよびフィクションを中心に多数の著作を紹介している。理不尽な性差別と闘い、女性の地位向上に力を尽くし、女性性について問うてきた女性たちの歴史、そしてフェミニズムの歴史をざっとたどるのにうってつけの一冊である。

本書は一読者による個人的な論考にすぎないとスタールは謙遜するが、ときには本および著者について相当、深く掘りさげており、かなり読み応えがある。欧米では第一波フェミニズムの時期に女性の地位向上や男女同権が大方達成されたあと、第二波の時期にフェミニスト同士の意見の対立が表面化して運動は細かく分裂していった。スタールはそれぞれの時代の状況を細かく分析しながら、作家らに共感し、ときには反発し、またときには難解さに辟易し、理論が日常生活から乖離しすぎるといささかうんざりした様子も見せる。

本書の副題は『フェミニズムの名著は私の人生をどう変えたか』である。過去のフェミニストたちの人生を通して自分の生き方を客観的に見詰め直したことで、スタールの心境に緩やかな変化があったようで、夫との関係を修復し、彼女が何よりも大切にしたいと願っている家庭を立て直すことができた。両親の離婚でかつて苦しんだ経験を持つ彼女らしい結論だった。

結婚して子供を持ち、スタールと似たようなジレンマに悩む女性にとって、自分が置かれた状況を改善し、よりよい生き方を見つけようと果敢に闘ってきた女性たちの物語は勇気を与えてくれるだろうし、スタールの包み隠さぬ打ち明け話には共感する点も多いだろう。大学の教室で交わされる学生たちの討論に目を向けると、フェミニストの著書や運動全般に対する見方は世代によって大きく異なるようで、スタールは先輩フェミニストとしてその様子に一喜一憂するが、そうした世代間の差に注目して読むのも面白い。

「著者あとがき」で、スタールは本書を読んで興味を持った本を一冊でも読者に読んでもらいたいと語っている。残念なことに、本書で紹介されている本の大半は刊行されてからかなり年数が経っており、日本語版は大方、図書館か古書店でしか手に入らない。一部の本は図書館の書庫にしまわれ、一部の本は高額で手が届きにくい。過去のフェミニストたちが残した立派な業績がこのまま埋もれてしまうのはあまりにもったいない。復刊なり新訳なりの形で一冊でも多くの本が容易に入手できるようになることを期待したい。なお、本書に挙がっている本のうち邦訳があるものは最新版の邦題を使用した。まとまった引用については入手できるかぎり既存の訳を使わせていただいた。また聖書の訳は日本聖書教会の版を参考にしている。スタールの文章は細かい情報も漏れなく盛りこもうとするスタイルで、ときどき脇道にそれるきらいがある。話の流れを重視して、本筋に影響しない範囲でところどころ省いたことをお断りしておく。

素晴らしい本を翻訳する機会を与えてくださったイースト・プレス社編集部の安田薫子氏にお礼を申しあげます。また制作から販売まで、本書にかかわってくださったすべての皆様に感謝しています。

二〇二〇年五月　訳者

ステファニー・スタール

STEPHANIE STAAL

作家。『コスモポリタン』『グラマー』『マリー・クレール』『ワシントン・ポスト』等の新聞・雑誌に寄稿。作家としてのデビューは両親の離婚が自身に及ぼした影響について語った自伝的作品、The Love They Lost。バーナード・カレッジ卒業後、出版関係のエージェント勤務。その後コロンビア大学大学院ジャーナリズム科で学び、一時期、記者として新聞社に勤めたこともある。本書執筆後にブルックリン・ロー・スクールで法律学の博士号を取得した。

*

伊達尚美

NAOMI DATE

翻訳者。訳書にC・サンスティーン著『#リパブリック』『選択しないという選択』(いずれも勁草書房)、L・バンクロフト、J・パトリッシ著『別れる? それともやり直す?』(明石書店)ほか。

読書する女たち
フェミニズムの名著は私の人生をどう変えたか

2020年6月21日　第1刷発行

著者　ステファニー・スタール
訳者　伊達尚美
編集　安田薫子
本文DTP　臼田彩穂
発行人　北畠夏影
発行所　株式会社イースト・プレス
〒101-0051
東京都千代田区神田神保町 2-4-7 久月神田ビル
Tel：03-5213-4700　Fax：03-5213-4701
https://www.eastpress.co.jp
印刷所　中央精版印刷株式会社
ブックデザイン　albireo
イラスト　山本美希

ISBN 978-4-7816-1894-4